电子支付法律前沿

立法、案例与展望

姜川 / 著

中国法治出版社
CHINA LEGAL PUBLISHING HOUSE

本书系司法部法治建设与法学理论研究科研项目《电子支付服务商的民事责任体系研究》（21SFB4049）阶段性研究成果

目录
CONTENTS

第一章 作为公共基础设施的电子支付 ... 1
第一节 银行卡在国家治理现代化中的角色 ... 2
一、网络身份认证的基石 ... 2
二、弱势群体权利保护的抓手 ... 3
三、营商环境优化的基础设施 ... 4
四、犯罪治理的利器 ... 6
五、小结 ... 7
第二节 "十四五"规划中的电子支付：功能与方向 ... 7
一、国内大循环中的电子支付 ... 7
二、国内国际双循环中的电子支付 ... 9
三、小结 ... 11

第二章 电子支付的民事法律规制框架 ... 12
第一节 《电子商务法》电子支付条款适用范围 ... 13
一、《电子商务法》电子支付条款与第二条的关系 ... 14
二、电子支付条款适用范围的体系定位 ... 14
三、电子支付条款司法扩张适用的可能 ... 17
第二节 《银行卡规定》的产生、守成与创新 ... 18
一、难产的司法解释 ... 18
二、规则的守成与细化为主 ... 20
三、规则的创新与发展为辅 ... 22
四、小结 ... 23

· 1 ·

第三章　电子支付的错误支付责任 ····· 24
第一节　伪卡盗刷民事责任的分担规则与经济分析 ····· 25
一、免密支付盗刷案件的规则 ····· 26
二、责任分担的经济规则 ····· 29
三、重塑责任分担规则的理论建议 ····· 36
第二节　伪卡盗刷案件的举证责任与实践反思 ····· 39
一、案情与裁判简介 ····· 39
二、对于"徐某案"的反思：现行责任分配机制的现状 ····· 41
三、现行责任分配机制的不足 ····· 43
四、小结 ····· 45
第三节　《电子商务法》下盗刷险的变革 ····· 46
一、《电子商务法》引起电子支付的变革 ····· 46
二、盗刷险的类型划分 ····· 47
三、《电子商务法》对盗刷险的影响 ····· 48

第四章　电子支付工具的利息争议 ····· 51
第一节　信用卡违约金最低收费限额应当取消 ····· 51
一、违约金制度的流变 ····· 52
二、违约金最低收费限额的现状 ····· 53
三、违约金最低收费限额的合理性考察 ····· 54
四、违约金最低收费限额的合法性考察 ····· 55
五、小结 ····· 57
第二节　4倍LPR时代的信用卡利率上限 ····· 58
一、民间借贷利率上限如何扩张到金融借贷 ····· 58
二、民间借贷利率上限如何应用于信用卡业务 ····· 60
三、4倍LPR时代的信用卡利率上限 ····· 62

第五章　电子支付的社会义务 ····· 65
第一节　可疑支付审核的权力与责任分配 ····· 65
一、支付机构交易审核的典型纠纷——穿行贸易案 ····· 66
二、支付机构交易审核类型化划分 ····· 67

三、从标准到原则的可疑支付界定 …………………………… 68
　　四、交易审核权的权力主体 …………………………………… 69
　　五、可疑支付审核的责任分析 ………………………………… 71
　　六、小结 ………………………………………………………… 72
第二节 视障人士在信用卡办理中的特殊权利保护 ……………… 73
　　一、李某鹏案、石某刚案案情介绍 …………………………… 73
　　二、拒绝为视障人士激活信用卡不构成歧视 ………………… 74
　　三、拒绝为视障人士激活信用卡构成违约 …………………… 76
　　四、启示 ………………………………………………………… 78

第六章　生物识别信息支付的法律争议 ……………………………… 80
第一节 刷脸支付的特殊性及其法律问题 ………………………… 81
　　一、刷脸支付的特殊性 ………………………………………… 81
　　二、刷脸支付的流程法律问题 ………………………………… 82
　　三、刷脸支付的硬件法律问题 ………………………………… 83
　　四、刷脸支付的法律责任问题 ………………………………… 85
　　五、刷脸支付的信息法律问题 ………………………………… 86
　　六、小结 ………………………………………………………… 87
第二节 个人生物识别信息作为验证手段的法律因应 …………… 87
　　一、个人生物识别信息在验证中的广泛使用 ………………… 87
　　二、个人生物识别信息验证存在的受攻击风险 ……………… 88
　　三、个人生物识别信息形成错误验证的法律责任困境 ……… 89
　　四、个人生物识别信息形成错误验证的责任分配改进 ……… 90

第七章　电子支付的在线纠纷解决 …………………………………… 92
第一节 信用卡纠纷的在线诉讼解决机制 ………………………… 93
　　一、信用卡纠纷案件的类型与特点 …………………………… 93
　　二、在线诉讼处理信用卡纠纷的优势 ………………………… 95
　　三、在线诉讼解决信用卡纠纷的程序问题 …………………… 96
　　四、小结 ………………………………………………………… 101

第二节　信用卡纠纷的网络仲裁解决机制 102
　　一、网络仲裁适合处理信用卡纠纷 102
　　二、网络仲裁处理信用卡纠纷的法律要点 104
　　三、小结 109

第八章　电子支付的刑事法律规制 110
第一节　《信息网络犯罪司法解释》的支付业适用 111
　　一、拒不履行信息网络安全管理义务罪 111
　　二、非法利用信息网络罪 114
　　三、帮助信息网络犯罪活动罪 116
第二节　"剑指"地下钱庄的司法解释对电子支付的影响 118
　　一、解释的法律背景 118
　　二、"非法向指定付款方支付资金"的适用 119
　　三、"非法提供结算账户"的适用 120
　　四、解释对量刑的影响 122
　　五、小结 123
第三节　类型化视野下薅信用卡积分行为的犯罪化 124
　　一、薅信用卡积分获刑案情介绍 124
　　二、虚增积分是不是诈骗？ 126
　　三、虚增积分可能涉及的其他罪名 128
　　四、启示 130
第四节　恶意透支型信用卡诈骗罪的限缩适用及其影响 130
　　一、恶意透支型信用卡诈骗罪的犯罪构成 130
　　二、解释对犯罪构成的限缩适用 132
　　三、对解释修改的评价 136
　　四、解释修改对信用卡行业的影响 137

第九章　电子支付的全球视野新发展 141
第一节　欧洲支付计划的兴起与展望 142
　　一、EPI的基础：单一欧元支付区 142
　　二、EPI的动力：欧洲金融主权 143

三、EPI 的可能性：泛欧支付的整合 …………………… 145
　　四、EPI 的发展展望 ……………………………………… 146
　第二节　国家化电子支付计划的兴起 ……………………… 148
　　一、国家支付计划兴起的背景 …………………………… 148
　　二、国家支付计划兴起的原因 …………………………… 149
　　三、国家支付计划发展的困难 …………………………… 151
　　四、国家支付计划发展的展望 …………………………… 152

附录一：欧盟《第二支付服务指令》（PSD2）简介 ………… 154
　　一、PSD2 的产生背景与原因 …………………………… 154
　　二、PSD2 的主要内容 …………………………………… 156
　　三、PSD2 的影响 ………………………………………… 158
　　四、研究 PSD2 的意义 …………………………………… 159

附录二：欧盟《第二支付服务指令》（第 2015/2366 号指令） …… 161
　第一编　主题、范围和定义 ………………………………… 187
　第二编　支付服务提供商 …………………………………… 197
　　第一章　支付机构 ………………………………………… 199
　　第二章　共同条款 ………………………………………… 221
　第三编　支付服务的条件透明度和信息要求 ……………… 223
　　第一章　一般规则 ………………………………………… 225
　　第二章　单笔支付交易 …………………………………… 227
　　第三章　框架合同 ………………………………………… 230
　　第四章　公共规定 ………………………………………… 236
　第四编　与支付服务的提供和使用相关的权利和义务 …… 237
　　第一章　公共规定 ………………………………………… 239
　　第二章　支付交易的授权 ………………………………… 241
　　第三章　支付交易的执行 ………………………………… 251
　　第四章　数据保护 ………………………………………… 259
　　第五章　操作和安全风险及认证 ………………………… 260

第五编 解决争议的替代性争议解决（ADR）程序 ………………… 265

第六编 委托法案和监管技术标准 …………………………………… 271

第七编 支付最终条款 ………………………………………………… 275

附件 I 支付服务 ……………………………………………………… 283

后　记 …………………………………………………………………… 285

第一章　作为公共基础设施的电子支付

电子支付作为现代社会金融服务的重要组成部分，已经从一项便利化服务逐步演变为一项基础性公共基础设施，支撑着社会经济运行的多个方面。本章将围绕电子支付作为公共基础设施的角色展开讨论，着重分析其在国家治理、经济发展、民生改善以及社会保障等方面的广泛应用。随着信息技术的飞速发展，电子支付已成为社会生产和生活不可或缺的工具。尤其在近年来的数字经济快速发展背景下，电子支付的普及程度不断提高，其对经济增长和社会治理的影响日益凸显。无论是在日常的消费支付、跨境交易，还是在政府服务、社会保障等领域，电子支付都在发挥着基础性和战略性的作用。我国的移动支付已然成为全球领先的支付模式之一，不仅极大地便利了民众的日常生活，也为政府提高行政效率、推动普惠金融和促进经济流动提供了新的手段。

电子支付的广泛应用标志着支付体系从传统的现金和银行卡交易向更便捷、更高效的方式转型。支付行为的电子化不仅降低了交易成本，提高了交易效率，还为提升社会的治理能力创造了条件。通过电子支付，政府能够更加精准地进行财政补贴发放、税收征收以及社会保障资金管理，从而提升公共管理的透明度和效率。此外，电子支付的普及也为普惠金融提供了现实可能，尤其在偏远地区和低收入人群中，电子支付工具能够弥补传统金融服务的空白，进一步缩小城乡金融服务差距。作为公共基础设施的电子支付，其功能已经超越了传统意义上的支付手段，成为推动经济社会发展的重要引擎。在未来的数字化社会中，电子支付将在更多领域深度融入并发挥更大作用。

第一节　银行卡在国家治理现代化中的角色

随着移动时代的到来，以银行卡为代表的卡基支付近年来受到极大冲击，卡基支付也做出了许多创新以顺应手机支付与移动支付的潮流，虚拟卡、各种 pay 为代表的 NFC 支付、碰一碰、银联扫码付、银联刷脸付等都在回应支付便利化的需求。银行卡作为普及率最高的金融工具，在我国法律和政策体系中占据着极为重要的地位，银行卡已经成为支撑我国诸多政策的工具，甚至已经超越金融领域成为国家治理的基础设施，如果忽略这一基本事实恐怕无法合理评价银行卡这一张薄薄的卡片背后所承载的社会价值与政策价值。试结合我国近年来的法律与政策予以说明。

一、网络身份认证的基石

国家认证能力是国家基础能力，通过不断强化对公民、财产等的认证，现代国家才得以建立包括身份制度、财税系统、教育医疗、福利保障等在内的全面治理体系。我国是以身份证为基础建立了线下的身份认证体系。然而随着互联网日益成为公共舆论、法治建设、知识产权保护、基本人权保护的高风险地带，提高互联网治理能力迫切要求国家对网络上的"人民"进行识别和认证。[1]

通过公安系统进行身份认证是最为基础的手段，但是公安系统的身份验证服务时间较短等问题无法满足网络实名制的需要。以银行卡为基础的银联身份认证就成为使用最为广泛的验证方式。由于银行卡办理时都需要进行实名认证，出于了解客户原则的监管要求，银行办理储蓄卡Ⅰ类卡与信用卡首卡时还必须进行线下核验，所以银联的身份认证具有极高的可信性以至于可以成为其他机构实行实名认证的基础，如微信和支付宝等巨头 App 应用客户端的身份认证都是可以通过

---

[1] 参见翟秀凤：《从国家治理视角看网络身份认证的现状和困境》，载《今传媒》2017年第2期。

绑定银行卡来完成的。

银联身份认证除了商用应用之外,也在政务应用中广泛使用,如2016年国务院办公厅发布的《关于印发"互联网+政务服务"技术体系建设指南的通知》提出"申请人在以个人身份进行网上办事前,需先行注册成为互联网政务服务门户的个人用户。注册时,应填写申请人的真实姓名、身份证号码、邮箱地址、手机号码等主要信息,并通过……银联卡实名认证……等方式完成申请人的实名认证"。

二、弱势群体权利保护的抓手

尊重和保障人权是国家治理的精髓所在,也是国家现代性的根本体现。[①] 特殊人群、社会相对弱势群体的权利是其中重要的环节。国务院发布的《推进普惠金融发展规划(2016-2020年)》也言明"农民……残疾人、老年人等特殊群体是当前我国普惠金融重点服务对象",在对这些弱势群体的生存权与发展权的保护中,银行卡作为金融基础设施在残疾人、老年人、农民与农民工等弱势群体的保护中发挥了极大的作用。

老年人权利保护。很多老年人没有智能手机、不会上网、不会使用智能手机,面临的"数字鸿沟"问题日益凸显。银行卡作为一种传统支付方式,已得到广大老年人的广泛使用,国务院在《关于切实解决老年人运用智能技术困难的实施方案》中要求"零售、餐饮、商场、公园等老年人高频消费场所,水电气费等基本公共服务费用、行政事业性费用缴纳,应支持现金和银行卡支付。强化支付市场监管,加大对拒收现金、拒绝银行卡支付等歧视行为的整改整治力度。"所以银行以其广泛网点的分布成为老年人面对越来越多无法通过手机解决问题的"避风港",这与"微信支付无法找到客服坠楼"等,新闻形成鲜明的对比。

残疾人权利保护。残疾人由于身体功能的限制,在办理金融业务时往往需要特殊流程和特殊设施,往往更依靠线下的银行卡和银行进行支付、金融服务。银保监会和银行业协会多次出台政策与文件落实残疾人的权益保障,2012年银监会在《关于银行业金融机构加强残疾人客户金融服务工作的通知》中提出了残疾人金融权益保护的方向性要求,同年银行业协会在《关于进一步完善残障人士

[①] 张文显:《法治与国家治理现代化》,载《中国法学》2014年第4期。

银行服务的自律要求》中针对肢体障碍、书写障碍、视力障碍、听力障碍等不同类型的残疾人设定了不同的特殊服务标准，2018年银行业协会的《银行无障碍环境建设标准》则是将银行业服务残疾人的软硬设施进行了规范化。2017年试点开始，并于2019年推向全国的第三代智能化残疾人证更是集成了银行卡功能，卡片加入了银联芯片，能通过银联网络支付，具有身份识别、业务管理、社会服务、金融应用等多项功能。银行卡与银联便利残疾人的诸多举措体现了银行业的社会责任，践行着党中央"健全残疾人帮扶制度"的要求。

农民工权利保护。农民工欠薪问题一直是社会治理的大问题，住建部门、农业农村部门、司法机关多方着力都面临着政策落实到农民工手中最后一步缺乏抓手的难题，2014年《国务院关于进一步做好为农民工服务工作的意见》首次在国家层面提出通过"推广实名制工资支付银行卡"实现农民工工资的直接支付，这一措施在后续多个文件中得到强调，最终于2019年的《保障农民工工资支付条例》形成行政法规，要求"施工总承包单位……通过农民工工资专用账户直接将工资支付到农民工本人的银行账户……用于支付农民工工资的银行账户所绑定的农民工本人社会保障卡或者银行卡，用人单位或者其他人员不得以任何理由扣押或者变相扣押"，银行卡作为国家与农民工之间的直接联系，构成了保障农民工工资准时足量到户的重要一环。

农村金融。农村金融是乡村振兴与普惠金融两项国家计划的交汇：乡村振兴需要农村金融助力，而农村支付是农村金融的基础，2018年党中央、国务院发布的《乡村振兴战略规划（2018—2022年）》要求"加快农村金融产品和服务方式创新，持续深入推进农村支付环境建设，全面激活农村金融服务链条"；普惠金融发展存在城乡不均衡，2018年中央一号文明确"普惠金融重点要放在乡村"，《推进普惠金融发展规划（2016—2020年）》更是在农村普惠金融章节中提出拓展银行卡的使用具体要求"拓展银行卡助农取款服务广度和深度。支持有关银行机构在乡村布放POS机、自动柜员机等各类机具，进一步向乡村延伸银行卡受理网络"。银行卡是国家治理延伸到农村基层的体现。

三、营商环境优化的基础设施

营商环境是一个综合、复杂和有机的体系，是国家治理体系和治理能力现代化的重要标志。我国一直致力于优化营商环境，尤其是近年来我国在世界银行营商环境报告中的排名逐年递增，展示了优化营商环境的良好效果。在其中多项政策中，银行卡作为一项政策工具发挥了巨大的作用。

银行卡交易费率降低促进商业流通。我国的银行卡境内交易费率在经历了多次改革之后现已远低于欧美发达国家，显著降低流通环节费用，改善我国内循环经济的营商环境。2012年、2013年有三个国办文件都要求"优化银行卡刷卡费率结构，降低总体费用水平，扩大银行卡使用范围"，2020年国务院办公厅《关于以新业态新模式引领新型消费加快发展的意见》再次提出"优化与新型消费相关的支付环境，鼓励银行等各类型支付清算服务主体降低手续费用，降低商家、消费者支付成本，推动银行卡、移动支付在便民消费领域广泛应用"。我国银行和银行卡行业不断地出让利润服务于国家优化营商环境的大局。

银行卡便利涉企政务服务开展。早在2002年国务院制定《税收征收管理法实施细则》时就明确要求使用银行卡缴税，"税务机关应当根据方便、快捷、安全的原则，积极推广使用支票、银行卡、电子结算方式缴纳税款"。2017年国务院在《关于强化实施创新驱动发展战略进一步推进大众创业万众创新深入发展的意见》中进一步要求通过银行综合服务机、手机银行等缴税，"推进银行卡受理终端、网上银行、手机银行等多元化缴税方式"。银行卡不仅助力政务服务的现代化与电子化，还促进我国政府的智慧化转型，如在新冠肺炎疫情后的复工复产中，商务部就和银联合作，在商办消费函〔2020〕161号就提出与银联"强化信息共享……为出台消费促进政策提供科学严谨的信息、数据支持"，我国的复工复产中政策的精准实施与退出也有着银行卡行业和银联的一份贡献，这种实践也是我国推进智慧政务的有益尝试。

银行卡孕育和促进电子商务发展。我国电子商务冠绝全球，这也得益于我国以良好的电子支付为基础的网络营商环境，国务院办公厅在2005年的《关于加快电子商务发展的若干意见》中要求"推进在线支付体系建设。加紧制订在线支付业务规范和技术标准，研究风险防范措施，加强业务监督和风险控制；积极研究第三方支付服务的相关法规，引导商业银行、中国银联等机构建设安全、快捷、方便的在线支付平台，大力推广使用银行卡、网上银行等在线支付工具"。随后淘宝网等电子商务网站才蓬勃发展起来。

银行卡、银联协助债务执行。债务执行是营商环境优化的重要环节，也是世界银行营商环境报告的核心指标之一。我国正在攻克执行难问题，银行作为资金的管理方，银联作为资金交易的清算方，都在其中发挥着重要的作用。2016年央办、国办联合发文《关于加快推进失信被执行人信用监督、警示和惩戒机制建设的意见》，就要求"各金融机构、银联、互联网企业等企事业单位之间的网络连接，建成覆盖全国地域及土地、房产、存款、金融理财产品、证券、股权、车辆等主要财产形式的网络化、自动化执行查控体系，实现全国四级法院互联互通、全面应用"。银行业和司法机关配合密切，极大地提升了执行的力度，2019年年底最高人民法院宣布基本解决执行难问题，其中银行业贡献巨大。

四、犯罪治理的利器

国家治理现代化是将犯罪预防放在社会治理的大局中展开的，在主体上要求共治共建共享，技术上要求科学化、智能化。银行卡行业和银联掌握着资金流动和资金信息，深度参与诈骗、洗钱、经营黄赌毒违禁品等犯罪的治理。

银行卡行业与银联协力防范犯罪。一方面，减少犯罪团伙所能使用的支付工具数量与类型，除了不断强调做好特约商户管理之外，2016年六部委《关于防范和打击电信网络诈骗犯罪的通告》就针对大量跑分平台使用他人银行卡转账的情况，要求"出租、出借、出售、购买银行账户卡或支付账户的单位和个人……5年内停止其银行账户卡非柜面业务、支付账户所有业务"。另一方面，降低受欺诈对象的潜在损失，上述通告要求"个人通过银行自助柜员机向非同名账户转账的，资金24小时后到账"，限制了通过ATM的诈骗，与此同时各银行柜台阻止了大量的有犯罪嫌疑的转账，挽回了大量损失。

银行卡行业致力于阻断犯罪的产业链。针对众多黑产类犯罪的复杂化隐蔽化趋势，央行与公安机关紧紧抓住支付这一黑产变现的必经通道，银行等支付机构的反洗钱部门成为阻断犯罪的"第一线"，银行在反洗钱斗争中不断完善对异常交易的监管模型，《金融机构大额交易和可疑交易报告管理办法》要求"金融机构应当制定本机构的交易监测标准，并对其有效性负责"，针对这些可疑交易，一方面自主限制可疑账户和可疑交易，另一方面积极与央行和公安机关配合调查。银联作为掌握着大量交易信息的组织，践行着该办法所要求的"银行卡清算机构……应当按照中国人民银行有关规定开展交易监测分析、报告工作"，也在反洗钱工作中扮演着重要角色。

五、小结

在我国，银行卡行业与银联发挥的巨大功效早已超越金融与支付领域，在国家治理现代化中的作用并不局限于以上四个方面，银行卡行业在国家治理现代化进程中可谓广阔天地大有可为。然而也正是由于银行卡承载着大量的公共职能，银行卡的创新步伐不能迈得太大，也使得银行卡显得并没有那么新潮。但由于银行卡行业极高的发卡量、广泛的服务网点、极高的持卡人数、掌握着海量的资金和支付信息等特点，使得银行卡行业成为我国国家治理现代化中的重要基础设施。这些特征也意味着在可以预见的未来，传统的卡基支付方式还是会与其他种类电子支付共存，共同服务于国家经济社会的发展。

第二节 "十四五"规划中的电子支付：功能与方向

随着国家治理体系和治理能力现代化的不断推进，中国经济进入了以高质量发展为目标的新阶段。"十四五"规划提出了构建以国内大循环为主体、国内国际双循环相互促进的新发展格局。在这一背景下，电子支付作为数字经济的重要基础设施，不仅在提升经济运行效率、促进消费升级、支持普惠金融等方面发挥关键作用，更在推进国家治理现代化过程中提供了新的技术手段和创新路径。本节将从国内大循环和国内国际双循环两个角度分析电子支付在"十四五"规划时期的功能与发展方向。

一、国内大循环中的电子支付

国内大循环，是指以国内市场为主体，充分发挥国内超大规模市场优势，依靠国内经济体系的畅通循环，实现高质量发展。在这一模式下，消费成为经济增长的主要动力,数字经济与实体经济深度融合,电子支付作为基础设施之一,起到了连接生产与消费的重要作用。通过增强支付体验、推动普惠金融、改善公共服务等方面的举措,电子支付推动了国内大循环的发展。

(一) 以便捷支付促进消费发展

在国内大循环中,消费是拉动经济增长的关键驱动力之一。电子支付通过优化支付体验、简化交易流程,有效促进了消费增长。国务院发布的《"十四五"数字经济发展规划》指出,数字技术与各行业加速融合,电子商务蓬勃发展,移动支付广泛普及,互联网平台日益壮大。这表明,电子支付作为消费支付的主要方式,已深度融入各个领域,极大地提高了消费者的支付便捷性和支付体验。

《"十四五"电子商务发展规划》中进一步回顾到,"非银行支付网络支付交易金额从2015年的49.5万亿增至2020年的294.6万亿,均稳居全球首位"。这一数据体现了电子支付在我国的发展速度和广泛应用,推动了消费市场的扩大和消费结构的升级。《重庆市商务发展"十四五"规划》还提到,要"规范发展消费金融,推进消费金融产业链建设,创新金融产品,拓展移动支付使用范围,促进消费金融、金融科技创新融合发展"。这意味着电子支付不仅是消费的基础工具,还在消费金融领域发挥着关键作用,为促进国内消费市场的活跃提供了支持。

(二) 以普惠金融促进乡村振兴

在国内大循环的框架下,推动城乡区域协调发展和乡村振兴是重要任务。电子支付作为普惠金融的核心支撑工具,为提升乡村金融服务的可获得性和便利性发挥了重要作用。《"十四五"电子商务发展规划》在服务乡村振兴的章节中提出要"推动农村电商与数字乡村衔接,促进互联网支付、移动支付、供应链金融的普及应用"。通过这些措施,电子支付能够帮助农村居民更便捷地获取小额贷款、保险和理财等金融服务,促进乡村经济的活力和发展。

《浙江省金融业发展"十四五"规划》进一步提出,"深化农户小额普惠贷款工作,规范发展移动支付、互联网贷款、互联网保险、互联网理财等数字普惠金融服务,规范有序发展消费金融,更好满足百姓多样化金融需求"。这些措施有助于普及电子支付在农村地区的应用,推动农村普惠金融服务的拓展,为乡村振兴战略的实施提供了金融支撑。

（三）以数字基础设施推动政务服务

电子支付在国内大循环中的另一个重要功能是提升政府治理效率，特别是在政务服务数字化转型中发挥了重要作用。电子支付的应用不仅仅局限于消费领域，还扩展到了政务服务，推动了公共服务数字化转型。国务院发布的《关于加强数字政府建设的指导意见》提出，要"探索推进'多卡合一'、'多码合一'，推进基本公共服务数字化应用，积极打造多元参与、功能完备的数字化生活网络，提升普惠性、基础性、兜底性服务能力。"

同时，各地也在积极推进电子支付在政务服务中的广泛应用。例如，《浙江省金融业发展"十四五"规划》提到要"深化移动支付之省建设，……大力推进数字支付在全社会的广泛应用"。而《黑龙江省"十四五"数字政府建设规划》则强调要"建设统一公共收缴平台，聚合各类支付渠道，为全省政务服务平台所涉及的所有服务事项提供缴费支撑服务"。这些政策和措施表明，电子支付正在成为现代化治理和政务服务的重要工具，进一步提升了政府公共服务的效率和覆盖范围。

二、国内国际双循环中的电子支付

国内国际双循环战略旨在加强国内市场与国际市场的联动性，通过内需带动外需，国内循环促进国际循环，实现更高水平的开放与发展。电子支付作为跨境贸易和跨境电商的重要支撑工具，在推动人民币国际化、促进贸易便利化方面具有关键作用。

（一）提升跨境支付便利性与效率

随着全球贸易和跨境电商的发展，跨境支付成为双循环战略下的重要环节。电子支付的普及和深化应用极大地提升了跨境支付的便利性和效率。《"十四五"电子商务发展规划》强调，"鼓励金融机构与跨境电商配套服务企业开展合作，大力支持移动支付企业'走出去'与跨境电商协同发展，推动保险机构创新研发适应跨境电商的新型险种"。这一政策鼓励电子支付企业和金融机构共同推动跨境支付便利化，降低国际贸易的支付成本，提高交易效率。

此外，《"十四五"促进中小企业发展规划》中指出，要"支持中小企业利用电子支付、远程工作等数字技术手段和数字化解决方案开展经营活动，广泛参与国际贸易合作，提升在专业化细分领域的国际竞争力"。通过强化电子支付的全球服务能力，中小企业能够更便捷地参与国际市场竞争，提升其国际化经营水平和市场影响力。

（二）推动全球化的支付网络与清算体系

在构建全球经济治理体系的过程中，建立高效、安全的支付网络和清算体系是实现跨境经济活动顺畅运行的关键。《金融标准化"十四五"发展》回顾道，"中国专家在移动支付、区块链、可持续金融等领域国际标准研制中发挥引领性作用，牵头制定的银行产品服务描述规范、第三方支付服务信息系统安全目的等国际标准正式发布"。这表明，中国在全球支付标准制定中扮演了重要角色，推动了全球支付网络的建设和发展。

《"十四五"国家信息化规划》提出，"推动高水平走出去，推动移动支付等数字经济模式创新并为全球用户提供服务"。这表明，中国支付企业的全球化发展不仅是国内战略的一部分，也成为推动全球支付生态系统建设的重要力量。《"十四五"电子商务发展规划》同样提到，电子商务企业要加快出海，带动物流、移动支付等领域实现全球发展，这不仅有助于提升中国支付企业的国际竞争力，也为全球用户提供了更多选择和便利。

（三）推动人民币的国际化

电子支付的国际化发展也为推动人民币国际化提供了重要路径。《"十四五"电子商务发展规划》明确指出，"倡导开放共赢，开拓国际合作新局面——支持跨境电商高水平发展——鼓励电商平台企业全球化经营，完善仓储、物流、支付、数据等全球电子商务基础设施布局，支持跨境电子商务等贸易新业态使用人民币结算"。通过推动电子支付的全球应用，特别是跨境电子商务中的人民币结算，能够提升人民币在全球贸易结算中的使用比例，增强人民币的国际地位。

《金融标准化"十四五"发展》进一步提出，要"全面开展人民币跨境支付清算产品服务、清算结算处理、业务运营和技术服务等方面标准建设，加强对人民币跨境支付系统建设的支撑"。通过建立完善的人民币跨境支付清算体系，进一步推动人民币国际化战略的实施，为全球金融市场提供更多的人民币金融产品和服务。

三、小结

"十四五"期间，电子支付在国内大循环和国内国际双循环的新发展格局中具有重要的战略意义。通过加强支付基础设施建设、推进支付创新与普惠金融、提升跨境支付便利化、推动人民币国际化进程，电子支付将为国家经济高质量发展和治理现代化提供有力支持。在未来，电子支付将继续发挥其在数字经济中的核心作用，为构建更高水平的开放型经济新体制贡献力量。

第二章　电子支付的民事法律规制框架

随着电子支付技术的迅猛发展，相关的民事法律规制框架逐渐成为法学领域的重要课题。电子支付不仅改变了人们的交易方式，也带来了新的法律命题。传统的支付合同、金融法规已不足以完全涵盖电子支付的复杂性，尤其是在大规模的网络支付交易中，如何有效保护消费者权益、明确支付服务提供者的责任，以及规范支付机构与用户之间的权利义务，成为法律规制的重点。随着《中华人民共和国电子商务法》（以下简称《电子商务法》）等相关法律的出台和实施，我国相关法律体系已逐渐成形。随着科技的进一步发展，新的支付风险层出不穷，法律在回应这些变化时面临着滞后性和不确定性。

电子支付的民事法律规制框架不仅包括传统金融法、合同法的适用，还涉及消费者保护法、个人信息保护法、反洗钱法等多部法律的交叉领域。这一体系不仅要求对支付行为进行规制，还要求对支付错误、欺诈风险、数据安全、用户隐私等问题进行防范和规范。特别是随着移动支付、刷脸支付等新型支付方式的普及，电子支付的法律规制在传统法律框架下面临着挑战，亟须完善和创新。因此，本章将围绕电子支付的法律规制框架展开讨论，梳理电子支付相关法律的发展历程，探讨现行法律对支付服务提供者和用户之间的权利义务规定，以期为电子支付的民事法律规制提供系统化的理论支持与现实回应。

第一节 《电子商务法》电子支付条款适用范围

近年来,随着电子商务的迅猛发展和信息通信技术的普及应用,我国电子支付业务持续快速增长,电子支付市场参与主体日益多元化,市场交易规模快速扩大,以第三方支付为代表的各种电子支付不断创新,应用深度不断推进,更加便民惠民,成为传统支付行业的有益补充。电子支付与电子商务两者的发展相辅相成,密不可分:电子支付的迅猛发展解决了电子商务中最重要的资金结算问题,成为电子商务发展的前提与基础,使电子商务的普及成为可能;同时依靠电子商务的资金客户数量增长,电子支付进一步发展壮大。因此,在电子商务立法中,涵盖电子支付的内容也就成为必然。

《电子商务法》一共包含法条八十九条,分别从电子商务的经营监管原则、电子商务经营者、电子商务平台经营者、电子商务合同的订立与履行、电子商务争议解决、电子商务促进以及相关法律责任七章对电子商务领域的活动进行规范。其中第三章"电子商务合同的订立与履行"有十一条,其中五条(第五十三条至第五十七条)对电子支付进行规范,占据了《电子商务法》5.6%的条文数、6.5%的条文字数。可以说,一直以来电子支付纠纷缺乏法律规范的现象已经被《电子商务法》彻底改变,内容涵盖了"电子支付服务提供者应当向用户免费提供对账服务及最近三年的交易记录"、"造成用户损失的,应当承担赔偿责任"、"未经授权的支付造成的损失,由电子支付服务提供者承担"以及"电子支付服务提供者未及时采取措施导致损失扩大的,对损失扩大部分承担责任"等。但是细看法条会发现,《电子商务法》并未对电子支付进行定义,也未对本法规定的电子支付规则所适用的范围进行规定,似乎可以理解《电子商务法》为电子支付设定了普遍适用的规则,然而真的是这样吗?恐怕需要对电子支付条款进行更细致的考察。

一、《电子商务法》电子支付条款与第二条的关系

《电子商务法》第二条第三款规定:"法律、行政法规对销售商品或者提供服务有规定的,适用其规定。金融类产品和服务……不适用本法。"粗略看来,电子支付作为金融类服务,第二条的规定似乎和电子支付条款存在着相冲突的可能性,电子支付条款的适用范围是否会受到第二条的影响呢?

第一,从立法目的看,第二条对于金融类产品和服务不适用本法的除外规定,主要是考虑到这类产品、服务的监管专业性和特殊性,尤其与规制一般电子商务的路径并不一致,故不纳入《电子商务法》的调整范围。但是作为电子商务交易流程中的电子支付的监管则不然,一方面这一服务需要考虑到电子商务的特殊性,另一方面完善电子商务中的电子支付的监管也是完善电子商务流程监管所必备的组成部分。因此这类电子支付的监管与电子商务监管虽然相对独立,但总体上相互依存,应该在同一部法律中加以规定。

第二,从条文本身调整范围看,第二条的除外规定,主要是排除金融类产品服务作为交易标的的情景下适用《电子商务法》,如通过互联网销售基金、保险,网络借贷等。这类通过互联网方式销售金融类产品或提供金融类服务的行为,因其交易标的的特殊性,而区别于典型的电子商务行为,不适宜在《电子商务法》中进行规定,但是电子商务中的电子支付与物流快递类似,都是作为电子商务合同履行方式,不属于第二条排除适用的范围。综上所述,第二条除外条款并不适用于电子支付条款,电子支付条款至少在《电子商务法》下是可以普遍适用的。[①]

二、电子支付条款适用范围的体系定位

考虑到电子技术的发展和资金流动的频繁,存在着从广义和狭义两个角度去认识"电子支付"概念,这两种概念的分歧也对应着《电子商务法》中电子支付条款的适用范围分歧。广义的电子支付,是指一切以电子方式进行的债权债务的清算和资金转账结算,不论资金流动是基于何种原因。狭义的电子支付则仅从

---

① 电子商务法起草组:《中华人民共和国电子商务法解读》,中国法制出版社 2018 年版,第 268 页。

电子商务角度而言，是指为电子商务交易之需要，付款人将资金通过电子设备转移给收款人以履行价款交付义务的电子支付。也就是说，狭义的电子支付仅指电子交易主体履行义务时所为的货币支付或资金转移行为，不包括非以商品交易为基础的货币支付或资金转移，如甲乙二人之间为偿还借款而通过网上银行转账就不属于狭义的电子支付。通过对《电子商务法》的阅读理解，参考立法资料和法律体系解释，本书认为电子支付条款应该是基于狭义概念而建立的，故而其适用范围应当限制在以电子商务为目的的场景之下。①

（一）从立法历史的角度

在《电子商务法》的立法过程中，一共经过全国人大常委会四次审议，其中在第一次提交审议的草案（以下简称初审稿）中曾经将电子支付作为专章进行规定，专章中共有七条，与最后的正式立法仅五条相比，删去的主要是初审稿的第三十一条电子支付的定义和第三十七条的备付金条款，其中在初审稿第三十一条的定义条款中声明"本法所称电子支付，是指付款人与收款人为电子商务活动的需要，通过电子形式的支付指令实现货币资金转移的行为"。按照初审稿的定义，《电子商务法》下的电子支付的概念前提就是"为电子商务活动的需要"，那么相应的电子支付条款运用自然也得基于这一概念而展开，所有的条款都仅能基于狭义的电子支付领域，不能扩展到广义的电子支付领域。虽然初审稿的这一条文在二审稿之后就被删去，但说明了立法者的初始态度，在讨论现行《电子商务法》下电子支付条款的适用范围时依旧可以回溯到这一立法草案。

（二）从《电子商务法》内部体系的角度

从《电子商务法》本身的结构看，初审稿中电子支付是在第三章"电子商务交易与服务"之下单独成节的，二审稿之后电子支付都是五条连续条文，其中二审稿是在第三章"电子商务合同"之下，三审稿、四审稿乃至最终立法是在第三章"电子商务合同的订立与履行"之下，虽然所在章节名字发生了变化，但是无论哪个历史版本，都是在第三章中规定电子支付，而第三章中又都只规定了电子合同、电子支付、物流快递三个方面内容，可以说电子支付条款在整个法

---

① 赵旭东：《中华人民共和国电子商务法释义与原理2018新版》，中国法制出版社2018年版，第405页以下。

律结构中的位置未发生变化，从结构上都表明其是电子商务交易过程中的一环而被纳入《电子商务法》的。

此外，从初审稿的独立一节七条到后来的结构上不独立，条文上缩减至五条，都表明电子支付条款在法律中的独立性和重要性的下降，那么在初审稿中还仅仅是"为电子商务活动的需要"的电子支付条款，在更少条文、更弱法条地位之下，很难认为电子支付条款可以解释为面对所有广义电子支付的共通规范。换个角度思考，如果立法者有意拓展电子支付条款的适用范围，那么应当在条文中或以文字明示之，或以结构暗示之，但不是以弱化条款的方式来拓展其适用范围。从《电子商务法》内部体系的角度可以认为条文的适用应当基于以电子商务为目的的狭义定义。

（三）从金融法体系的角度

我国已经制定了《电子签名法》等电子支付相关的法律，但电子支付的主要规则供给还是由中国人民银行和中国银行业监督管理委员会通过制定部门规章提供的，包括《电子支付指引（第一号）》《电子银行业务管理办法》《非金融机构支付服务管理办法》《非金融机构支付服务管理办法实施细则》等，这些规则规定分散，仅是部委规章，级别较低，缺乏一个提纲挈领的、效力较高的法律法规。而且随着转接清算市场的放开，现有支付市场还会有较大的变动，加之电子支付单独立法的呼声一直存在。如果在《电子商务法》中规定了对于电子支付的普遍性规定，可能会压缩未来立法的空间，增加未来立法时存在的法律体系衔接问题的可能性，阻碍电子支付统一规则的制定。正是考虑到这点，作为支付法律中纯粹监管性规范的备付金条款，虽然在初审稿中写入，但是在之后的审议稿中被删除。《电子商务法》第二条"金融类产品和服务……不适用本法"也可作为旁证，如前文所述，将电子支付纳入《电子商务法》是基于电子商务合同履行，故电子支付条款的适用范围也不应当超越电子支付条款的立法目的，不能作为电子支付的普遍规则立法。

综上所述，无论是从《电子商务法》本身的立法历史，或是从《电子商务法》自身的法律结构或电子支付条款在金融法体系的结构来看，《电子商务法》中的支付条款无论其效力和适用范围都应该仅限于以电子商务为目的，而不能扩展适用于所有电子支付服务。

三、电子支付条款司法扩张适用的可能

实践中无论第三方支付还是银行支付业务的纠纷频发都表明现有规则对于电子支付的供给已经不足。一个旁证是近年来关于电子支付类的司法解释已经连续修改制定多个。而司法机关制定规则是以实用为导向的，往往是因为其审判实践中对于规则的需求和统一裁判需要。尤其是2018年6月最高人民法院曾经推出《关于审理银行卡民事纠纷案件若干问题的规定（征求意见稿）》，在该征求意见稿中对于银行卡常见的民事纠纷进行了较为明晰的认定，其内容与电子支付条款多有重合，随着《电子商务法》的审议修改和快速出台，该征求意见稿也需要处理与《电子商务法》的衔接问题，所以该征求意见稿至今并未形成有效力的司法解释。

面对电子支付缺乏规则供给的现状，尤其是不以电子商务为目的的电子支付场合，《电子商务法》的规范很有可能会被法院进行扩张适用。一种可能是部分法院在处理此类纠纷时，并未对法律进行严格考察，而直接将《电子商务法》作为裁判规范进行适用，这种属于法律适用错误。另一种可能是法院意识到《电子商务法》电子支付条款的限制，当裁判纠纷时，参考《电子商务法》的规范，但并不直接引用之作为裁判依据，而是将《电子商务法》作为解释规范，适用其他法律如合同法、消费者保护法等作为裁判依据。例如，发生未经授权的支付时，参考《电子商务法》第五十七条的举证责任倒置等措施，将举证责任配置给支付服务提供商，而非按照一般侵权的思路由用户证明支付服务商存在过错。

此外，《电子商务法》的出台，也会导致最高人民法院在制定相关司法解释时关注到《电子商务法》中的规则，在面对现行法没有规定，无规则可用时，借鉴《电子商务法》的规范制定司法解释，从而实现了《电子商务法》电子支付规范对于所有电子支付的普遍适用。由于最高人民法院无权制定监管性规范，此类规范还是由监管部门制定，所以这种电子支付条款的司法解释化也主要是民事权利与义务的配置方面。之前征求意见而可能出台的《关于审理银行卡民事纠纷案件若干问题的规定》就可以实现《电子商务法》电子支付规范在一般银行卡类纠纷的扩张适用。

综上，虽然《电子商务法》的电子支付条款只有寥寥五条，还仅限于对以

电子支付法律前沿：立法、案例与展望

电子商务为目的的支付适用，但是对于支付行业的从业者、研究者而言，这五条还是具有极其重要的意义，一方面更新创制了部分支付领域的法律，另一方面也代表了对于一般支付制度的未来立法走向，其规则需要我们理论结合实践更细致地品读。

第二节 《银行卡规定》的产生、守成与创新

2021年5月25日，最高人民法院发布并生效了《关于审理银行卡民事纠纷案件若干问题的规定》（以下简称《银行卡规定》）。对于支付业界来说，这是关于支付民事责任最为重要的一部司法解释，系统性地规定了费用收取、诉讼时效和盗刷责任三个方面的内容，尤其是盗刷责任的分担规则可以说相对较为系统。本节试图在目前各项关于《银行卡规定》的解读之外另辟角度，讨论该司法解释的产生、守成与创新。

一、难产的司法解释

《银行卡规定》于2018年6月6日发布征求意见稿，6月30日意见征求结束。依据正式版的《银行卡规定》，该司法解释于2019年12月2日由最高人民法院审判委员会第1785次会议通过，然而直至2021年5月25日才发布。该司法解释从征求意见到出台一反常态地长达3年，这对于司法解释而言并非惯常操作。由此可见，该司法解释出台的艰难。

按照《最高人民法院关于司法解释工作的规定》，一部司法解释的出台需要经过"立项—批准立项—起草—征求意见并修改—研究室审核—审委会讨论批准—发布"七个步骤。司法解释的起草工作由最高人民法院各审判业务部门负责，按照最高人民法院的分工，《银行卡规定》是由民事审判第二庭（以下简称民二庭）负责起草。2015年12月24日，最高人民法院审判委员会委员、民二庭庭长在《关于当前商事审判工作中的若干具体问题》中表明"我们正在研究制

定银行卡纠纷法律适用问题的指导意见",在此之后两年半才形成草案。起草之后进入征求意见阶段,一方面最高人民法院需要向全国人大常委会相应的专门委员会征求意见,另一方面需要向公众征求意见,也就是 2018 年 6 月 6 日发布《银行卡规定》的征求意见稿,6 月 30 日意见征求结束。这份征求意见稿少见地并未以完整司法解释的形态征求意见,而是在两个条文(第二条"全额支付利息条款的效力"、第七条"发卡行的通知义务")中分别设置了两种潜在的规范方式,这表明《银行卡规定》在起草过程中就已经遇到了难题,在起草过程中最高人民法院内部都无法达成一致意见。

征求意见结束之后,起草的业务部门也就是民二庭需要就反馈的意见进行修改并形成送审稿。送审稿经过主管副院长同意后交由最高人民法院研究室审核,审核后报审委会讨论。由于审判委员会应当在司法解释草案报送之次日起三个月内进行讨论,而审委会是 2019 年 12 月 2 日讨论通过,可见《银行卡规定》从征求意见到上审委会之间的间隔至少达到一年零两个月,这期间司法解释一直处于修改阶段,这个期限之长在最高人民法院的民事类司法解释中并不多见,考虑到该司法解释的体量较小,征求意见稿也仅有二十七条,这种长时间的修改更加反常,表明对于该司法解释的征求意见稿存在重要的冲突意见,修改平衡相对困难。

2019 年 12 月 2 日,第 1785 次审委会通过该司法解释,又时隔长达一年零六个月,该司法解释才最终公布,该间隔之长在最高人民法院的各项司法解释中也属少见。这表明该司法解释在第 1785 次审委会上并非直接通过,而是仅获得原则通过,按照规定,原则通过之后还需要由起草部门(也就是民二庭)会同研究室根据审委会的讨论决定进行修改,并报分管副院长审核后,才能由最高人民法院院长或者常务副院长签发。可以推知《银行卡规定》在审委会通过之后还是经历了大量的修改才最终发布。

《银行卡规定》在修改与实施两个环节难产的可能原因之一在于问题的复杂:其一,涉及的利益过于广泛,截至 2020 年年末,全国银行卡的用发卡数量 89.54 亿张,2020 年全国共发生银行卡交易 73454.26 亿笔,金额达 888 万亿元,占总交易笔数的 97%,发布一个可能影响如此天量交易的司法解释不得不慎之又慎;其二,司法解释涉及银行业和公众之间的权利义务平衡,条文设置可能会较大改变银行的合规现状,涉及作为我国金融业基石的银行,必须小心谨慎;其三，最高人民法院制定司法解释以行使其司法权，这种抽象规则的制定存在与中国人民银行、银保监会的监管权之间的权力分配张力，三家国家机关之间的沟通也并非易事。

《银行卡规定》如此难产的可能原因之二在于法律基础的巨变：其一，《电子商务法》的出台。该法于2016年12月提请全国人大常委会初审，2017年10月31日提请二审后，2018年6月19日三审，2018年8月31日四审通过。《银行卡规定》征求意见期间，《电子商务法》刚好进行三审，《银行卡规定》征求意见结束，《电子商务法》才公布，《电子商务法》关于电子支付服务商的民事责任是关于电商领域的银行卡纠纷中责任分配的重要法律依据。其二，《民法典》的编纂。《民法典》对格式合同、诉讼时效等内容进行了大量的变更，这些变更也影响到了《银行卡规定》。其三，《最高人民法院关于审理民间借贷案件适用法律问题的规定》（以下简称《民间借贷司法解释》）的修改。征求意见稿时适用的是2015年版《民间借贷司法解释》，利率上限采用两线三区的标准，而最高院的一系列文件则将民间借贷利率上限准用于金融借贷，2020年修订的《民间借贷司法解释》确定了4倍LPR的民间借贷利率上限，这导致了金融借贷利率上限的复杂，也影响到《银行卡规定》的条文制定。

二、规则的守成与细化为主

最高人民法院制定司法解释是出于其审判需要，不可能如同人大立法一样制定大量的新的规则，司法解释的这一性质已经表明《银行卡规定》是以规则的细化为主。而这样一部出台如此艰难的司法解释，也表明其制定需要面对众多意见与利益的衡量，规则的制定也只能趋于含糊与原则。

《银行卡规定》从征求意见稿到正式发布稿条文数量从27条变为16条，规范的内容也大幅缩减。例如，征求意见稿的第二条（对信用卡未完全还款时全额计息惯例的限制）、第七条（盗刷发生时发卡行的通知义务及其违反的责任）、第十四条（存在伪卡交易争议时暂不记录征信）、第二十条（冒用持卡人名义更换手机卡，电信运营商违反审核义务的责任），这些条款都并未规定在正式稿当中。这些条款的共同点是都对大型机构（银行与电信运营商）施加义务或限制权利，可见其背后的利益衡量与立法博弈。值得一提的是，其中的第二条和第七条是征求意见稿中唯二并未确定行文而是设置两种潜在模式同时征求意见的条文。最高人民法院在征求意见稿中无法就这两条确定规范设置已表明立法时缺乏共识，这种共识显然无法通过征求意见而实现，于是在如此漫长且充满角力的立法过程中双双从正式稿中被拿下似乎是必然的结局。除此之外，征求意见稿的第二十三条至第二十六条关于民刑交叉等程序性事项都被整体删除未进入正式稿，这种删除可能是出于立法体例与立法技术的考量。

《银行卡规定》留下来的条文，相比于征求意见稿，也存在法律明确性与可适用性下降的特点。以正式稿的第二条关于利息违约金等的格式条款效力问题的规定为例，关于此问题涉及两项民法的制度：其一，格式条款是否订入合同成为合同一部分，征求意见稿并未规定，正式稿虽然作了规定，但也只是《民法典》第四百九十六条、第四百九十七条的复写，规则意义有限；其二，利息违约金是否涉及高利贷，征求意见稿准用民间借贷的利率上限进行规制，而正式稿则采用考虑各种因素之后进行个案化考察的规制方式，调整规制方式并非大问题，然而个案化考察到底是依据《民法典》第六百八十条禁止高利贷还是依据《民法典》第五百八十五条违约金酌减的规定并不清楚，也不符合任何一个法条的规范结构，而更类似于两个法条的综合性混合应用（或者说误用），并且最高人民法院在《银行卡规定》的答记者问（类似于立法说明）中也对此问题进行了回避。无论如何，《银行卡规定》并未给出一个关于利息违约金的明确标准，而是回到了"央视主播李某东诉建设银行案"中北京市二中院的综合考量个案个判的处理思路。

而单就正式稿本身而言，大多数条文也缺乏新意，更多的是对已有规则的重复、具体化、推论适用。对已有规则的重复，如第八条第一款、第九条第一款，这两款是关于发卡行在与持卡人订立银行卡合同或者签订网络支付业务时，未完全告知某一网络支付业务持卡人业务的开通或者业务的重要功能时发卡行应当承担相应的责任，这一规则看似新鲜但其实已经被2015年最高人民法院民二庭时任庭长所作的会议纪要《关于当前商事审判工作中的若干具体问题》"六、关于银行卡纠纷案件的审理问题"完全涵盖，《银行卡规定》只是将这一规则再次确定，并将对法官的"软"约束变为"硬"约束。对旧有规则的具体化，如第三条关于发卡行对持卡人的诉讼时效中断的三种具体形式的效力认定，该条是司解释的起草人在答记者问中作为《银行卡规定》的三大亮点之一进行介绍的，然而在该答记者问中也承认这条是《民法典》第一百九十五条与《关于审理民事案件适用诉讼时效制度若干问题的规定》第十三条在银行卡纠纷案件中的具体化。对旧有规则的推论适用，如第十二条，发卡行、非银行支付机构、收单行、特约商户承担责任后可以请求盗刷者承担侵权责任，这是《民法典》第一千一百九十八条的简单推论；又如，第十三条，因同一盗刷交易持卡人主张权利所获赔偿数额不应超过盗刷所致损失总额，这是民事损害计算填平原则的体现；再如，第十四条，盗刷交易被认定不承担责任则可以请求撤销不良征信，这是《征信业管理条例》第二十五条的简单推演。有合理理由相信这些规则进入《银行卡规定》仅仅是为了增加法官释法的便捷。

三、规则的创新与发展为辅

《银行卡规定》篇幅最多的内容是关于伪卡盗刷或者网络盗刷交易的责任分担规则，其最大亮点在于明确发生盗刷时银行责任采用无过错责任的归责方式，而在无过错责任中银行的免责事由是被害人有过错或者被害人有部分过错而依据与有过失进行责任减免。这一规则并不稀奇，《电子商务法》第五十七条第二款规定"未经授权的支付造成的损失，由电子支付服务提供者承担；电子支付服务提供者能够证明未经授权的支付是因用户的过错造成的，不承担责任"，可以覆盖这一场景，但是需要注意的是，《电子商务法》第五十七条仅仅针对电子商务场景之下的电子支付，《银行卡规定》则将其应用领域扩充到银行卡的全部线上、线下、电子商务、非电子商务的交易当中。银行卡的非电商的非授权交易在之前只能适用一般侵权的过错责任，《银行卡规定》颁布后则可以通过无过错责任进行归责，从这个角度说这一部分具有一定的扩展创新。

银行卡盗刷交易作为一项特殊侵权适用无过错责任，并且需要一整套证明责任相关的规则，具体体现为正式稿的第四条至第七条。其中第四条和第五条是关于举证责任的安排，第四条依据证据对于不同主体可获得性不同，规定了在持卡人和银行之间的举证责任分配，第五条是关于持卡人告知发卡行后，发卡行怠于进行调查而导致的举证责任，由于盗刷案件的事实材料多有不同，这种指引有助于审判时依据证明责任判定责任归属。第六条是法院对是否构成盗刷的事实认定规则指引，这种指引相比于征求意见稿多了对于交易系统、设备等的安全性考量因素，客观上可以促使银行加强系统安全。然而，正如各项判决中对采用验证码的方式是否安全存在分歧意见，这一条款的增加是否可以形成足够的裁判确定颇为值得怀疑。第七条是关于具体的责任分担，第一款如同前文所述明确了无过错原则，第二款明确了持卡人与有过失的银行减责/免责事由，第三款明确了不真正连带义务，第一款处理的问题在实践中尚且存在争议，第二款、第三款的规定基本是目前裁判中没有争议的内容。

值得一提的是，在最高人民法院民二庭负责人在答记者问中明确否定了民间借贷利率上限准用于信用卡透支利率，"由于信用卡透支交易本质上是金融机构向持卡人出借款项，故该上限不应参照民间借贷利率上限进行确定"。这种准用是最高人民法院2017年的文件《关于进一步加强金融审判工作的若干意见》所确定的制度，但是随着民间借贷司法解释改变了民间借贷利率上限，遵守过往的准用规则已经不合时宜，在各地法院进行探索之后，最高人民法院明确做出此种表态也属正常。

四、小结

对于《银行卡规定》，不同的主体态度不一。银行方依旧有声音认为银行的责任过重，是趁着现在严管金融机构的东风而发布的，由法院规定这些属于越权，公众也有声音认为《银行卡规定》相比于征求意见稿不过是"高高举起，轻轻落下"。这一司法解释由于处理的是损失出现之后的分担规则，涉及激烈的存量博弈，各种态度的存在表明这一问题的复杂性。虽然该规则的正式稿回避了诸多问题，但司法解释的回避并不代表问题不存在，也不代表这些问题不需要在审判中明确规则，《银行卡规定》不是终点，裁判的探索还在继续，未来的规则还在形成，姑且"让子弹飞一会儿"。

第三章　电子支付的错误支付责任

随着电子支付的广泛应用，支付技术的进步为交易提供了极大便利，但同时也引发了诸多法律风险，其中错误支付问题尤为突出。此类支付纠纷不仅涉及用户和支付服务提供者之间的民事责任分担，还引发了有关举证责任、赔偿范围等复杂的法律问题。在电子支付交易日益普及、支付频率大幅增加的背景下，如何妥善解决错误支付责任问题，已成为保障电子支付安全、维护用户合法权益的关键课题。《电子商务法》《消费者权益保护法》等相关法律法规对电子支付的责任划分进行了初步的规定。例如，《电子商务法》第五十七条明确了未经授权支付时，支付服务提供者需承担赔偿责任，除非能证明用户存在过错。这一条款确立了支付服务提供者的无过错责任原则，为电子支付错误责任分配提供了法律依据。然而，实际操作中，错误支付的情形复杂多样，如何认定"未经授权"、何时适用"举证责任倒置"、如何防范恶意索赔等问题，仍然是法律实践中的难点。

尤其是伪卡盗刷案件，在犯罪手段日益多样化和隐蔽化的当下，如何划分持卡人、发卡行、支付服务提供商之间的责任越发复杂。现行法律框架下，发卡行与持卡人之间的合同关系、支付平台的技术保障义务、消费者的合理注意义务等各个方面都需要结合具体案件予以考量。如何在保护消费者权益的同时，确保支付服务提供者不过度承担责任，考验着法律的平衡性与可操作性。在本章中，将深入探讨电子支付错误的主要类型及其责任分担机制，重点分析伪卡盗刷等典型案例中的法律责任如何确定，并对现行法律中的不足提出改进建议。同时，本章还将结合国内外相关立法与实践，讨论错误支付责任的国际趋势，为我国电子支付法律规制的完善提供借鉴。

第一节　伪卡盗刷民事责任的分担规则与经济分析

随着电子支付的普及和发展，通过信用卡进行支付已经成为我国目前的主流支付方式之一。截至 2014 年年底，我国信用卡累计发卡量 4.6 亿张，当年新增发卡量 6400 万张，比年初增长 17.9%。而全年信用卡交易金额为 15.2 万亿元，同比增长 16%，信用卡交易总额占全国社会消费品零售总额的比重达到 58%，比 2013 年提高 4.1 个百分点。[①] 与此同时，天量的信用卡交易之下也蕴藏着涌动的暗流，2014 年，一起案件中因为信用卡欺诈银行业损失金额就高达 1.5 亿元，[②] 而更多的欺诈限于举证成本等原因，是由持卡人等群体承担。对于数亿元乃至十数亿元的损失而言，由于最终责任人欺诈人往往并无法被追责，其损失需要在银行和持卡人之间进行分配，由此引发了大量的司法纠纷。

随着信用卡的普及，出于便捷等方面的考虑，信用卡采用免密支付的越来越多，尤其是双币信用卡普遍采用维萨（Visa）或者万事达（MasterCard）等基于签名（Signature-based）卡组织标准，在出境日益方便的今天，境外的免密支付传统也逐渐影响着国人的用卡习惯。随着中国银联在力推"闪付"这一小额刷卡无须密码的支付方式，可以说免密支付正越来越成为一种便捷的银行卡支付验证手段。

这一趋势也导致相关纠纷的逐渐产生，通过对裁判文书网、北大法宝、无讼案例等的检索发现，关于免密支付信用卡的盗刷纠纷在 2013 年左右开始出现，并越来越多。然而在处理此类信用卡伪卡盗刷问题上，各地法院都有其自身的判

[①] 参见《〈中国信用卡产业发展蓝皮书（2014）〉》，载《中国银行业》2015 年第 8 期，第 98-100 页。
[②] （2018）豫 01 刑终 1209 号。

断，并无统一的裁判规则，甚至在很多法院自身内部都存在同案异判的情况，实践中关于此类纠纷缺乏规则指引。而目前学界虽然对基于密码的信用卡被盗刷有较多的讨论，但对于具体责任分配的讨论多基于法条和个人见解，对于司法实务以及责任的规则导向关注有限，关于免密支付信用卡的讨论更言之寥寥，甚至有不少误解。本节试图从目前学界很少讨论的免密支付信用卡被盗刷的情形为重点着手，对信用卡盗刷责任分配问题进行讨论。

一、免密支付盗刷案件的规则

（一）信用卡欺诈案件的类型化

信用卡诈骗对于社会的负担并不仅限于持卡人的损失，从整体上看，还增加了经济体在支付环节的交易成本，例如，执法部门需要投入精力来对抗信用卡诈骗，又如，诈骗也会导致一些合法的交易因为过于广泛的防止欺诈而导致支付的问题被搁置。因此，信用卡诈骗可以说是社会的毒瘤。而信用卡诈骗非常复杂，门类多样，增加了预防其发生的困难。依据诈骗方式差别可以将此类诈骗粗略分为五类：(1) 真实持卡人欺诈，将授权交易诈称为盗刷；(2) 盗卡交易，盗窃他人信用卡交易；(3) 欺诈发卡，卡片是真实的，但获得卡片的信息是假的；(4) 伪卡交易，盗窃卡片信息复制卡片后进行交易，账户是真的，卡片是假的；(5) 伪卡伪账户，账户和卡都是伪造的。[1] 其中盗卡交易、伪卡交易统称为盗刷。

盗刷是一个通俗说法，真实表达是非许可使用（unauthorized use），曼教授就认为盗刷是信用卡目前待解决的法律问题中最核心的四个问题之一。[2] 通过对以往案例的搜索分析发现，目前信用卡盗刷纠纷在一些关键性内容上可以进行类型化划分，其中依据支付方式的差别可以分为凭密支付/免密支付，支付渠道差别分为线上支付/线下支付，支付实体卡差别分为伪卡支付/盗卡支付。限于篇幅，本节无法对所有问题进行讨论，主要关注"免密—线下—伪卡支付"，作为对照关注"凭密—线下—伪卡支付"两种类别之下的责任规则。

---

[1] Levitin, Adam J. "Private Disordering-Payment Card Fraud Liability Rules." *Brook. J. Corp. Fin. & Com. L.* 5 (2010): 1. P17.

[2] Mann, Ronald J. "Making Sense of Payments Policy in the Information Age." *Geo. LJ.* 93 (2004): 653.

第三章　电子支付的错误支付责任

(二) 法律逻辑与审判现实

信用卡盗刷纠纷本质是盗窃人侵犯了持卡人的财产权，终极责任人是盗窃人，但由于此类案件中真正的盗窃人难以找到，纠纷往往只会涉及持卡人和银行，因此本节的讨论范围仅限于持卡人与银行等机构间的责任分担。依据《银行卡业务管理办法》第五十二条的明确规定，挂失后的责任全部由银行承担并无争议，然而挂失前的责任分担并没有明确的法律规定，正因为这种法律的缺位，该阶段也成为纠纷的多发阶段。

从法律关系着手，盗刷涉及的法律关系最直接相关的应为侵权关系，虽然《民法典》第一千一百九十八条规定了银行的安全保障义务及违背该义务的补充责任。但由于侵权法以过错责任为原则，因此在实践中需要持卡人证明银行存在过错，过高的证明责任导致实践中举证困难重重，依据判决书的实证研究也表明非常少的纠纷会通过侵权法寻求救济，而免密支付类盗刷案中更是没有案件通过该途径寻求民事救济。因此本节主要在合同法的框架下对该责任进行讨论。

违约责任之下，首先需要确认的是违反的何种约定或者法定义务，现有案例普遍认为是"对储户存款的安全保障义务"[①]，该义务并非法官的创制，而是有实定法的依据，其中《消费者权益保护法》第十八条从正面规定了银行对储户的安保义务，《商业银行法》第6条又从反面角度规定了银行保障储户权益不受侵犯。这两条施加于银行的公法性较强的义务通过《民法典》第五百零九条合同附随义务的转介而进入私法，得以在合同关系中调整银行与持卡人之间关系。因此在合同法下，银行有此类安保义务并无疑问，问题的关键在于银行的安保义务其外延并不清楚，在免密支付被盗刷场景下对该义务的界定更显得模糊。

关于该类问题法律并无明确规定，而应向更细致的下位法进行发掘。此种安保义务的一个表现在于对于交易的审查，2001年的《银行卡联网联合业务规范》(银发〔2001〕76号)[②]规定的流程为"交易成功，打印交易单据，收银员核对单据上打印交易账号和卡号是否相符后交持卡人签名确认，并对信用卡交易核对签名与卡片背面签名是否一致后，将银行卡、签购单回单联等交持卡人"，由此

[①] 参见 (2014) 穗中法金民终字第157号、(2014) 佛顺法民二初字第204号。
[②] 见第三章"业务流程"。虽然该部委规章已经于2013年被废除，但依旧可以提供一个此类规则的指引。

免密支付实现了交易中的双重审查，第一重审查一般很难出现差错，而第二重审查则较为纠纷高发，上述规范进一步规定"经审查，如发现持卡人与彩照上的照片不一致或签购单签字与卡片留签字不符时，应拒绝受理并及时与收单行联系处理"。[①] 由此，审查义务的法律规定大致明确，除了对于卡片本身的确定通过卡号的比对，对于持卡人的验证主要通过比对审查签单的签名与卡背后的签名，但规范在前后两处的规定并不相同，在后者规定了特别商户在审查时需要确认"持卡人与彩照上的照片不一致"或者签名不一致，但由于这规定于"风险控制"一章，因此从逻辑上解释应该是如果签名一致，照片不一致可以拒绝该交易，但审查时只审查签名亦无不可。

安保义务的第二个表现在于危险的提示义务，《消费者权益保护法》第十八条规定"对可能危及人身、财产安全的商品和服务，应当向消费者作出真实的说明和明确的警示"，由于免密支付本身会导致更大的盗刷风险（参见后文），所以应该向消费者进行提示，广东高院发布的《关于审理伪卡交易民事案件若干问题的指引》（以下简称《指引》）认为"对于未设密码的银行卡被伪造后交易的，发卡行如办卡过程中履行了不设定密码后果和风险的提示义务，持卡人在不超过卡内资金损失的50%承担责任"。如果持卡人未履行提示义务，则其承担的责任往往可以达到100%[②]。

银行即使违反了其安保义务，并非意味着银行应当承担全部责任，还要考虑持卡人是否尽到了其善良管理义务，否则应该适用《民法典》第五百九十二条关于与有过失的规定。

（三）现有规则的问题

虽然从目前的分析而言，现有规则似乎能从学理上对免密支付被盗刷的责任规则提供一个较为明确的指引，但该规则在现实中却存在两个方面的问题：

其一，责任认定规则难以统一。如广东高院是目前全国唯一出台专门的《指引》对该问题进行规范的，《指引》中甚至约定了明确的举证责任与赔偿比例安排，但是无明确证据认定持卡人过错的场景下，不同的法院在判决中对于银行的

---

① 参见《中国人民银行关于印发〈银行卡联网联合业务规范〉的通知》（银发〔2001〕76号）第七章"风险控制"。

② 参见（2013）东中法民二终字第752号。

责任比例不尽相同，有银行承担70%的①，亦有银行承担100%的②。还是在该场景下，更进一步，当考虑到全国关于举证责任的广泛差异，如过错责任与过错推定责任下，其责任完全不同，过错责任下由持卡人承担损失，而过错推定下由银行承担损失。如果考虑到其他过错场景，显而易见，理论上的明确的规则在实践中完全无法统一全国规则。

其二，持卡人和银行责任并不明确。诉讼案件频发，消耗司法与社会资源。对于银行而言，由于无论侵权或合同纠纷，本质上都会涉及银行是否存在着过失，违背了其法定的义务，对于以声誉为重的银行，存在声誉损失；此外此类事件发生往往需要以法院判决的形式确定并计提相应的账目款项，存在诉讼相关的费用损失。对于持卡人而言，由于持卡人在此类案件中往往处于受害者地位，而其主张权利需要和银行进行反复沟通，时间和金钱成本过高，如果发生诉讼，则其为实现其应有保障的成本往往会高于其收益。对于司法系统而言，此类案件发生频率高，纠纷普遍数额不大，需要投入大量的精力在其中进行处理。

由此，上文看似明确的法律逻辑，当应用于司法实践中会发现其规则并不确定，这促使了个案纠纷多发且必须通过司法解决，增加司法、当事人的负担的同时，由于当事各方缺乏对于规则的明确期待，进而无法预知结果，结果的不确定性导致无法投入资源进行相应的损失预防。可以得出结论，目前的现有规则并不完美且缺乏效率，需要采用经济分析的工具对相应的规则进行探索，寻求一条有效率的分担规则。

二、责任分担的经济规则

（一）责任分配可否通过私人规则实现

在法律法规没有规定，裁判规则并不统一，责任分配规则事实上存在着缺位，现实中有很大的需求形成一个规则，但这并不意味着需要通过立法来对该领域进行修改补白，在"政府—市场"两元划分中，解决市场中的权责分配问题首先应该用市场的思维，市场是否有可能存在"看不见的手"，通过私人间的协

---

① 参见（2013）穗天法民二初字第138号。
② 参见（2013）东中法民二终字第752号、（2014）穗中法金民终字第157号、（2014）佛顺法民二初字第204号。

议的竞争实现规则的供给呢？

理论上，依据科斯第一定理，如果交易成本为零，无论权利如何界定，都可以通过市场交易达到最佳配置，而与法律规定无关。① 因此只要交易成本不那么大，都可以参考这一定理，可能形成一个近似最优的私人规则，而无须法律进行界定。甚至芝加哥大学的爱泼斯坦教授认为，非授权交易的责任安排只能通过合同进行，强制或者默认的法律控制都并不合适。② 考虑到信用卡市场的情况，这种私人市场存在两个层次：卡组织—银行的层次、银行—持卡人的层次。

1. 无法通过卡组织实现规则供给

卡组织由于其规则可以直接约束银行，但现有证据表明通过卡组织形成规范并不具有可能性，原因有以下四点：

第一，卡组织具有网络效应，故几个主要的卡组织占据着绝大多数支付市场份额。在我国，银联占据了主导性的地位，目前几乎所有信用卡都有银联版本，仅有部分双币信用卡会在支持银联的基础上支持万事达、维萨、美国运通、JCB四家境外卡组织，仅有境外卡组织的单标卡非常少见更少能使用。事实上，目前的竞争非常不充分，本质上国内市场是一超多强的格局，这种寡头竞争本质上并不激烈，产生理性规则的可能性有限。

第二，卡组织有其自身的利益，事实上只要被欺诈风险低，那么卡组织声誉的损失就并非卡组织首先关注的问题，卡组织最基本的关心的事情就是交易的规模，而非交易的可欺诈。而在扩大交易额方面，卡组织更关心的不一定是消费者，而可能是商家，商家的多功能终端阅读器（POS 机）数量在一定程度上决定了该卡的使用范围，因此在政策制定时可能会向商家倾斜。

第三，纵然卡组织在其章程中进行了规定，但与持卡人直接发生联系的是银行，而非卡组织，只要卡组织的语言模糊，就会导致银行在制定信用卡领受合同中在条约撰写时朝向自身。

第四，卡组织的竞争是基于当地法律基础之上而进行的。由于竞争强度有限，一国的基础法律不发生改变，则卡组织间的竞争不会无限制地超顶竞争。例

---

① 冯玉军：《法经济范式》，清华大学出版社 2009 年版，第 216 页。
② Epstein, Richard A., and Thomas P. Brown. "Cybersecurity in the Payment Card Industry." *The University of Chicago Law Review* 75.1 (2008): 203–223.

如，万事达的规则明确分为美国、加拿大、欧洲、拉美和加勒比地区、中东和非洲、亚太地区六大区域，在这六大区域内实行不同的盗刷责任分配政策。而在维萨的规则中也分为类似的美国、加拿大、东欧中东及非洲、欧洲、亚太地区、拉美加勒比地区，其盗刷赔偿政策与万事达相似，两者都在美国、加拿大实行零责任规则，然而都在亚太区并不实行相应的规则。

2. 无法通过银行实现规则供给

既然卡组织层次的竞争无法实现最优的规则，那么在银行层面的竞争是否可能呢？银行层面竞争的参与者明显更多，竞争更加充分，可以说更加类似于一个完全竞争的市场。但银行间竞争也貌似并不可能带来最优的责任规则。试陈述为以下五点：

第一，银行和消费者之间实力悬殊，银行一般不会与消费者进行协商，消费者通过协商产生损失分担条款通常非常昂贵，会超过其现在的收益。

第二，合同的责任条款仅仅是合同中的一个条款，而且往往并非消费者考虑的重要条款，因此即使存在激烈的市场竞争，消费者也并不会特别关注这个问题，所以这个反欺诈条款的价值事实上可能并不存在最优解。

第三，作为替代协商的方式，通过比较选择格式合同可以降低这种协商成本，取而代之的是搜索成本。当交易价值不高，以至于在对格式合同进行比对和搜寻的信息成本会高于格式合同选择所带来的潜在好处时，消费者往往会简单地处理价格和质量的不确定性而成为理性的傻瓜。因此"对于消费者而言，进行可以为格式合同创造市场竞争的行为，代价是非常高昂的，因此才会出现柠檬市场"[1]。

第四，信息不对称限制了这种比较选择的功能，消费者在开账户时不太会思考合同的责任条款，而那些思考格式条款的会发现他们的思考被合同难以理解的法言法语（Incomprehensible legalism）困扰。[2]

第五，即使知道合同条款的意思，消费者也无从知道每个条款的价值。由于

---

[1] 【德】舍费尔、【德】奥特：《民法的经济分析》，江清云、杜涛译，法律出版社2009年版，第491页。

[2] Cooter, Robert D., and Edward L. Rubin. "Theory of Loss Allocation for Consumer Payments." *Tex. L. Rev.* 66 (1987): 63. PP68-69.

信用卡盗刷的可能性非常小，离普通人比较遥远，而潜在的损失非常大，因此难以判断。而商家和企业经常面对盗刷，对这一问题有一定的判断能力。

事实上，纵然经过市场能够产生统一的规则，但这一规则也并非最优的。那么对于支付系统价格变化更不敏感，没有弹性的主体就会承受更多的欺诈损失，而不是最能避免损失的主体。[①] 这是由于市场逻辑本身决定的，市场逻辑并非会天然指向最优解，而是指向限制条件下的最优解。

（二）免密支付与凭密支付的经济差异

既然免密盗刷的规则需要通过公权力来进行供给，那么"立法者"[②] 在处理这一问题上首先关注的问题就应该是明确免密支付和凭密支付之间的差异。

从支付的流程角度出发，免密支付的流程是：（1）商家检查卡片；（2）获得发卡行对交易的批准；（3）持卡人签字并进行比对。凭密支付的流程是：（1）商家检查卡片；（2）输入密码；（3）获得发卡行对交易的批准。两种支付方式都需要双重验证，在第一重验证卡本身的验证上并无差异，差异在于第二重验证是密码或签字，密码和签字的区别在于：（1）签字并非免密支付批准的步骤，而密码是凭密支付批准的前置步骤；（2）签字是由商家进行验证，而密码是由发卡行进行验证；（3）免密支付不会涉及密码被泄露有关的责任问题，需要确定的是持卡人是真实的，即签字与背面的本人签字是一致的。这种验证方式的区别导致在反欺诈方面的差别。

我们从"成本—收益"的角度来进行分析。对于商家，免密支付和凭密支付，就成本而言，并无区别，因为目前我国银联付款下，信用卡的费率并不以验证方式的变化而设置差异费率。而目前我国广泛引用的凭密支付已经使得其密码输入等基础设施非常完备，切换到免密支付并不会增加商家的设备成本。对于持卡人而言，是否使用密码并不会在费率上有任何影响，因此从支出方面并不会增加额外的成本。在每次交易的时间成本上，无论凭密支付时输入密码还是免密支付时对身份的验证，其成本是相似的，也不会造成更多的费用。

而从被欺诈可能造成的损失方面而言，免密支付和凭密支付却存在着差异，

[①] Levitin, Adam J. "Private Disordering–Payment Card Fraud Liability Rules." *Brook. J. Corp. Fin. & Com. L.* 5 (2010): 1.

[②] 广义的立法者是参与规则制定的人，而规则的供给可能来源于立法、行政、司法。

伪卡盗刷对于凭密交易而言，需要的信息包括信用卡卡号以及密码，由于密码的机密性、完整性、可用性，其获取难度相对较大。而对于免密支付而言，只要获得基本的信用卡信息并进行签字就可以进行交易，其获取难度可谓比凭密支付少了一个制约因素。这一判断并非无稽之谈，虽然并无我国的相关数据，但美国《2011年存款账户欺诈调查报告》的数据显示，从盗刷金额占总交易金额百分比而言，免密支付的信用卡为0.085%，免密支付的借记卡为0.075%，而凭密支付的借记卡为0.013%。凭密支付的损失远小于免密支付的损失。[1] 也有研究表明，免密支付被欺诈的概率15倍于凭密支付。[2] 因此可以认为，凭密支付方式在保障资金安全上具有更大的优势。

由此可见，在同等类似成本的情况下，凭密支付的被欺诈概率更低，证明免密支付通过签名进行验证并不安全，是否可以对之进行修改增加其安全性呢？例如，在海外购物时，流动人口多的地方往往需要出示自己的身份证件配合信用卡才能进行刷卡。但这种验证是否可以作为一种普遍性的验证方式呢？显然在技术上并没有难度，但是在实践中会遇到两个方面的困难，一方面，增加身份证件验证会增加免密支付的复杂性，使得其相对凭密支付的快捷性优势丧失，甚至因为必须携带身份证件而更加麻烦；另一方面，会导致隐私问题，使得匿名的交易实名化，增加身份信息泄露的风险。

虽然我们可以高呼信用卡的安全至上，但是事实上信用卡安全和信用卡的便捷性是存在内在矛盾的，因此必然存在一个安全和便捷性的对冲（Tradeoff）。这种对冲是个人选择，本无可厚非，但当面临着责任需要由银行进行承担时，就已经产生外部性了。控制这种外部性的机制主要有两种：一种是将外部性内化，即通过对免密支付的持卡人征收更高的交易费用，而这对于激烈市场竞争环境下，似乎并不可能；另一种是对产生外部性行为提供负反馈，即对免密支付持卡人提供更少的保护，以减少外部性的同时对该风险进行控制，这一思路是可行的，体现在责任机制上对免密支付的持卡人设置更严格的赔付条件。

因此，当银行对这种安全性风险进行提示之后，持卡人坚持采用免密支付可

---

[1] 网址：http://takeonpayments.frbatlanta.org/2012/01/pin-authentication-vs-signature-authentication.html。
[2] Levitin, Adam J. "Private Disordering-Payment Card Fraud Liability Rules." *Brook. J. Corp. Fin. & Com. L.* 5 (2010): 8.

以视为一种侵权法上自担风险的行为（Assumption of Risk），从而通过《民法典》第一千一百七十三条实现银行的部分免责。但是，这种部分免责，难以在合同法下找到相应的依据，《民法典》第五百九十二条关于与有过失的规定并不能适用，因为免密支付并不构成持卡人违约，故不能通过此种方式实现矫正正义，而需要规则进行明确进而将两者的风险进行区分。

（三）责任分配的法经济学理论

虽然国家介入可能会影响到私主体的预期，并存在缺乏信息的监管难题，而且监管介入并不一定会导致最优解，但同时也需要看到，监管可以优化市场的结果，深思熟虑的监管介入可以弥补由于谈判能力（Bargaining Power）的差异并使得结果更接近在理想完全竞争市场的结果。

1. 降低预防成本

由于责任分配本身并不创造价值，因此难以形成帕累托最优，但对于责任的分配及由责任分配所带来的效率提升，使得存在形成卡尔多—希克斯最优的可能性，即在整个系统内实现欺诈损失最小化。

对于伪卡交易而言，无法在事先确定谁是最低成本的避免者（Ieast Cost Avoider）。由于伪卡需要真实卡片的信息，因此信息保护就成为防止此类欺诈的关键。成本最小避免者随着交易流程的信息流而变化，交易流程中保持信息也很多。[①] 但是即使有最优的数据保护，还是有可能通过刷卡而获得信息，如在交易时商家可以通过磁条读卡器读出卡的磁条信息，该信息被用于另一张空白磁条卡而成为复制卡，或者将该信息用于网上交易等无卡交易。

对于伪卡交易，成本最小避免者很大程度依赖欺诈人如何获得真实账户信息。在这一过程中，持卡人、收单行、发卡行、卡组织、商家都有可能。持卡人可以提高其谨慎，通过妥善保管卡片等方式在一定程度上减少损失，但其手段有限且不具有规模效应，而且一旦卡片使用后信息泄露，进入复制者的视野，那么阻止伪卡交易就取决于发卡行和卡组织以及实体卡的安全功能。商家除过于明显

[①] Epstein, Richard A., and Thomas P. Brown. "Cybersecurity in the Payment Card Industry." *The University of Chicago Law Review* 75.1 (2008): 203-223. P208.

的伪造外，无法分辨伪卡。在这个层面上，商家几乎无能力阻止欺诈。[①] 发卡行掌握了磁卡的设计，可以通过更新卡片来设置技术壁垒；发卡行在批准交易时，具有足够强大的数据能力可以进行一定的真伪交易的分辨；发卡行掌握足够的风险商户的数据，可以通过其系统增加对此类商户交易的控制等。因此更多的责任分配给发卡行是合理的，发卡行能以最小成本避免损失。

尽管发卡行在减少预防成本上有优势，但发卡行的责任不能无限制增加到严格责任，而应该对其责任进行限缩，以避免持卡人在此种情况下的道德风险。道德风险主要涉及的是责任、风险、收益之间的不对称，将过多的责任分配给发卡行，会导致持卡人的安全保护意识不足，进而增大信息泄露被复制盗刷的可能；同时也会鼓励其采用高风险方式用卡，并通过银行承担风险并分配给所有持卡人或商户。

2. 风险分担

风险应该由能正确对风险进行估价的一方来承担，他们通过对风险的正确估价能实现风险中性（risk neutrality），进而风险厌恶者会通过支付高于风险潜在损失的价格而将风险转移给该风险中性方。[②] 估计风险造成的损失与实际的损失差值越小，越有助于其进行风险的准备，而这一实现风险中性的能力与损失的大小和传播损失的能力相关。

从这个角度看，个人承担损失并不合适，一方面，损失一般数额不小且频率很低，持卡人难以进行预防，另一方面，持卡人无法将责任进行足够的分担，即使其可以通过保险来对抗该低频风险并进行分担，但此类保险价格相对高昂且存在极强的道德风险，经过美国市场的检验，效果差强人意。

相反，由银行承担较多的风险是适当的，一方面，银行在预测损失的能力方面较强，纵然银行无法确定哪一笔交易可能是盗刷，但是银行可以确定盗刷的比例进而估算出一定时间内盗刷的损失。另一方面，银行的客户数量很大，可以将盗刷的损失分担到足够多的客户身上，而且银行的收入来源非常多样，包括年

[①] Levitin, Adam J. "Private Disordering-Payment Card Fraud Liability Rules." *Brook. J. Corp. Fin. & Com. L.* 5 (2010): 1 P19.

[②] Cooter, Robert D., and Edward L. Rubin. "Theory of Loss Allocation for Consumer Payments." *Tex. L. Rev.* 66 (1987): 63. P71.

费、授权费、交换系统费用等,这些费用都可以调整以用于分散盗刷的风险。

3. 损失确定

损失发生后,确定责任应当规则明确,尽量减少制度的成本。这种确定不只是规则的确定,更是结果的确定。盗刷纠纷往往损失并不高,诉讼费用相对于争议金额非常高昂,减少不必要的制度摩擦非常有必要,以便盗刷发生后能方便地将法律规则变成实际的补偿款的发放。

盗刷发生后的损失首先由持卡人承担,如果其并非最终的责任人,则损失转移给最终责任人的规则越简单明确无歧义越好,由此才能避免无谓的诉讼,由此,严格责任要优于过错责任,单因素指标优于多因素指标,客观标准优于主观标准,法定补偿优于个案确定的补偿。尽管这一方案肯定会影响到规则的弹性,但考虑到诉讼成本是沉没成本,这种牺牲弹性争取效率的做法应该得到一定的支持。

三、重塑责任分担规则的理论建议

(一) 比较法上持卡人固定责任上限规则评析

1. 美国。20 世纪 60 年代,美国法律并未对相应的责任进行划分,在合同中往往约定在挂失前所有的损失基本都是由持卡人承担。这一规则建立的逻辑前提是所有的损失最终都是由持卡人承担。[①] 这一思路固然没问题,但是忽视了损失由不同人分担会产生不同的激励效果,客观助长了盗刷问题的频出,为了解决这个问题加上当时消费者保护的兴起,美国于 1968 年颁布了《真实信贷法》(Truth in Lending Act, TILA) 和 1978 年的《电子资金划拨法》(Electronic Fund Transfer Act, EFTA) 进行规定,其中 TILA 规范信用卡,EFTA 规范借记卡,二者实质性规则非常相似,持卡人承担 50 美元以内的责任,50 美元以上由银行承担严格责任。其核心是对持卡人进行保护。

2. 英国。1974 年《消费者信用法》(Consumer Credit Act) 第 83 条第 5 款规定,因遗失盗窃等原因信用卡被冒用,消费者只要向发卡机构办理挂失手续,不

---

① Weistart, John C. "Consumer Protection in the Credit Card Industry: Federal Legislative Controls." *Michigan Law Review* 70.8 (1972): 1475–1544. P1508.

论是以书面或者口头挂失后 7 日内补正书面挂失的，都可以免除此后因被冒用所导致的损失；第 1 款规定，发卡机构与持卡人约定，持卡人承担不超过 50 磅被冒用产生的损失。

3. 欧洲。欧盟委员会于 1997 年提出软法性质的推荐，[1] 推荐欧盟成员国采用责任上限为 150 欧洲货币单位[2]的持卡人责任上限，当持卡人挂失之前出现丢失、失窃卡片被非授权交易，除非持卡人行为有重大过失（extreme negligence）或者有欺诈的故意（fraudulently）。这一思路也被之后的《支付系统指令》（PSD）[3]采纳，并在《支付系统指令二号》（PSD2）[4] 中进一步将责任上限下降到 50 欧元。

就比较法而言，这种客户责任的限制似乎已经在欧美等发达国家和地区得到较为广泛的认可，而这一责任分担的方案也获得较多国内学者的认可并希望能得到引进。[5] 但这种模式同样存在较为棘手的问题。

首先，"硬"上限不顾持卡人的多样性，选择一条固定的标准来对持卡人的责任进行限制，使得所有持卡人享受同样的保障，这导致低风险偏好的持卡人补贴高风险偏好的持卡人，由此高风险偏好持卡人没有动力来改善其风险状况，导致总体持卡人风险增加。

最后，由于责任条款是信用卡合同中的一个条款，而固定上限使得低风险偏好持卡人和高风险偏好持卡人绑定，进而牺牲了在其他方面的自由度，低风险偏好的持卡人可能会更希望严格的责任条款以换来其他价格条款的优惠。

再次，由于持卡人上限的锁定意味着大多数的损失主要由商家和发卡行承担，缺乏对持卡人的激励，而且缺乏对持卡人行为、风险的监控，持卡人在此情形下可能会出现道德困境和逆向选择。

---

[1] Commission recommendation 97/489/EC of 30 July 1997 concerning transactions by electronic payment instruments and in particular the relationship between issuer and holder.

[2] 在现在就是欧元。

[3] Article 61 of Directive on Payment Services, Directive 2007/64/EC.

[4] Proposal on payment services in the internal market 24.07.2013, 网址：http://ec.europa.eu/finance/payments/framework/index_en.htm。

[5] 例如，陈健：《信用卡客户责任限制与消费者权益保护》，载《法律科学》（西北政法大学学报）2012 年第 2 期，第 149-156 页；彭冰《银行卡非授权交易中的损失分担机制》，载《社会科学》2013 年第 11 期，第 86-96 页。

因此，采用持卡人固定上限并非最优的解决方案。

（二）理想的规则

正如塞缪尔教授所言，"严格责任同时不规定与有过失（Contributory negligence）本质上就是一种强制保险"①，那么我们可以参考医疗保险的方式来制定差异化的赔付补偿机制，以实现消费者保护要求下的责任分担与合同法下的效率，并且能通过类似于保险中风险、保额、保费相匹配的机制，增加被保险人的责任减少保险人的责任，进而通过增加欺诈的成本来降低道德风险。具体包含主要有以下四种措施：

第一，约定免赔额（Deductible）、共担额（Copayment）。免赔额在保险中是损失达到数额以下的损失不负赔偿责任的扣除条款；共担额在保险中是看病买药时需要支付的固定数额，在持卡人民事责任中则类似英美各国的持卡人责任上限。

第二，约定分担率（Coinsurance）。在保险中是指损失超过免赔额之后，但还未达到年度最大自付额之前，每次看病个人要付的百分比，保险公司会付剩余的比例，在持卡人民事责任就是在免赔额之上，最高持卡人自付额度之下由持卡人和银行按照一定比例承担。

第三，约定最大自付额（Maximum Out-of-pocket）。在保险中是指损失超过该额度之后，所有的损失都由保险公司承担，在持卡人民事责任上就是超过一定损失，所有超额的损失都由银行承担。

第四，以上三个区间内的责任分配规则是默认规则，但当有证据证明一方存在严重过错时，应当依据与有过失对分配的比例进行相应的调整。同理，当一方从事高风险行为时（如采用免密支付），应当依据其风险调高其所承担的风险。

由此通过设定两个临界值，三个区间和三个区间内的责任分配模式规则，使得规则简单明确，从而减少纠纷的产生，增加赔付的便捷度，同时通过严重过错来对责任分配进行相应的调整，实现效率与公平的衡平。其中第一个区间内，通过设定免赔额，增加持卡人的欺诈成本；第二区间内，通过设定分担比例，实现损失在双方的共同分担，促使共同减小用卡中可能存在的风险；第三区间内，通

---

① Rea, Samuel A. "Comments on Epstein." *The Journal of Legal Studies* 14.3 (1985): PP.671-674, 672.

过让银行承担无限责任,保护持卡人在遭受此风险时不至于承受超出其承受范围的损失,实现风险的分摊,同时通过该无限责任推动银行对该纠纷的调查,阻遏持卡人潜在的欺诈风险,以及促使银行增加在安全机制方面的投入。这样的责任设计方案也符合损失分散、损失减小、损失确定[1]的分担机制三原则。

第二节 伪卡盗刷案件的举证责任与实践反思

银行卡作为我国普惠的金融工具,在经济社会发展中发挥了巨大的作用。但与之相关的盗刷纠纷也成为困扰银行、持卡人乃至法院的一个巨大的问题。在银行卡盗刷和网络盗刷事实的认定中,各类主体举证及相关责任承担的明确,对加强银行卡交易安全具有重要意义,最高人民法院在2021年5月发布的《银行卡规定》为盗刷损失的责任分担规定了一个较为明确的标准,同年11月,最高人民法院发布第169号指导性案例"徐某诉招商银行股份有限公司上海延西支行银行卡纠纷案"(以下简称"徐某案"),加强了对此类案件的裁判思路的厘清,为解决该类问题给出了具有重要参考意义的"中国方案"。

一、案情与裁判简介

徐某是招商银行上海延西支行储户借记卡的持卡人,犯罪分子谢某1通过9800元人民币购买的设备,非法获取徐某的身份信息、手机号码、取款密码等账户信息后,通过补办手机SIM卡截获招商银行延西支行发送的动态验证码,进而进行转账,导致徐某涉案账户的资金损失。徐某在发现银行卡内资金被盗后,于2016年5月30日向上海市公安局青浦分局经侦支队报警,警方介入调查后,查明了犯罪分子的身份和作案手法。2016年4月底,福建警方逮捕了涉嫌盗窃罪

---

[1] Cooter, Robert D., and Edward L. Rubin. "Theory of Loss Allocation for Consumer Payments." *Tex. L. Rev.* 66 (1987): 63. P90.

的谢某1，之后，徐某向法院提起诉讼，请求招商银行延西支行赔偿银行卡盗刷损失及利息。

一审法院经审理认为，首先，在存在网络盗刷的情况下，招商银行延西支行仅以身份识别信息和交易验证信息通过为由，主张案涉交易是持卡人本人或其授权交易，法院认为该主张不成立。其次，根据本案现有证据，无法查明案外人谢某1如何获得交易密码等账户信息，招商银行延西支行亦未提供相应的证据证明账户信息泄露系因徐某没有妥善保管使用银行卡所导致，因此应当由招商银行延西支行承担举证不能的法律后果。最后，不法侵害发生的原因并非被上诉人未尽基本的注意义务，而是犯罪嫌疑人谢某1盗刷所致，故本案交易系非被上诉人本人操作的伪卡交易。综上，招商银行延西支行在储蓄存款合同履行过程中，对持卡人的账户资金未尽到安全保障义务，又无证据证明徐某存在违约行为可以减轻责任，因此，法院判决招商银行延西支行对徐某的账户资金损失承担全部赔偿责任。招商银行延西支行不服一审判决，向二审法院提起上诉，二审法院基于与一审相同理由维持原判。①

- 2016年3月2日
  徐某持有的招行借记卡发生三笔转账，共计146200元，转入账户为石某在中国农业银行的账户。

- 2016年5月30日
  徐某父亲徐某向上海市公安局青浦分局经侦支队报警，并取得《受案回执》。同日，警方告知徐某信用卡诈骗案已决定立案。

- 2016年4月29日
  福建省福清市公安局逮捕涉嫌盗窃罪的谢某1，其在供述中承认购买并使用非法设备盗刷他人银行卡存款，其中包括徐某的招商银行卡。

- 2016年5月18日
  福清市公安局刑侦大队对犯罪嫌疑人谢某1进行讯问，进一步确认了其盗刷徐某银行卡的事实和作案手法。

- 2016年6月
  福清市公安局出具《呈请案件侦查终结报告书》，详细记录了谢某1等人于2016年3月2日盗刷包括徐某在内的多名受害人的银行卡存款情况。

- 2016年6月22日
  福建省福清市人民检察院向徐某发送《被害人诉讼权利义务告知书》，告知徐某谢某1、谢某2等3人盗窃案已移送审查起诉。

图1 案情时间轴

---

① 参见"指导性案例169号：徐某诉招商银行股份有限公司上海延西支行银行卡纠纷案"，网址：https://www.pkulaw.com/gac/f4b18d978bc0d1c710423d541031850469b2ac3dc8a95e3bbdfb。

二、对于"徐某案"的反思：现行责任分配机制的现状

（一）责任分配上：发卡行需要证明是否存在伪卡交易

《银行卡规定》第四条规定，"持卡人主张争议交易为伪卡盗刷交易或者网络盗刷交易的，可以提供生效法律文书、银行卡交易时真卡所在地、交易行为地、账户交易明细、交易通知、报警记录、挂失记录等证据材料进行证明。发卡行、非银行支付机构主张争议交易为持卡人本人交易或者其授权交易的，应当承担举证责任"。该条规定的目的在于正确地指引持卡人如何全面地提交证据材料证明自己的主张。在司法实践中，并不要求持卡人必须提交上述的全部证据材料方可证明自己的主张，法院在具体案件中，将根据持卡人的举证能力、案件的具体内容综合判断，达成初步的内心确信。[①]

《银行卡规定》第七条规定："……前两款情形，持卡人对银行卡、密码、验证码等身份识别信息、交易验证信息未尽妥善保管义务具有过错，发卡行主张持卡人承担相应责任的，人民法院应予支持。持卡人未及时采取挂失等措施防止损失扩大，发卡行主张持卡人自行承担扩大损失责任的，人民法院应予支持。"在"徐某案"中，法院经审理认为，在存在网络盗刷的情况下，招商银行延西支行仅以身份识别信息和交易验证信息通过为由，主张案涉交易是持卡人本人或其授权交易，法院认为不能成立，判定招商银行延西支行承担举证不能的法律后果。同时，招商银行延西支行无证据证明徐某存在违约行为可以减轻责任，因为不法侵害发生的原因并非被上诉人未尽基本的注意义务，而是犯罪嫌疑人谢某1盗刷所致，最终判决招商银行延西支行对徐某的账户资金损失承担全部赔偿责任。由此可知，第七条实为第四条因发卡行举证不能的后果，即在发卡行无法证明持卡人为真卡交易时，其只能通过举证持卡人具有《银行卡规定》第七条规定的两种与有过失情形，主张减轻自身的责任。[②]

[①] 《最高法民二庭负责人就〈银行卡规定〉答记者问》，载中国新闻网（2021年5月25日），网址：https://www.pkulaw.com/news/c5fdb2778a72ef8dbdfb.html。

[②] 一是持卡人银行卡、密码、验证码等身份识别信息和交易安全信息未尽到妥善保管义务；二是持卡人未及时采取挂失等措施方式损失扩大。在以上两种情形下，持卡人要承担未尽到妥善保管义务的责任。

（二）归责原则上：以合同关系作为责任承担的基础

在"徐某案"中，司法机关认为在储蓄存款合同关系中，商业银行对于存款人，具有保障账户资金安全的法定义务以及向存款人本人或者其授权的人履行的合同义务，银行卡盗刷在合同履行中属于银行作出的错误给付，在发卡行无过错情况下，应当承担违约责任。与此类似的案件还有2019年上海市金融法院审理的"招商银行股份有限公司上海淮中支行与丁某储蓄合同纠纷案"，原审法院认为银行对丁某账户资金未尽到安全保障义务，亦不能证明丁某存在违约行为可以减轻责任，故应承担赔偿丁某损失的违约责任。[①] 上述两个案例中，均依照了合同严格责任的规定进行归责，即当事人一方不履行合同义务或者履行合同义务不符合约定的，应当承担继续履行、采取补救措施或者赔偿损失等违约责任。

（三）损失分担上：原则上以发卡行承担赔偿责任为主

"徐某案"的裁判结果是银行承担全部责任，其裁判理由主要有以下两点：一是在银行卡的储蓄合同关系中，发卡行作为银行卡的开发者与推行者，负有严格的安全保障义务，有义务和能力为持卡人提供更安全稳定的用卡环境。[②] 二是依据合同法中违约责任适用严格责任的归责原则，如银行无法举证证明持卡人存在未尽到妥善保管个人信息的情形，则银行要承担举证不能的后果，即判决银行承担全部责任。

该类损失分配方式的法理在于，一方面，银行对持卡人存款承担法定的安全保障义务。根据《商业银行法》第六条规定，"商业银行应当保障存款人的合法权益不受任何单位和个人的侵犯。"换言之，即使是由于第三人原因导致银行卡盗刷事实的出现，也属于发卡行作为安全保障义务的提供者未尽到该义务的情形。另一方面，对于发卡行而言，作为银行卡的提供者和服务的推行者，同时又是专业的金融机构，其在金融市场上无疑是占有绝对的优势地位。从双方利益衡量论的角度出发，商业银行作为交易系统的开发者与设计者，属于交易中获得更多经济利益的一方，并且其相较于持卡人而言，具有更强的经济能力和技术优

---

① 参见"招商银行股份有限公司上海淮中支行与丁某储蓄存款合同纠纷上诉案"，网址：https：//www.pkulaw.com/pfnl/a6bdb3332ec0adc408d9dd0862ffb8fbf071b4e398b0c56cbdfb.html。

② 薛锦芳：《从三起司法案例看银行卡盗刷》，载《现代商业银行》2021年第19期。

势，更有能力采取严格的技术保障措施，以增强防范银行卡盗刷的能力。① 因此，在银行卡盗刷纠纷中，银行需要承担更多的证明责任和赔偿责任。

三、现行责任分配机制的不足

（一）发卡行需要承担的举证责任过重

在盗刷卡案中，发卡行减轻或者免除自身的赔偿责任的方式为证明持卡人对于伪卡盗刷事实发生存在过错，即证明持卡人对银行卡信息泄露或对银行卡保管不善有故意或过失的情形。首先，按照生活常理一个普通持卡人可能会将自己的密码告知家人或者与自己联系密切的亲友，密码的私密性和不为外人所知性大大降低。其次，一般银行卡的密码是六位数的随机组合，理论上虽然存在着非常多种组合，但持卡人为了方便记忆，通常会将密码设置为自己熟知的数字组合，如自己与家人的生日、重大事件的纪念日、身份证号码中的某几位等易被知晓的数字，第三人可能通过某些易知的持卡人信息就猜测出银行卡密码。② 同时，持卡人为了方便使用，可能会在其他网站或者系统中使用与银行卡密码一致的密码，而相关网站未尽到妥善保管密码的义务致使持卡人的密码为他人所知悉。最后，六位数的密码组合本身也存在着极大的风险，在实践中，就出现过大量的第三人通过技术手段破解持卡人密码的情形。而银行仅在能够证明盗刷者是持卡人的亲友或者其他关系密切的人时，才可认定持卡人未妥善保管银行卡、卡片信息、密码等身份识别信息和交易验证信息，进而要求持卡人承担相应责任，此种完全由银行举证持卡人未尽到妥善保管义务的证明模式，将使得银行承担的证明责任过重而有悖公平。

（二）单一的严格责任致使损失分散和防范失衡

严格责任的归责模式，虽与合同法的法理基础一致且利于保障持卡人的利益，但存在着以下两个方面的弊端：

一是从损失分散的角度。首先，在银行无法证明持卡人存在未妥善保管银行卡信息的情形时，由银行承担全部责任或大部分责任，对银行而言负担较重，有

---

① 参见《最高人民法院发布第 30 批指导性案例》，载《人民法院报》2021 年 11 月 15 日。
② 王国才：《银行卡被盗刷后的民事责任承担》，载《人民法院报》2012 年 11 月 29 日。

悖于公平原则和风险与获得利益相适应原则。其次，由于该类案件犯罪手段多样，犯罪涉及领域广泛、犯罪技术不断升级，此类案件的破案率一直较低，若无法确定犯罪嫌疑人，最终损失只能由银行承担。最后，即使判决银行承担全部责任，银行也会通过其他途径分散损失，如通过增加服务成本将损失分散给其他储户，不利于社会的整体利益。

二是从损失预防的角度。仅因发卡行举证不能就判定其对持卡人承担全部赔偿责任，难以对将来类似案件起到预防的作用。首先，若盗刷卡是由于持卡人一方的过错导致信息泄露，而银行却无法举证，会使持卡人产生"损失由银行买单"的心理，将会诱发持卡人恶意向银行主张赔偿的不利后果，降低社会整体资金流转和社会活动效率，甚至有可能刺激持卡人与第三人恶意串通，进行虚假诉讼，合谋骗取银行资金的犯罪行为，进而严重影响国家金融市场的稳定与安全。[1] 其次，虽然判决银行承担全部或较大比例的责任，能够倒逼银行建立健全更完善的安全系统，促使银行提升自身的安全防范技术水平，从根本上防范银行卡盗刷风险的发生。[2] 但金融行业尤其是银行卡业务是极度依赖于技术进步的，银行支付安全技术的大幅度升级不仅需要依托互联网技术和支付技术的发展，而且需要耗费大量的时间与资金成本，银行是否愿意承担或者是否有能力承担该项技术成本也是值得思考的问题。[3]

（三）过度保护持卡人致使风险与利益不匹配

在"徐某案"裁判过程中，法院对持卡人的责任进行了最小化处理，将重点放在了银行的安全保障义务上。法院认为，作为金融服务的提供者，银行应具备更强的经济能力和技术优势，因此有责任提供更安全的用卡环境，并采取严格的技术保障措施来防范盗刷风险。这种裁判思路在一定程度上体现了对持卡人权益的倾斜性保护，可能导致对持卡人在风险防范和信息保管方面的个人责任有所忽视，从而在一定程度上对持卡人进行了过度保护。

根据风险与利益相匹配理论，所有金融活动的风险和收益都应当是对称的，即投资者应获得与其承担风险相匹配的收益。在银行卡伪卡盗刷纠纷中，现行的

---

[1] 张雪楳：《银行卡纠纷疑难问题研究》，载《法律适用》2015年第3期。
[2] 林达标等：《遭遇克隆卡责任分割因案而异》，载《人民法院报》2012年10月18日。
[3] 彭冰：《银行卡非授权交易中的损失分担机制》，载《社会科学》2013年11期。

责任分配机制在某些情况下有过度保护持卡人利益的倾向，这种过度保护可能会打破风险与利益之间的平衡。在银行卡伪卡盗刷纠纷中，对持卡人的保护是必要的，因为相对于金融机构，持卡人往往处于信息和谈判能力较弱的地位，然而持卡人作为金融产品的消费者，在享有便捷的支付方式的同时，应当预料到背后潜在的金融风险，[1] 简言之，持卡人开通银行账户，并将资金存入银行，就应当负有一定的谨慎注意义务和风险防范意识，当持卡人不需要为自己的风险行为承担后果时，市场便无法有效地分配风险和收益，导致市场信号失真，资源配置效率降低，影响金融市场的效率和活力。

四、小结

随着银行卡使用的逐渐广泛，网络支付场景的日益频繁，伪卡盗刷和网络盗刷成为当前重要的社会问题。通过对"徐某案"的分析，反映出银行卡伪卡盗刷纠纷中举证责任分配机制的不足。首先，在银行卡伪卡盗刷纠纷案件中，现行法律对银行的举证责任要求过高，导致银行在证明持卡人存在伪卡交易或其对银行卡的保管存在过失方面的举证责任通常难以完成，进而承担了全部的赔偿责任。其次，在归责原则上，司法实践以合同关系作为银行卡伪卡盗刷纠纷责任承担的基础，但单一的严格责任归责模式忽视了风险与利益相适应原则，易导致持卡人风险意识的缺失，增加银行的运营成本，对社会整体利益产生负面影响。最后，在损失分担上，现行裁判以发卡行承担赔偿责任为主，存在过度保护持卡人的倾向，忽视了持卡人应承担的谨慎注意义务，致使风险与收益不匹配。

通过对指导性案例裁判思路的推广，各地法院此后对于此类案件在裁判标准和思路方面的差异会进一步缩小，对事实认定、举证责任、损失承担等方面也会逐渐适用相同的标准，从司法的统一性和节约司法成本的角度而言，"徐某案"这一指导性案例无疑对此类案件的处理进行了统一规范指导。

---

[1] 戴欣悦、章军侃、许肖倩：《银行卡盗刷纠纷责任认定与分配的类型化研究——以152份判决书为研究对象》，载《法律适用》2017年第3期。

第三节 《电子商务法》下盗刷险的变革

电子商务是互联网给社会经济生活领域带来的最为重要的贡献之一。电子商务业态自诞生以来，在社会上经历了一个不信任甚至质疑的阶段，直至电子商务成为当前我们商业的主流形态之一。当前，我国是全球网民数量最多的国家，也是电子商务交易规模最大、效率最高的市场。随着电子商务的普及，出台一部全面规范电子商务发展的法律，已经成为必然。2018年8月31日，《电子商务法》经第十三届全国人民代表大会常务委员会第五次会议通过，并予以公布，自2019年1月1日起施行。作为我国电子商务领域首部综合性的法律，《电子商务法》的颁布可谓具有里程碑的意义。这部法律非常罕见地经过了四次审议才获得通过，更表明了《电子商务法》作为电商基本法的厚重。电子支付是电子商务中的重要基础设施，故依托电子支付而发展出来的盗刷险同样受到了《电子商务法》的极大影响。

一、《电子商务法》引起电子支付的变革

《电子商务法》一共包含法条八十九条，分别从电子商务的经营监管原则、电子商务经营者、电子商务平台经营者、电子商务合同的订立与履行、电子商务争议解决、电子商务促进以及相关法律责任七章对电子商务领域的活动进行规范。第三章"电子商务合同的订立与履行"有十一条，其中九条（第五十三条至第五十七条）对电子支付进行规范，占据了《电子商务法》5.6%的条文数、6.5%的条文字数。可以说，一直以来电子支付纠纷缺乏法律规范的现象已经被《电子商务法》彻底改变，内容涵盖了"电子支付服务提供者应当向用户免费提供对账服务及最近三年的交易记录""造成用户损失的，应当承担赔偿责任"等内容。

其中，对支付行业影响最大的条文是第五十七条，共三款：第一款规定，

"用户应当妥善保管交易密码、电子签名数据等安全工具。用户发现安全工具遗失、被盗用或者未经授权的支付的,应当及时通知电子支付服务提供者"。界定了消费者在支付中的义务。第二款规定,"未经授权的支付造成的损失,由电子支付服务提供者承担;电子支付服务提供者能够证明未经授权的支付是因用户的过错造成的,不承担责任"。界定了支付服务商在盗刷损失承担中的主要责任。第三款规定,"电子支付服务提供者发现支付指令未经授权,或者收到用户支付指令未经授权的通知时,应当立即采取措施防止损失扩大。电子支付服务提供者未及时采取措施导致损失扩大的,对损失扩大部分承担责任"。界定了支付服务商减轻损害的不真正义务。

用户妥善保管安全工具并在盗刷发生时及时支付服务商的义务、支付服务商采取措施避免损失扩大的义务,这两种义务基于第一款、第三款,与现行法差别不大。真正有差别的是现行法之前并没有对盗刷发生后的责任分担方式进行规定,而《电子商务法》直接规定,支付服务商如果未能证明用户违反了上述义务,那么就应当由支付服务商承担相应的损失。可以说这一条几乎重构了现有关于盗刷责任分担的规范,主要针对盗刷而衍生出的盗刷险显然将要迎来巨变。

二、盗刷险的类型划分

盗刷责任分配的基础性法律变革必然会引起附着于其之上的各项制度的变化,盗刷险作为盗刷的责任二次分配机制自然首当其冲。然而,就目前而言,盗刷险相关的各方,无论是银行、保险还是第三方支付,对《电子商务法》第五十七条的巨变并没有给予足够的重视。虽然《电子商务法》颁布至今已有数年,实施也快一个月,但目前看来,盗刷险至今依旧维持旧有业态,并未作出调整。

依据保险的销售通道和投保人差异,可以将现有的盗刷险分为以下五种类型:第一类是由保险公司直接出售给消费者的,如平安、阳光、众安等各家财产保险公司都推出了相应的盗刷险;第二类是由保险公司推出,经过银行渠道出售给消费者的盗刷险,如交通银行联合大地财险推出的"用卡无忧保险"、浦发银行联合太平财险推出的"免盗刷极致版"等;第三类是由保险公司推出,由银行采购赠与消费者的盗刷险,如交通银行采购的大地保险的"72小时境外失卡保障"、浦发银行采购太平财险推出的"免盗刷极致版"等;第四类是由保险公司推出，经过第三方支付渠道推销给消费者的盗刷险，如支付宝联合多家财险推出的"账户安全险"、小米联合众安财险推出的"小米盗刷险"等；第五类是由保险公司推出，由第三方支付采购并赠与消费者的盗刷险，如支付宝采购多家保险推出的"账户安全保障"。

这五类不同的盗刷险在其保单承保的支付工具范围内存在着显著的差异。第一类是由保险公司直接出售给消费者的盗刷险，通常来说其覆盖范围是该消费者所使用的所有常见的支付工具，不限制支付工具的提供商，具体范围由保单约定。而第二、三类盗刷险是由银行渠道发售的，通常其承保范围仅限于该银行渠道所使用的支付工具。而第四、五类盗刷险是由第三方支付渠道发售的，所以其承保范围也仅限于该第三方支付渠道所使用的支付工具。

就保障范围而言，第一类通常可以覆盖后四类，而第二、三类银行渠道出售的盗刷险与第四、五类第三方支付渠道出售的盗刷险又存在一定的重合，尤其是当第三方支付在支付活动中仅仅作为通道而非账户时，同一笔盗刷往往可以被多类盗刷险同时覆盖，如一名浦发信用卡持卡人，购买了平安财险的"银行卡安全保险"，也购买了浦发的"免盗刷极致版"和支付宝的"账户安全险"，如果其支付宝被盗用并盗刷了浦发信用卡中的资金，那么这笔盗刷可以同时为这三项不同的盗刷险所保障。

表1 五类盗刷险

	险企直接向消费者出售	银行向消费者出售	银行为消费者购买	第三方支付向消费者出售	第三方支付为消费者购买
销售渠道	网络公开、线下公开	银行	银行	第三方支付	第三方支付
保障范围	大多数支付工具	该银行支付工具	该银行支付工具	该第三方支付工具	该第三方支付工具
保险人	消费者本人	消费者本人	银行	消费者本人	第三方支付

三、《电子商务法》对盗刷险的影响

一方面，《电子商务法》第五十七条改变了盗刷风险承担的初始配置，保险

作为规避风险的机制，法律下的风险承担者有更强的意愿成为投保人；另一方面，《电子商务法》第五十七条只适用于电子商务中电子支付的风险负担，大量的其他类型的支付中的风险负担依旧没有定论，保险覆盖范围的差异也会显著影响到盗刷险的发展。所以需要对这五类盗刷险进行分类讨论。

第一类是由保险公司直接出售给消费者的保险，这部分保险受到的冲击很大。一方面这部分保险是消费者作为投保人承担保费，而由于电子支付的损失赔偿责任已经由法律配置给支付服务商，消费者没必要为无忧的赔偿再配置保险保障。另一方面，由于不同的保险之间保障范围的差异，也可能导致支付服务商承担盗刷责任而归于一致，进而减小了差异竞争的空间，如平安财险提供"银行卡安全保险"就不保障第三方支付账户余额中的金额损失，由于第三方支付发源于电子商务，在多数场景下属于《电子商务法》下"电子支付服务商"的范畴，这种银行卡安全险已经和支付工具全覆盖的盗刷险相差无几了。

第二类是由保险公司通过银行渠道出售给消费者的保险，这部分保险受到冲击也很大。现在使用银行卡的场合主要是线下刷卡、线上第三方支付以及少量的无卡直接支付，后两种多数情况下落入《电子商务法》第五十七条的范围，只有线下刷卡在大多数情况下不会纳入第五十七条的范围，所以消费者购买的事实上仅仅是线下盗刷险，所不同的仅仅在于保险的赔付会比银行赔付更加便捷标准化，但是随着《电子商务法》的执行，银行的赔付也终将规范化。

第三类是由保险公司出售给银行并由银行赠与消费者的保险，这类保险将成为未来盗刷险市场上的最主流类型，银行为了满足其风险控制的需要，将盗刷赔偿业务交给保险公司进行承保，将成为在《电子商务法》下合规工作的必然。银行的直接赔偿将限于保险保额无法覆盖的部分和未能受保险条文保障的情况，承担保险之外的赔偿补足。

第四类、第五类盗刷险，无论其支付通道还是保障范围都限于第三方支付本身，而第三方支付绝大多数场景都能纳入第五十七条下"电子支付服务商"的范畴，所以第四类和第五类盗刷险是受到法律变化影响最大的保险类型。其中第四类第三方支付出售的盗刷险将可能逐渐减少，绝大多数消费者都没必要再购置一个单独的第三方支付盗刷险而失去其购买的基础。第五类第三方支付赠与消费者的盗刷险将如第三类一样，成为盗刷险市场的主流形态。以支付宝为例，原有免费的"账户安全保障"与收费的"账户安全保险"的差别最主要在于"账户安全保障"只能使用一次，发生一次盗刷索赔之后就不再享受账户安全保障；而收费的账户安全保险则可以在保险期内无限次进行盗刷索赔。支付宝这种通过索赔次数为标准进行免费与收费的划分标准在《电子商务法》下并没有存在的空间。在可以预见的未来，第四类盗刷险的空间将越来越小，涉第三方支付的盗刷险将会逐步转为第五类盗刷险，即服务商作为投保人的模式。

综上所述，盗刷险作为一种相对比较大众的家财险，有着广泛的应用场景，新的责任规则将会全面影响到这种保险的未来命运。随着法律宣传的推进和民众自身权利意识的觉醒，未来盗刷险市场将面临全面转型。虽然对线下盗刷暂无规定作出具体的责任安排，由此形成线上线下盗刷规则的分歧。这一分歧势必不会长久，在可以预见的未来，相关部门可以通过司法解释、行政法规等其他法律形式进行规则统一。现有模式下消费者市场与商用市场并重的情况将无法持续，盗刷险的业态将主要转向为以机构用户为主，由支付服务商购买保险来将可能及于自身的风险进行转移。盗刷险的未来变化趋势已定，银行、保险、第三方支付都需要重新进行合规考察，遵法而为。

第四章　电子支付工具的利息争议

电子支付工具通常会结合消费信贷类产品，如信用卡、阿里花呗、京东白条等，支付消费时会伴随着不同形式的资金占用，利息争议因此成为用户与金融机构、支付服务提供者之间的常见法律纠纷之一。如何在确保支付服务的高效性与便捷性的前提下，合理规制利息收费、保护消费者权益，已成为电子支付法律框架中的重要课题。

我国现行法律对支付工具的利息问题已有一定的规定。例如，《消费者权益保护法》《民法典》明确要求经营者在提供相关服务时，需充分告知消费者可能产生的费用和利息。然而，电子支付工具利息问题的复杂性在于该类工具是最为普及的金融产品，但规则却并没有和产品普及度一样简化。在利率市场化背景下，电子支付工具的利率上限、违约金等问题成为讨论的焦点。本章将深入探讨电子支付工具在利息方面的争议，提出改进电子支付工具利息规制的建议，以期推动形成更加公平透明的利息收费体系，保护消费者的合法权益，并促进电子支付市场的健康发展。

第一节　信用卡违约金最低收费限额应当取消

信用卡违约金是我国信用卡行业当中一项普遍接受的制度。无论是 2017 年之前的滞纳金还是 2017 年之后的违约金，都一直发挥着督促持卡人尽快还款、担保发卡机构收取足额借贷本息等功能。然而违约金制度也存在诸多争议，2016 年成都高新区法院一纸判决提出了违约金的前身——滞纳金涉嫌违宪的问题，在各种纸媒与新媒体的报道当中，违约金利率过高"滚雪球"式上升等问题，也时常引起争议。尽管近年来有关信用卡违约金的讨论屡见不鲜，但栖身于各银行信用卡领用合约违约金条款中的一款却少有讨论，即"违约金按当月最低还款额未还部分的×%支付，最低为×元人民币"，为了方便行文称其为"信用卡违约金最低收费限额"。因为该制度往往在借贷本金较少时适用且不会产生极为高昂的代价，故而人们往往对本就不易察觉的最低收费限额关注不足。那么违约金最低收费限额是否合理，是否科学，是否符合法律？本节就这一问题展开讨论。

一、违约金制度的流变

信用卡违约金制度起源于信用卡滞纳金，但其实早在 2017 年滞纳金向违约金的改革之前，信用卡合同中就已经出现了违约金条款，其往往单独作为一项信用卡违约惩罚措施而存在。例如，2000 年的《中国工商银行牡丹信用卡章程》就规定，"甲方出租或转借牡丹卡及其账户的，视为违约。除限期改正外，还应向乙方支付 1000 元违约金"，该条款便将违约金规定为违规使用信用卡的一种惩罚措施。又如，《关于加强银行卡发卡业务风险管理的通知》（银监办发〔2007〕60 号）规定，"对有信用卡交易无还款记录、涉嫌非法套现行为或已产生违约金和滞纳金等的高风险持卡人，应及时采取积极催收、降低授信额度、紧急止付等审慎措施"。此外，在《关于开展信用卡格式合同不合理条款自查自纠工作的通知》（银监办发〔2013〕189 号）中也规定，"应梳理筛查并整改纠正信用卡格式合同中的以下内容：加重消费者下列责任的内容：违约金或者损害赔偿金超过法定数额或合理数额"。虽然 2017 年之前的银行章程当中不乏违约金的身影，然而此时的违约金并非一项普遍性的制度。

现在最广泛运用的违约金还是来源于 2016 年发布的《关于信用卡业务有关事项的通知》："取消信用卡滞纳金，对于持卡人违约逾期未还款的行为，发卡机构应与持卡人通过协议约定是否收取违约金，以及相关收取方式和标准。……发卡机构对向持卡人收取的违约金……等服务费用不得计收利息"。经过此番改革之后，各家银行都停止收取滞纳金，改收违约金。从各家银行发文的情况看，违约金和滞纳金之间的关系可以概括为"换汤不换药"，如中国建设银行就发文规定，"个人服务项目'还款滞纳金'（编号1010402）调整为'还款违约金'，编号不变"，变化仅仅是收费依据从法定收费变成了约定收费，并未对收取的方式和比例等进行相应的调整。

二、违约金最低收费限额的现状

不同银行在章程中对于违约金的定义基本一致，差别在于有的银行称之为违约金，有的银行称之为还款违约金。以中国工商银行为例，其对违约金的定义为"贷记卡持卡人未能在到期还款日（含）前偿还最低还款额，按协议约定应向发卡机构支付的款项"。但其计算方式基本一致，都是基于最低还款额进行计算。

违约金作为一项约定的违约赔偿，其内容在各个银行信用卡领用合约当中的表述基本相同，为"最低还款额未还清部分的5%"，也有少量例外，如广发银行就依据持卡人的违约情况动态调整违约金计算方式，规定"违约金将按客户每期账单最低还款额未还清部分的5%收取；如客户连续2个月（含）以上未按时还清每期账单最低还款额，则按客户账单最低还款额未还清部分6%收取违约金"。相较而言，作为违约金计算基础的最低还款额的计算标准却有较大的差异，主要在于最低还款额是按照总账单金额的10%还是5%收取。

除了违约金最低还款额和违约金比例之外，另一项决定违约金计算方式的因素就是违约金最低收费限额，各银行对于该金额计算方式的规定则是各不相同的。有的银行规定无违约金最低收费限额，统一按照最低还款额未还款金额乘违约金比例的方式来计算违约金，有的银行按照常规违约金计算方式计算出来的数额取整，当然更多的是银行选择直接规定一个最小违约金收取金额，这一金额从5元到10元、20元乃至30元不等。

部分银行还规定了违约金最高限额，如中国工商银行规定了每期最高收取500元，华夏银行规定为2000元，浦发银行则规定为未还款本金金额，而大多数银行并未规定违约金最高限额。

表 2 各银行违约金规定（2023 年）

银行名	最低还款额比例	违约金比例	违约金最低收费限额	达到违约金最低收费限额的账单金额	违约金最高收费限额
工商银行	10%	5%	无	无	500元
农业银行	10%	5%	1元	200元	无
中国银行	10%	5%	10元	2000元	
建设银行	10%	5%	5元	1000元	
交通银行	10%	5%	10元	2000元	
招商银行	10%	5%	10元	2000元	
中信银行	5%	5%	20元	8000元	
广发银行	10%	5%	20元	4000元	
民生银行	10%	5%	10元	2000元	
浦发银行	5%	5%	无	无	本金
兴业银行	5%	5%	20元	8000元	
光大银行	5%	5%	15元	6000元	
华夏银行	5%	5%	无	无	2000元
平安银行	5%	5%	20元	8000元	
北京银行	10%	5%	10元	2000元	
上海银行	5%	5%	30元	12000元	

三、违约金最低收费限额的合理性考察

合同中设定违约金最低收费限额并非信用卡合同专属，在很多合同中都有条款涉及违约金最低收费限额，主要是基于两个考量。第一个可能的考量是出于交互计算的方便。但是这显然不适用于银行业，银行业现在的计算都已经实现电子化记账、电子化计算，银行的信用卡账单都已经明确到小数点后两位，并不需要基于计算便利而专门设定一个最低收费限额。因此这一理由显然无法为违约金最

低收费限额正名。

第二个可能的考量则是基于覆盖违约的固定成本的需要,如违约的识别、通知、催收等成本。然而随着时代变迁与通信方式的变革,此类费用的成本也逐渐缩减。在通知方面,虽然以往基于纸质账单的邮寄费用等可能确实存在该类固定成本,但是现在的账单都是通过电子方式进行推送的,其边际成本约等于零,不再需要额外收取以弥补成本的费用。在催收方面,对于普通的违约者而言仅通过电话方式进行催收,其固定成本是催收员的工资加上少量的电话费,可谓是成本相当低廉,无法作为发卡机构收取动辄10元至30元不等违约金的合适理由。或许也有观点认为通过收取违约金最低收费限额可以形成交叉补贴以覆盖呆账、坏账或难以催收的欠款,但是这种以小额违约的优质客户来补贴此类劣质客户的思路似乎也不合理。

如果从我国信用卡市场情况来考量违约金最低收费限额,也不难发现其合理性的不足。以华夏银行2019年年报[①]的数据为例,其信用卡有效客户数1529.45万户,信用卡期末有效卡量1781.07万张,信用卡交易总额10839.80亿元,由此可以计算出华夏银行信用卡人均每期刷卡交易金额为5906元,卡均每期刷卡交易金额为5071元。假设华夏银行的数据可以代表我国信用卡刷卡消费的平均水平,那么我们可以得出一个结论,即有大量违约金就是按照违约金最低收费限额收取的,也就意味着发卡机构在常规违约金计算方式之外收取了规模庞大的一笔费用。而中信、兴业、光大、平安、上海这5家银行其违约金最低收费限额甚至超过信用卡每期交易的平均值,这样系统性地对持卡人进行"薅羊毛"的制度设定难言合理。

四、违约金最低收费限额的合法性考察

《商业银行法》第三十八条规定,"商业银行应当按照中国人民银行规定的贷款利率的上下限,确定贷款利率",该条款确定了金融借贷的利率上下限的制定权力属于人民银行,虽然2013年中国人民银行全面放开金融机构贷款利率意

---

① 基于信息的全面性、准确性考量,本书使用提供信息最全的华夏银行的年报数据予以说明,考虑到2020年的数据可能受疫情影响,故采用2019年年报数据。

味着放弃了对大多数贷款的利率管制，但这并不意味着金融机构借贷利率不设限，《民法典》第六百八十条规定"禁止高利放贷，借款的利率不得违反国家有关规定"。法院在该条款之下，有权对金融借贷的利率进行审查。

按照最高人民法院2018年《关于依法妥善审理民间借贷案件的通知》，"对于各种以'利息''违约金''服务费''中介费''保证金''延期费'等突破或变相突破法定利率红线的，应当依法不予支持"，虽然该规定针对的是民间借贷，但是代表了法院在对包含金融借贷在内的借贷利率审核的态度是将违约金作为利息计算以纳入利率上限的考察中。基于此，我们可以对信用卡如果发生逾期后的实际年化利率做一个简化的计算。首先，透支利率，一般为日利率万分之五，折合年化利率18.25%；其次，信用卡违约金，一般为最低还款额未还部分的5%，而各银行最低还款额为账单的5%或者10%，折合年化利率为3%或者6%，简单计算可知如果发生信用卡逾期，其年化利率为21.25%或24.25%。按照2017年最高人民法院在《关于进一步加强金融审判工作的若干意见》规定的"金融借款合同的借款人以贷款人同时主张的利息、复利、罚息、违约金和其他费用过高，显著背离实际损失为由，请求对总计超过年利率24%的部分予以调减的，应予支持"，显然信用卡如果发生逾期，其利息与违约金总额已经接近或者超过利率上限了。

逾期时的信用卡实际利率已经在合法利率的边界，违约金最低收费限额的存在使得当小额账单逾期时，银行收取的利率和违约金将远高于合法利率。假设某客户在广发银行有一期账单发生逾期，以该账单金额不同为例制成下表，说明违约金最低收费限额的影响。

表3 逾期账单的利息与违约金（以广发银行2023年规定为例）

发生逾期账单金额	违约金	信用卡违约金部分的年化利率	透支利息部分的年化利率	实际总利率
10.01元	20元	2376.24%	18.25%	2494.49%
20元	20元	1200%	18.25%	1218.25%
200元	20元	120%	18.25%	138.25%
2000元	20元	12%	18.25%	30.25%

发生逾期账单金额	违约金	信用卡违约金部分的年化利率	透支利息部分的年化利率	实际总利率
4000元	20元	6%	18.25%	24.25%
6000元	30元	6%	18.25%	24.25%

由以上表格可以看出，当发生账单逾期的情况下，账单金额小于4000元都是按照最低收费限额收取违约金，违约金最低收费限额的存在会极大推高综合利率，当逾期金额为10.01元时，甚至会发生违约金高于账单的情况，这种违背朴素正义感的荒诞情形其违法性毋庸赘言。这种荒诞情形显然处于银行制度设计的盲区，此时账单超过了容时容差的10元上限，又低于违约金最低收费限额。即使假设逾期金额为9.99元，由于广发银行等银行并不是主动适用容时容差，如果不是持卡人主动提出异议，其违约金依旧需要支付。显然，违约金最低收费限额由于推高利息，涉嫌高利贷，将导致该违约金最低收费限额的条款无效。

违约金最低收费限额的违法性还在于违反了格式合同的订立规则。违约金作为一项由银行和持卡人约定的违约赔偿，其收取的比例和最低收费限额都需要通过标准化的信用卡领用合同的约定，那么违约金条款需要满足格式合同的规范。按照《民法典》第四百九十七条规定，"有下列情形之一的，该格式条款无效：……提供格式条款一方不合理地免除或者减轻其责任、加重对方责任、限制对方主要权利"，而中国人民银行2020年制定的《金融消费者权益保护实施办法》更是细化要求为"银行、支付机构不得以通知、声明、告示等格式条款的方式作出含有下列内容的规定：……规定金融消费者承担超过法定限额的违约金或者损害赔偿金"。约定违约金应当基于违约造成的合同损失，就金融借贷而言，其损失的计算应当以综合利率上限为标准。显然，违约金最低收费限额在大多数小额账单发生逾期的场景之下，都会导致违约金超过法定限额、不合理加重持卡人责任，故违约金最低收费限额的约定无效。

五、小结

违约金最低收费限额隐蔽性较强，一旦被发现，持卡人也可以通过银行内部的投诉流程解决；即使不能解决，受影响的也是小额消费的持卡人，通过诉讼进行解决的意愿也很弱。由此，这项不合理的制度得以长期存在，广泛收取，而不受法院和监管的挑战；而银行即使知道该制度的不合理性，由于该最低收费限额收费获利颇丰，也无动力自我修正。

然而对这一合理性与合法性欠奉的制度进行修正是银行的义务，《金融消费者权益保护实施办法》要求"银行、支付机构应当对存在侵害金融消费者合法权益问题或者隐患的格式条款和服务协议文本及时进行修订或者清理。"同时，对违约金最低收费限额这类侵犯消费者权益的条款整改也是监管部门的责任，《消费者权益保护法实施条例》要求有关行政部门也就是人民银行对"通过格式条款等方式设置不公平、不合理规定的""责令改正，可以根据情节单处或者并处警告、处以十万元以下罚款；情节严重的，责令停业整顿"。希望，在不久之后的将来，小额账单的逾期者将不再成为违约金最低收费限额的受害者。

第二节　4 倍 LPR 时代的信用卡利率上限

2020 年 8 月，最高人民法院发布了新修订的《民间借贷司法解释》，本次修订最大的变化是调整了民间借贷的利率上限，将 24%、36% 的复合利率上限大幅降低为 4 倍贷款市场报价利率（Loan Prime Rate，LPR）的简单利率上限，这一变化极大地改变了民间金融的生态。2020 年 9 月，浙江省温州市瓯江区法院将 4 倍 LPR 利率上限应用于金融借贷合同纠纷的案例更是引起了金融机构的极大关注，民间借贷 4 倍 LPR 上限能否适用于金融借贷成为一个热点话题，而信用卡业务的透支利率普遍高于 4 倍 LPR，尤其成为各大商业银行信用卡中心的关注焦点。

一、民间借贷利率上限如何扩张到金融借贷

1995 年发布的《商业银行法》第三十八条规定："商业银行应当按照中国人民银行规定的贷款利率的上下限，确定贷款利率"，当然，《商业银行法》仅针对商业银行有效。而《民法典》生效前的 1999 年《合同法》在第二百零四条规定："办理贷款业务的金融机构贷款的利率，应当按照中国人民银行规定的贷款利率的上下限确定。"则将中国人民银行制定贷款利率上限的权力扩张到所有的持牌金融机构。中国人民银行也在切实履行其确定金融贷款利率上下限的权力，只不过随着国家利率市场化的进程，中国人民银行逐步减少其对利率上下限的管控，更多的是将管控利率上下限的权限交由市场决定，2013年中国人民银行的《关于进一步推进利率市场化改革的通知》宣布"全面放开金融机构贷款利率管制"，可以说除了房贷、信用卡等少数领域，中国人民银行已经彻底放开对于金融借贷的利率上限管控。

而民间借贷则不同，没有任何一部法律宣布民间借贷的利率上限是由某个机构制定，而最高院也是基于其审判实践需要逐步发展形成了民间借贷的利率上限制度。1952年最高人民法院发布的《关于城市借贷超过几分为高利贷的解答》，明确了"私人借贷利率一般不应超过三分"这一规定，但最高院的这一态度，并不是对于民间借贷利率设定的"硬"上限，该文件后文表明"人民间自由借贷利率即使超过三分，只要是双方自愿，无其他非法情况，似亦不宜干涉"。在改革开放后，大量的民间借贷纠纷涌入法院，1991年发布的《关于人民法院审判借贷案件的若干意见》正式确定了现行民间借贷利率上限的基本框架为"最高不得超过银行同类贷款利率的四倍"的模式。随着利率市场化改革，2015年《民间借贷司法解释》参考当时的借贷利率4倍而确定的基础性借贷利率上限固定为24%与36%的两线三区固定模式。而在《民间借贷司法解释》的最新修改中，借贷利率又重新回到了4倍利率模式，只是锚定为LPR。无论是2015年版还是2020年《民间借贷司法解释》都在首条第2款规定："经金融监管部门批准设立的从事贷款业务的金融机构及其分支机构，因发放贷款等相关金融业务引发的纠纷，不适用本规定。"所以在理论上，中国人民银行设定金融借贷利率上限，最高院设定民间借贷利率上限的利率上限双轨制并行不悖，互不干扰。

然而，在《民间借贷司法解释》制定一年后，最高院开始每年发布一个涉及民间借贷的司法意见都涉及金融借贷利率上限的司法审查（详情见表4），2016年《关于依法审理和执行民事商事案件保障民间投资健康发展的通知》（以下简称《民间投资通知》）拉开了人民法院审核金融借贷利率的序幕，虽然并未涉及具体的判断标准，而是笼统以"不合理收费变相收取的高息"，但是实践中，各地法院开始大量使用民间借贷的利率标准进行审判。2017年《关于进一步加强金融审判工作的若干意见》（以下简称《金融审判意见》）明确提出以年利率24%作为界限审查金融借贷的利率上限。2018年《关于充分发挥审判职能作用为企业家创新创业营造良好法治环境的通知》（以下简称《营商环境通知》）是对2017年《金融审判意见》的再次强调。2019年《全国法院民商事审判工作会议纪要》（以下简称《九民纪要》）相比于2017年和2018年的司法意见，其判断标准又有了些许变更，回到2016年《民间投资通知》的模式，以不合理收费作为标准，不再设定确定的利率上限，然而在实践中其效果并不显著，大多数依旧沿用《金融审判意见》的思路。

表4 最高人民法院相关司法解释

2016年	2017年	2018年	2019年
《关于依法审理和执行民事商事案件保障民间投资健康发展的通知》	《关于进一步加强金融审判工作的若干意见》	《关于充分发挥审判职能作用为企业家创新创业营造良好法治环境的通知》	《全国法院民商事审判工作会议纪要》
严格执行借贷利率的司法保护标准，对商业银行、典当公司、小额贷款公司等以利息以外的不合理收费变相收取的高息不予支持。	金融借款合同的借款人以贷款人同时主张的利息、复利、罚息、违约金和其他费用过高，显著背离实际损失为由，请求对总计超过年利率24%的部分予以调减的，应予支持，以有效降低实体经济的融资成本。	加强金融审判工作，促进金融服务实体经济。对商业银行、典当公司、小额贷款公司等金融机构以不合理收费变相收取高息的，参照民间借贷利率标准处理，降低企业融资成本。	金融借款合同纠纷中，借款人认为金融机构以服务费、咨询费、顾问费、管理费等为名变相收取利息，金融机构或者由其指定的人收取的相关费用不合理的，人民法院可以根据提供服务的实际情况确定借款人应否支付或者酌减相关费用。

二、民间借贷利率上限如何应用于信用卡业务

2017年《金融审判意见》与2018年《营商环境通知》将民间借贷利率上限准用于金融借贷的政策性目的说明为"降低企业融资成本"及"降低实体经济

的融资成本"。信用卡业务作为一项消费金融业务,并不涉及企业融资,所以从逻辑关系来说,并不应当将其纳入对其利率进行司法审查的范围之内。然而非常遗憾,2017年之后在司法实践中参照民间借贷利率上限对信用卡业务利率进行审查就成为司法界一个较为通行的处理方式(在此需要明确的是,法院审核时将透支利息、违约金等统一作为利率来计算利息)。在审查信用卡利率时,民间借贷利率上限往往通过四种方式起作用。

第一种方式,使用民间借贷利率上限与金融借贷约定利率进行比较,以说明其有违公平原则。而这一方式最为著名的案件就是信用卡滞纳金违宪案——2015年成都市高新技术产业开发区人民法院判决的中国银行成都高新区支行与沙某某信用卡纠纷案。在该案中由于持卡人并未归还本金,导致每期滞纳金成为下一期利息的本金,滞纳金与本金的比值年化超过60%,法院认为滞纳金本质是贷款利率,然而由于滞纳金的比例符合《银行卡业务管理办法》第二十二条的规定,并不能以直接违法违规为由对贷款利率进行调整。法官引用《宪法》第三十三条"中华人民共和国公民在法律面前一律平等",但现实是一方面,国家以贷款政策限制民间借款形成高利;另一方面,在信用卡借贷领域又形成超越民间借贷限制一倍或者几倍的利息。这显然极可能形成一种"只准州官放火,不许百姓点灯"[①]的外在不良观感。基于平等原则,应当实现对于两者的统一管理,将民间借贷利率上限扩张适用于信用卡借贷当中。

第二种方式,使用个案化的分析,按照合同法违约金酌减规范中嵌套使用民间借贷利率上限。与之相关的一个著名的案件是"央视主播诉建设银行案",2017年北京市第二中级人民法院审判的李晓东与中国建设银行股份有限公司信用卡中心信用卡纠纷案。在该案中,由于持卡人部分延迟还款导致信用卡逾期,逾期发生后所有消费不享受免息期,利息按照合同约定应是所有消费从消费之日起计算,由此少量的未还款形成了大量的利息,导致利率数值偏高。法院因此认为"未偿还部分款项69.36元自首次消费记账日至该款项实际偿还日的利息损失。……本院参考《最高人民法院关于审理民间借贷案件适用法律若干问题的规定》规定的有效利息约定上限标准即年利率36%,核算的银行利息损失金额为

---

① 《宪法走进判决书,对信用卡滞纳金说不》,载《东方早报》2015年12月14日。

3.40元，显著低于按照本案计息条款计算的利息金额317.43元"。由此法院认为，民间借贷利率上限作为衡量银行损失的标准，现有利息标准已经显著背离银行的实际损失，那么可以按照违约金酌减的规范进行计算。

第三种方式，直接按照2017年《金融审判意见》，主张金融机构的利率应当参照民间借贷利率上限。大多数对利率上限进行调整的判决都是在说理部分使用《金融审判意见》，对总计超过年利率24%的信用卡违约费用予以调减，大多数按照这一思路进行审判的案件中并不对《金融审判意见》中所要求的"利息、复利、罚息、违约金和其他费用过高，显著背离实际损失"这一要件进行审查和说理，而是直接机械地适用民间借贷利率上限。

第四种方式，认为依据体系解释，信用卡业务也应当有利率上限，其上限参照民间借贷利率上限。部分判决采用这种裁判路径，这一裁判方式并不像第二种方式那样细致地进行违约金酌减的分析，其仅依据体系性解释推导出信用卡业务应当具有利率上限之后，直接适用这一利率上限，其裁判方式更类似于第三种方式，是一种简单机械适用利率上限的模式。这种方式产生的原因可能在于其实质上参考了《金融审判意见》，但是碍于《人民法院民事裁判文书制作规范》要求"裁判文书不得引用……关于审判工作的指导性文件、会议纪要……作为裁判依据，但其体现的原则和精神可以在说理部分予以阐述"，法院并不能直接引用《金融审判意见》，从而导致在说理上与第三种方式有所区别，但是在裁判方式和请求权基础上与其完全一致。

三、4倍LPR时代的信用卡利率上限

在利率上限为24%的年代，参照民间借贷利率上限对信用卡利率进行调整，所调整的部分主要是信用卡的违约金；而在利率上限为4倍LPR的年代，信用卡透支利率本身就有很大可能超过4倍LPR的上限，而信用卡的透支利率范围由《关于信用卡业务有关事项的通知》（银发〔2016〕111号）规定为："透支利率上限为日利率万分之五，透支利率下限为日利率万分之五的0.7倍"，这一利率水平相当于年化12.775%至18.25%。若继续参照民间借贷利率上限确定信用卡业务的综合利率，将会导致信用卡业务的巨大变革。

当然，最高院不应该也不能采用4倍LPR作为信用卡利率上限。金融借贷

的利率上限的规范来源是《民法典》要求的"禁止高利放贷,借款的利率不得违反国家有关规定",国家有关规定则是由《商业银行法》限定为"商业银行应当按照中国人民银行规定的贷款利率的上下限,确定贷款利率",那么中国人民银行的利率上下限则是由《关于信用卡业务有关事项的通知》设定的。在法律上,信用卡的透支利率已经由中国人民银行确定了,法院不得对有权机关确定的利率上限进行调整。从私法的角度看,法院通过4倍LPR调整透支利率上限缺乏相应的请求权基础。从公法的角度看,法院通过4倍LPR调整收支利率上限,违反了《立法法》规定的权力格局。

直接将4倍LPR的上限适用于信用卡业务,已然面临着与法定上限冲突这一无法解决的问题,那么信用卡业务的利率上限在现实中应当适用何种标准?目前有三种可能的思路选择。

思路一自然是按照利率市场化的进程,依据人民银行的安排,除了在已经设定利率上限的领域以外,其他的收费项目及利率可以采用自主定价通过市场竞争进行决定。从逻辑上这一思路具有无可辩驳的正当性,也完全符合市场经济的逻辑。但明显被司法系统抛弃,毕竟司法机关并不处于利率市场化改制的"一线",一个体现就是利率市场化从未出现在任何司法解释中,甚至在司法文件当中也出现得极少。2020年最高院、发改委共同发出的《关于为新时代加快完善社会主义市场经济体制提供司法服务和保障的意见》(法发〔2020〕25号)有所体现,意见声明"统筹兼顾利率市场化改革与维护正常金融秩序的关系,对于借贷合同中一方主张的利息、复利、罚息、违约金和其他费用总和超出司法保护上限的,不予支持"。这其实表明最高院一以贯之的态度还是需要对利率市场化之后的利率状况进行司法审查的,当然,这也是司法权的权力性质的体现。

思路二是延续2017年《金融审判意见》的思路,继续以24%作为对信用卡业务所涉真实利率情况进行判定的标准。尽管《民间借贷司法解释》已经修改,但是2017年《金融审判意见》并未废止,可以继续依法准用24%的上限。当然多数现有案例机械地准用24%的民间借贷利率上限,是对《金融审判意见》的系统性误用:《金融审判意见》的表述为"金融借款合同的借款人以贷款人同时主张的利息、复利、罚息、违约金和其他费用过高,显著背离实际损失为由,请求对总计超过年利率24%的部分予以调减的,应予支持",从该条款可知,消费者证明需要达成的证明事实是"利息、复利、罚息、违约金和其他费用过高，显著背离实际损失"，当事人未能完成这一事项的证明，法院不得径自对利率上限进行调整。

思路三是按照 2019 年《九民纪要》的思路，采用个案化的方式，根据提供服务的实际情况来确定是否需要进行违约金酌减。这种违约金酌减的方式从立法的角度是一个能兼顾公平性和经济性的立法选择，能够实现在具体案件中对不同任务的衡平的需求；然而从实践中看，这一审判模式会造成极大的不确定性，需要更加细致的裁判指引。

笔者认为第三种思路值得推广：其一，对信用卡这一金融借贷业务，能够维持法定的金融借贷利率与民间借贷利率双轨制管理的基本格局；其二，可以对合同的具体条款进行个案化的审查，为信用卡领域的创新留出足够的空间；其三，对银行的业务活动中的行为进行审查，促进银行规范化开展业务。在具体审判中，一方面，要关注长期以来信用卡市场已经形成了稳定的市场秩序，结合信用卡交叉补贴的特色，以信用卡行业的通行标准整体性判断规则本身是否合理；另一方面，对个案中银行是否履行其告知义务，是否做了足够的债务提示等来判断个案是否合理。出于统一裁判尺度考量，建议最高院通过编纂指导性案例或者以公报案例的形式明确此类规则审查中的关键点与重点。

第五章 电子支付的社会义务

随着电子支付在全球范围内的普及,其不仅在促进经济交易和金融创新方面发挥了重要作用,也逐渐成为社会治理和公共服务的重要工具。电子支付的广泛应用为用户提供了极大的便利,但与此同时,支付平台和金融机构也承载着越来越多的社会责任。这些责任不仅包括确保交易安全、保护用户隐私,还涉及对弱势群体的权益保障以及在反洗钱、防范犯罪等方面的合作。

本章将深入探讨电子支付的社会义务,梳理现有的法律和政策框架,并结合实际案例,分析电子支付平台在履行社会义务中的成就与挑战。通过对这些问题的分析,本章旨在揭示电子支付如何在保障经济效益的同时,承担起维护社会公平、促进社会进步的责任,为构建更和谐的数字金融生态系统提供支持。

第一节 可疑支付审核的权力与责任分配

按照《反洗钱法》及央行《非金融机构支付服务管理办法》《非银行支付机构网络支付业务管理办法》等对非银行支付机构的管理规定,结合公安部等部门打击新型电信网络犯罪的要求,支付机构不断升级风险管理措施,建立了大数据监测模型,过去隐藏在海量支付行为中的非法支付行为被暴露。为了履行法定义务和落实监管要求，支付机构对疑似违法犯罪交易采取了"调查核实、延迟结算、终止服务"等措施，以遏制犯罪和挽回损失。

随着电子支付交易的不断增长，支付机构越来越多地早于监管部门、执法部门发现可疑支付行为，并对可疑支付采取风控措施，由于支付机构并非对支付审核的执法主体，其风控措施面临着权力来源不清与风控导致责任承担的两难困境，被风控账户与支付机构产生了大量的争议，本节试图就对可疑支付交易进行风控审核的权力分配与责任分担进行探讨。

一、支付机构交易审核的典型纠纷——穿行贸易案

穿行贸易公司在天猫商城开设网店"穿行鞋类专营店"，该网店下设两个支付宝账号：主账号及子账号，两个支付宝账号分别对应不同的支付宝内部卡号，所有人均登记为穿行贸易公司。2016年之前，穿行贸易公司、网店"穿行鞋类专营店"的实控人为郭某南。2016年9月，宋某峰因看"穿行鞋类专营店"网店，向郭某南购买持有该网店的穿行贸易公司。宋某峰购得公司后变更"穿行鞋类专营店"网店所绑定的支付宝主账号，该主账号由宋某峰控制；但支付宝子账号未做变更，该子账号仍为原股东郭某南所控制。2019年1月14日，宋某峰在未得到支付宝任何风险提示的情况下，发现其天猫网店"穿行鞋类专营店"绑定的支付宝主账号的收款功能被限制，遂向支付宝投诉，支付宝告知宋某峰因子账号涉嫌赌博为由已对该店的主账号、子账号的收款功能进行了限制。2019年1月10日，温州市公安局鹿城区分局向支付宝出具《关于建议对涉案商户支付宝账户继续限权的函》，其中载明："根据你司举报的线索，经我局初步侦查发现泉州穿行贸易有限公司相关支付宝账户（××××××××××××××××）① 可能涉嫌为赌博提供资金结算服务。为查明案情，建议你司继续对泉州穿行贸易有限公司账户采取限权措施。"由于网店的主账号收款功能被限制，导致网店长时间无法进行营业造成损失，穿行贸易公司遂将支付宝告上法庭。

法院经审理认为本案的关键争议是支付宝是否有权对穿行贸易公司的支付宝账号进行限权。在审理中法院支持了支付宝方的诉讼主张并论证理由有三：其

---

① 该账号为郭某南所控制的子账号。

一，宋某峰与郭某南之间的交易是股权交易，并未发生支付宝账号本身的主体变更，子账号的行为对外依旧代表穿行贸易公司；其二，支付宝用户协议、人民银行的系列文件与涉赌账号进行限权，公安机关的函件更是要求对公司账户而非对特定账户进行限权；其三，支付宝公司管理的是账户，并无法知晓账户的实际使用人。所以从以上方面法院认为穿行贸易公司败诉。

从穿行贸易案可以看出，对可疑支付账号的审核对该账号形成了较大的强制，账号所有人无法使用该账号进行出款与收款。从效果上，对可疑支付的审核非常类似于在民事和刑事诉讼中的查封、扣押、冻结等强制措施，但是其区别在于主体的不同，民事诉讼与刑事程序中的强制措施是由国家公权力机关作出的，但是对于可疑支付的审核是由支付机构作为民事主体依据法律与合同约定作出。

二、支付机构交易审核类型化划分

笔者依据可疑支付的目的，将可疑支付分为五类。第一类是涉及诈骗的支付，这一类支付主要包括两种类别：一种是支付账号作为诈骗的通道，如在电信诈骗案件中的收款账号，以及收款账号收到款后被迅速转移的分散账号；另一种是支付账号作为被诈骗的对象，如在银行卡盗刷、支付宝盗刷等案件中被盗刷的银行账号。第二类是涉及限制交易或者禁止交易类商品的支付，这一类支付主要包括两种类别：一种是涉黄、赌、毒、枪支等传统犯罪类交易支付；另一种是涉及外挂、虚拟货币等禁止/限制交易商品类交易支付。第三类是涉及洗钱类的支付，这一类支付又可以分为两种类别：一种是涉及一般犯罪的洗钱类支付，另一种是涉及反恐怖、反国家分裂等特殊犯罪的反洗钱类支付。第四类是涉及信用卡、消费贷套现等金融违法行为的支付。第五类是涉及违反国家外汇管制规定的支付。

由此可见，可疑支付其类型非常广泛，所损害的社会秩序类型也非常多样，大多数涉及刑事违法，但也有部分并不涉及刑事违法的可疑支付。由于不同的可疑之处所侵害的社会秩序种类和程度并不相同，所以其社会危害性也相同。对可疑支付的审核作为一项暂时性的强制措施也应当有所不同，有的应对单笔可疑支付本身进行限制，有的则应当对可疑支付所涉及的账号进行限制，其标准应当参考法律的比例原则，需要回答三个问题：限制可疑支付与是否可以阻止违法目的；限制可疑支付的措施是否超过阻止违法目的必要最低限度；限制可疑支付的措施是否与违法目的相匹配。

三、从标准到原则的可疑支付界定

我国于2003年就颁布了涉及可疑支付审核的部委规章，2003年1月3日中国人民银行发布的《人民币大额和可疑支付交易报告管理办法》（中国人民银行令〔2003〕第2号，以下简称《〔2003〕第2号文》）第8条规定了15种情形属于可疑交易，同日，中国人民银行发布的《金融机构大额和可疑外汇资金交易报告管理办法》（中国人民银行令〔2003〕第3号，以下简称《〔2003〕第3号文》）第九条规定了11种情形，第十条规定了20种情形，第十二条规定了3种情形，第十三条规定了24种情形属于可疑交易。这两部规章，一部规范人民币，一部规范外汇，采用了分别监管的模式，但是在监管手段上是一致的，仅以《〔2003〕第2号文》为例进行分析，其对可疑支付的种类进行了情形化的列举，其情形既包括对于支付本身的特征描述类型，如"（一）短期内资金分散转入、集中转出或集中转入、分散转出"，也包括对于支付与交易主体特征匹配的描述，如"（四）企业日常收付与企业经营特点明显不符"，还包括对于支付资金量的描述，如"（十）个人银行结算账户短期内累计100万元以上现金收付"等，当然必不可少的有兜底条款，即"（十四）中国人民银行规定的其他可疑支付交易行为；（十五）金融机构经判断认为的其他可疑支付交易行为"。而《〔2003〕第2号文》的规范对象也仅仅包括"政策性银行、商业银行、城乡信用社及其联合社、邮政储汇机构"，并不包含其他金融机构，毕竟文件颁布10个月之后，作为支付机构先驱的支付宝才刚成立。

随着支付业态的飞速发展，电子化支付的高速普及，大量的无法被2003年两部部委规章规范的违法支付开始出现，中国人民银行于2006年11月14日发布了替代性的部门规章《金融机构大额交易和可疑交易报告管理办法》（中国人民银行令〔2006〕第2号，以下简称《〔2006〕第2号文》），相比于2003年的规章，其进步体现在三点：其一，统一了人民币与外汇的可疑交易认定标准；其二，区分了不同类别的金融机构，对银行，证券、期货、基金，保险，信托、资管等进行了分别规制；其三，将"从事……支付清算业务……的机构"也纳入监管框架，但是只能参照适用。不过在具体对可疑支付的界定上依旧沿用2003年的情形化标准列举加兜底条款的框架，在第十一条规定了十八种可疑支付情形，并在第十四条规定了"交易的金额、频率、流向、性质等有异常情形"作为标准的可疑支付兜底条款。

2016年中国人民银行对《〔2006〕第2号文》进行了修改，形成了《金融机构大额交易和可疑交易报告管理办法》（中国人民银行〔2016〕第3号，以下简称《〔2016〕第3号文》），彻底重塑了对于可疑交易的认定，人民银行放开了对可疑交易认定的权力，将认定的权力交给各金融机构，规定"金融机构应当制定本机构的交易监测标准，并对其有效性负责"。而对于各机构自己制定的可疑交易标准，人民银行给予了一个概括性的框架意见，即交易"监测标准包括但不限于客户的身份、行为，交易的资金来源、金额、频率、流向、性质等存在异常的情形，并应当参考以下因素：（一）中国人民银行及其分支机构发布的反洗钱、反恐怖融资规定及指引、风险提示、洗钱类型分析报告和风险评估报告。（二）公安机关、司法机关发布的犯罪形势分析、风险提示、犯罪类型报告和工作报告。（三）本机构的资产规模、地域分布、业务特点、客户群体、交易特征，洗钱和恐怖融资风险评估结论。（四）中国人民银行及其分支机构出具的反洗钱监管意见。（五）中国人民银行要求关注的其他因素。"由于中国人民银行并不对具体的可疑交易情形进行规定，《〔2016〕第3号文》可以将这一标准适用于所有金融机构。虽然2018年对《〔2016〕第3号文》进行了修订，但是仅涉及对可疑支付报告期限从5天变成立刻，并不影响可以支付的界定框架。

从可疑支付的界定框架的变迁可以看出对可疑支付的界定是一个从规则化指导到原则化框架指引的变化，实现了"从规则为本到风险为本"的转型，从被动的合规转向主动的风险防范。与这一进程相对应的是，对于可疑支付的界定权力从人民银行转移到金融机构，金融机构既是支付交易的通道提供者，也是可疑支付交易的监管者。

四、交易审核权的权力主体

对可疑支付交易进行界定的《〔2003〕第2号文》《〔2006〕第2号文》《〔2016〕第3号文》都仅仅规定可疑交易的报告制度，报告主体是包括各支付机构在内的金融机构，报告对象是中国反洗钱监测分析中心、中国人民银行或者其分支机构，并不涉及对可疑支付采取强制措施。但是我国发展出了公主体和私主体两套交易审核的权力机制。

公主体主导的交易审核机制是由《反洗钱法》构建的，对可疑支付交易进行强制措施程序非常复杂，需要由反洗钱行政主管部门也就是中国人民银行及其分支机构进行调查，经调查仍不能排除洗钱嫌疑的，应当立即向有管辖权的侦查机关报案，侦查机关依照刑事诉讼法的规定采取冻结措施。

私主体主导的交易审核机制是 2015 年中国人民银行基于《非银行支付机构网络支付业务管理办法》（以下简称《办法》）构建的。按照《反洗钱法》第三章"金融机构反洗钱义务"的规定，对于可疑支付的义务也仅限于报告，并不包括审核性的强制措施。但是依靠公权力机构的可疑支付审核无法应对纷繁复杂的可疑支付，《办法》赋予金融机构以可疑交易审核性强制措施权力，《办法》第十七条第二款规定："支付机构应当根据客户风险评级、交易验证方式、交易渠道、交易终端或接口类型、交易类型、交易金额、交易时间、商户类别等因素，建立交易风险管理制度和交易监测系统，对疑似欺诈、套现、洗钱、非法融资、恐怖融资等交易，及时采取调查核实、延迟结算、终止服务等措施"。由此，支付机构获得了对可疑交易采取强制措施的实质性权利。需要注意的是，《办法》对于强制措施的类型包括"调查核实、延迟结算、终止服务等"，由于对于类型的描述含有"等"，显然这一"等"并非"等内等"，而是"等外等"，所列举的三项措施并非全部的措施，举轻以明其重，只要措施的强度在调查核实到终止服务之间的，应当属于适法措施，当然，这些非法定措施必须通过用户协议的约定方式来进行规定，如延迟结算与终止服务之间可以约定拒绝结算作为一种强制措施，这就在穿行贸易案中进行了适用。

所以，在现实中，对于可疑支付审核的强制措施是存在着公权力主体与私权力主体双线进行的，而其中又以私权力主体也就是支付机构的审核为主。其中也存在着穿插，如支付机构主动向公安机关与反洗钱部门报告，以获得公权力主体对于审核的认可，正如穿行贸易案中，支付宝主动向公安机关报案后，公安机关给予《关于建议对涉案商户支付宝账户继续限权的函》，该函件成为该案中支付宝免责的重要证据，此类函件并非正式的查封、扣押、冻结文件，但是却实现了类似的效果。

除了支付机构与人民银行或公安部门是对可疑支付进行审核的有权机构之外,《〔2016〕第3号文》明确规定了"银行卡清算机构、资金清算中心等从事清算业务的机构应当按照中国人民银行有关规定开展交易监测分析、报告工作",赋予了银联、网联、美国运通等清算机构对于可疑交易审核机制的报告义务。

五、可疑支付审核的责任分析

(一)支付机构的行政责任

权力与责任是相对应的,《办法》赋予支付机构以可疑支付采取强制措施审查的权力,那么必然就要承担可疑支付审查不力的责任,《办法》规定,"银行和支付机构违反相关制度以及本通知规定的,应当按照有关规定进行处罚;情节严重的,人民银行依据《中华人民共和国中国人民银行法》第四十六条的规定予以处罚,并可采取暂停1个月至6个月新开立账户和办理支付业务的监管措施"。最高可达暂停6个月的账户开立与支付业务办理的处罚对于支付机构而言是巨大的监管压力。在这种监管压力之下,支付机构有充足的动力开展可疑支付的审核。

(二)支付机构对商户/使用者的责任

支付机构对可疑支付进行审核时,不可避免地存在着交易审核错误,支付机构对于可疑支付的审核错误应当进行赔偿。这一赔偿应当是按照支付机构违反支付协议而形成的违约责任。所以哪怕支付机构的确在履行法定职责,虽然其不具有主观过错,无法构成侵权责任,但是其错误强制措施本身违背了收单协议/用户协议,依旧需要承担违约责任。

纯粹的支付审核错误构成违约自无疑问,较为麻烦的是支付机构对可疑支付进行审核时所使用的审核手段和审核范围是否超过必要限度,超过到何种程度构成违约,审核范围争议如穿行贸易案中子账户违规导致母账户受限是否合法,审核手段争议如微信二维码支付付款人对交易提起争议之后导致收款整体受限是否合法。现有的支付审核总体而言手段偏紧,重秩序轻权利,如何实现个人权利与公共秩序之间的平衡,考验着制定规则的监管者与裁判纠纷的司法者的智慧。

（三）监管机构的国家赔偿责任

按照《国家赔偿法》第十八条规定，行使侦查、检察、审判职权的机关及其工作人员在行使职权时"违法对财产采取查封、扣押、冻结、追缴等措施的"，受害人有取得赔偿的权利。可疑支付审核性措施是由支付机构完成的，本来不涉及国家权力强制和国家赔偿，但是这一私权力的措施与公权力之间存在着交错，导致可能存在国家赔偿适用的可能性。例如，第一种情形像穿行贸易案一样，由公安机关或者反洗钱机构发出建议函，建议支付机构对某些账户采取管控措施，由此造成的损失，账户持有人是否有权要求国家赔偿？又如，支付机构采用延迟结算等临时性手段，并向公安机关或者反洗钱机关报告，然而相关机关并未及时回复支付机构的报告，或并未对支付机构的调查做出反馈，延迟结算、暂停结算等作为临时性的审核手段可能会持续长达数个月的时间，由此造成的损失是否有权要求国家赔偿？

六、小结

《〔2016〕第3号文》原则性的可疑支付框架性界定赋予支付机构界定可疑支付标准的权力，《办法》概括性地赋予支付机构交易审核权力，监管机关从治理交易到治理机构的转变极大地增强了我国应对可疑交易的审核能力，可以说是一种公私合作治理的典范。然而以支付机构作为中介进行可疑支付治理却面对着操作细节上无法可依的窘境，支付机构必须在受行政处罚与被客户索赔之间艰难平衡，而客户权益也面临着错误监管、过度监管与监管不足的风险。

为破除现有概括性规则的不确定性，有必要从三个方面对现有的模糊之处进行调整。其一，支付机构往往仅有交易的单方信息，而支付机构的治理极度依赖信息基础，需要建立制度化的支付清算机构、监管机构与支付机构的可疑交易信息共享机制；其二，现有的支付审核机制只有单向的报告，需要形成制度化的公权力机构与支付机构的互动，如规定公权力机构有义务回复支付机构的函件，如果在一定期限内，公权力机构不回复支付机构函件，支付机构解除其限制性措施不承担行政责任等；其三，明确由于可疑支付导致的账户管控的损失责任分担规则。

第二节　视障人士在信用卡办理中的特殊权利保护

2020年1月18日，最高院发布《2019年度人民法院十大商事案件》。这十个案件作为对2019年全国法院审判商事案件的回顾，引起公众尤其是法律界的广泛关注。其中就有一例涉支付案件"对特殊金融消费者权利予以特别保护案——李某鹏诉广发银行协助激活信用卡案"（以下简称李某鹏案），这一案例的推荐语为："本案判决后引起社会广泛关注，对于推动健全残障群体普惠金融服务模式，依法保障残障群体平等享受金融服务的权利，起到积极的推动作用"。该案并非第一例视障人士因办理银行卡引起的社会热点事件，此前著名歌手周某蓬就曾在广州办理储蓄卡被拒而引起舆论关注；也并非第一例视障人士办理信用卡激活受阻而引起的诉讼，2018年湖南石某刚与广发银行也曾就此问题对簿公堂，引起业内和公众讨论。为此笔者结合2018年石某刚案和该案的对比，以对视障人士在信用卡办理中的特殊权利保护进行讨论。

一、李某鹏案、石某刚案案情介绍

李某鹏系视障人士，残疾等级为视力（盲）一级，无法正常阅读和抄录。2018年8月，李某鹏通过网络向广发银行申请了一张信用卡，收到卡后于9月18日至广发银行营业厅办理信用卡激活手续。广发银行以李某鹏不能按照广发银行的要求抄录相关的规则且无法在电子屏上签字确认，不符合银监会关于信用卡开卡、激活的规定，拒绝激活该卡。李某鹏认为，广发银行该行为对其构成了基于视力障碍的歧视，不仅侵犯了其人格权，还给其精神上造成了很大的损害，故李某鹏诉至南京市玄武区人民法院。[1]

石某刚系无法正常阅读，不能书写的视障人士。2016年9月中旬，石某刚通

---

[1] 参见（2019）苏01民终4641号。

过朋友的帮助在广发银行微信公众平台上填写了申请信用卡的相关资料并获得通过。9月19日，收到广发银行邮寄的信用卡及办卡须知。9月23日，石某刚在朋友的陪同下来到银行网点办理信用卡激活手续，银行工作人员告知必须本人在申请材料上签名确认并亲自抄写知情同意规则，石某刚随即告知对方自己是一名视力残障人士无法签字。银行工作人员答复称必须亲自书写上述规则及签名确认，拒绝为其办理激活手续。9月29日，石某刚及其朋友再次来到银行办理信用卡激活手续，银行仍以同样理由拒绝，石某刚遂以歧视侵犯一般人格权为由诉至长沙市雨花区人民法院。①

对比两例案件，可以发现案情极为相似。两案的原告均为视障人士通过网络渠道线上申请广发银行信用卡，并获得银行信用卡部的审核，同样收到银行邮寄的卡片，但需到线下营业厅进行卡片激活方可正常使用，而在最后卡片激活过程中，均因视障人士无法按照《商业银行信用卡业务监督管理办法》（以下简称《办法》）第三十七条的规定，抄录并签名"本人已阅读全部申请材料，充分了解并清楚知晓该信用卡产品的相关信息，愿意遵守领用合同（协议）的各项规则"，而被银行线下网点拒绝激活，因此形成诉讼。这两个案件极为类似，所以其裁判结果具有相当的可比较性。

从诉讼过程看，石某刚案仅以歧视残疾人，侵犯人格权为由提起一审，一审败诉之后，并未提起二审。而李某鹏案一审提出了歧视残疾人，侵犯人格权和违反合同约定，要求协助履行激活手续两个诉讼请求，一审败诉之后，放弃歧视残疾人，侵犯人格权的诉讼请求，主张第二个违约诉讼请求，二审获法院支持。

从法律适用看，这一类案件其实涉及两个问题：第一个问题是以视障为理由拒绝激活信用卡，是否涉嫌对于视障人士的歧视；第二个问题是以视障为理由拒绝激活信用卡，是否涉嫌违反当事人之间所签订的信用卡合同。兹对这两个问题讨论如下。

二、拒绝为视障人士激活信用卡不构成歧视

在石某刚案和李某鹏案这两个典型案例中，两位视障人士提出了相同的诉讼

---

① 参见（2016）湘0111民初7879号。

请求:银行拒绝激活的行为构成了对视障人士基于视力残障的直接歧视,严重违反了《残疾人权益保障法》,侵犯了残疾人的人格权。李某鹏案一审判决与石某刚案的判决从裁判结果到论证逻辑几乎完全相同,虽然李某鹏案二审判决李某鹏胜诉,但是二审李某鹏放弃了歧视的诉讼请求,其胜诉完全基于信用卡合同违约的诉讼请求。由于李某鹏案二审并未对歧视问题进行审查,可以说目前关于以视障为由拒绝激活信用卡的两起判决均认定这一行为并不构成歧视。

现对这两个案件中法院判决的逻辑梳理如下:根据相关法律规定,一般侵权案件适用过错责任原则,需同时具备行为、过错、损害事实和因果关系四个构成要件才构成一般侵权责任。原告(李/石)作为一名视障人士,无法正常阅读与书写,其在通过广发银行信用卡的网上申请审批程序后,因本人无法现场亲自书写相关确认信息及签名,广发银行网点拒绝为其办理信用卡激活手续;广发银行的拒绝行为是遵循《办法》第三十七条的规定,并非针对特殊群体的歧视,其行为不具有违法性和主观过错。与此同时,商业银行作为金融服务机构,在市场竞争中有选择提供金融服务对象的自由,且信用卡作为特殊的金融产品,其本身就是一种授信额度,在消费使用过程中存在被盗刷、错刷的风险,商业银行为了保障信用安全和客户交易安全,有权自行审慎处理、严格审批。而且广发银行的工作人员在受理原告(李/石)的信用卡激活业务申请过程中并无侮辱性、歧视性的言行。原告(李/石)亦未证明广发银行拒绝为其激活信用卡给其造成了实际损失。原告(李/石)主张广发银行侵犯其人格权,没有事实和法律依据,法院不予支持原告(李/石)的诉请。

这两个案件均表明,在拒绝向视障人士激活信用卡问题上,采用歧视侵犯一般人格权作为诉讼理由的诉讼策略是失败的。可以理解两位视障人士在提起诉讼时将本案树立为一个标杆性案件的期待,但是就此类案情而言,确实很难认定为一般侵权。

其中一个原因在于审核标准本身的机密性。由于信用卡业务本质是一种小额信贷业务,对于信贷的发放,并不属于基础性公共服务,并不承担强制缔约的义务,所以是否发卡的决定是由银行依据申请而作出的。银行对于信用卡的审批,具有极大的自主性,《广发银行信用卡客户协议(个人卡)》也言明"银行有权根据客户的资信状况,决定是否予以发卡、授予信用额度及决定信用额度的范围"。事实上，各家银行都将其决定是否发卡的标准作为一项商业机密进行保护。在这两个案件中，广发银行均在激活环节对视障人士进行了拒绝，可能会产生疑问，无论李某鹏案还是石某刚案中，银行都已发卡，此时讨论发卡时的审核是否属于错位？其实不然，按照《办法》第四十三条第一款规定，"对首次申请本行信用卡的客户，不得采取全程系统自动发卡方式核发信用卡。"所以对于通过网络电话等非柜面操作首次发卡都必须线下激活，首次发卡的激活也属于发卡流程中的一环。换言之，通过柜面操作拒绝激活也属于发卡流程中的一环。对于发卡标准涉及歧视的认定较为困难，若非柜台明确告知视障人士拒绝激活的原因，起诉认为涉嫌歧视很难得到法院认可。推言之，如果柜台激活后，柜台认为视障人士用卡相对风险性较高而建议系统调低甚至调零信用额度，也由于发卡决定的秘密性而很难组织证据进行认定。

另一个原因在于视障人士无法完成合规的程序要件。在这两个案件中，广发银行的网点都明确告知两位视障人士拒绝激活的原因是因为其视障而无法抄写风险提示并签名，由此涉及发卡标准是否涉嫌歧视的问题。在这两个案件中，银行都以《办法》第三十七条"申请人确认栏应当载明以下语句，并要求客户抄录后签名……"，第三十八条"申请材料必须由申请人本人亲自签名"，第四十二条"对信用卡申请材料出现漏填（选）必填信息或必选选项……申请材料未签名等情况的，不得核发信用卡"作为其抗辩，银行认为视障人士无法抄写签名，导致其无法满足法定的发卡要件，并不涉及歧视。银行基于合规要件，颇为合理化地解释了拒绝视障人士的信用卡激活申请，合理抗辩了拒绝本身存在歧视视障人士故意的要件。这种故意要件的缺失使得一般人格权侵权不成立。

三、拒绝为视障人士激活信用卡构成违约

在李某鹏案的二审中，李某鹏变更了诉讼请求，选择以违约作为诉讼请求，诉求是广发银行应协助履行激活信用卡手续，这一诉求也得到了法院的支持。诉讼请求的变更也导致核心争议点的变更，从广发银行是否对李某鹏进行歧视变更为广发银行是否有义务协助其激活信用卡。可以说在二审中的诉讼请求选择颇为精妙，这就使得诉讼的请求权基础从一般侵权变更为基于合同关系下履行合同的附随义务的违反，使得论证难度大大下降，法院支持了其诉讼请求。

结合判决书对这一问题的法律逻辑进行解释。首先需要证明双方合同关系的存在，按照《广发银行信用卡客户协议（个人卡）》第十三条"本协议效力及争议解决"第一款"本协议自客户或其代理人签署并交还银行之日起生效"，而在广发银行信用卡申请时需要勾选"本人确认已阅读《广发银行信用卡客户协议》《广发银行信用卡章程》《广发银行信用卡须知》并同意该协议内容"。从信用卡客户协议来说，只要申请信用卡，就意味着向银行发出了要约，而银行通过发卡行为本身就做出了承诺，可以认为双方已经订立了这一信用卡客户协议。由此，合同关系的存在并不以激活是否发生为前提条件，即使银行的营业网点拒绝激活信用卡也并不影响信用卡合同已经成立的事实。

由于信用卡合同已经成立，银行用以拒绝视障人士激活信用卡的《办法》中的监管性要求，就变成了履行合同所需共同完成的义务性规定，按照《民法典》第五百零九条，"当事人应当按照约定全面履行自己的义务。当事人应当遵循诚实信用原则，根据合同的性质、目的和交易习惯履行通知、协助、保密等义务"。的规定银行有协助视障人士完成监管性要求的义务，由此，银行面对监管性要求不能再仅仅提出问题，还需要协助解决问题。

《办法》的监管性要求主要有两点，从合同法的角度，银行对监管性要求的解释应当出于便于合同履行的目的进行解释。第一点是《办法》第四十九条第一款的规定，"发卡银行应当建立信用卡激活操作规程，激活前应当对信用卡持卡人身份信息进行核对。不得激活领用合同（协议）未经申请人签名确认、未经激活程序确认持卡人身份的信用卡"。法院认为在该规定下激活流程的目的是审核持卡人的身份信息，确保系持卡人本人激活信用卡进行使用，信用卡激活为合同附随义务，依据诚实信用原则，广发银行向李某鹏审批、发放了信用卡，即应按李某鹏本人的申请，协助激活信用卡。

第二点监管性要求是《办法》第三十七条第三款的规定："申请人确认栏应当载明以下语句，并要求客户抄录后签名：'本人已阅读全部申请材料，充分了解并清楚知晓该信用卡产品的相关信息，愿意遵守领用合同（协议）的各项规则。'"法院认为这一监管要求应当从三个方面考量：其一，李某鹏系视障人士，其无法阅读、签名系受制其身体残疾所致，系身体不能为，而非意思不作为。其二，该条款系信用卡审核、发放前要求李某鹏愿意受信用卡领用合同约束的意思表示，而本案中信用卡已发放给李某鹏，双方已达成信用卡领用合约，广发银行以此为由拒绝为李某鹏激活信用卡于法无据。其三，信用卡领用合约为格式条款合同，广发银行要求李某鹏抄录内容后签名确认的目的是达成向其尽到格式条款的明确说明义务。法院最终认为广发银行不能以视障人士无法抄录签名为由，拒绝为其激活信用卡，而应采取其他措施向李某鹏履行说明义务。广发银行的行为违背了诚实信用原则，拒绝协助李某鹏激活信用卡行为不当。

四、启示

李某鹏案能够成为全国法院 2019 年度十大商事案件，表明司法机关认为银行等金融机构在为残疾人提供信用卡办理等服务时应当结合实际情况对监管性要求进行解释，为残疾人的日常生活提供帮助。正如郭雳教授为该案撰写的推荐语，"本案判决彰显了司法的温度，二审法院没有机械地理解《商业银行信用卡业务监督管理办法》中有关必须抄录的规定，而是从银行对金融消费者应尽的适当性义务出发，目的性地解释了抄录的意义，并指出针对李某鹏等特殊金融消费者履行适当性义务时，可以通过录音、录像等方式来达到相关规定的目的，实现对残障人士在金融消费中的合法权益的特别保护。"[①]

《残疾人权益保障法》要求保障残疾人的平等权，银监会于 2012 年颁布的《关于银行业金融机构加强残疾人客户金融服务工作的通知》（以下简称《通知》）中将残疾人工作的要求细化为："银行业金融机构应当牢固树立公平对待金融消费者的观念，总行（总公司）应当统一建立健全为残疾人客户提供金融服务的管理制度和业务流程。"银行业协会于 2012 年 5 月 18 日发布的《关于进一步完善残障人士银行服务的自律要求》（以下简称《自律要求》）更细致地规定为："银行应在确保残障人士享受与其他顾客平等权利基础上，充分考虑各类残障人士需求，尽可能提供便捷的人性化服务。有书写障碍的残障人士办理开户、存款、全款、挂失及贷款等业务时，可以使用按手印并加盖本人图章的方式代替签名。"

[①] 王利明、赵旭东、李曙光、邹海林、郭雳：《2019 年度人民法院十大商事案件》，载《人民法院报》2020 年 1 月 18 日。

虽然银监会和银行业协会都提出了针对残疾人的人性化变通政策，银行业协会的《自律要求》甚至直指此类案件的争议核心，非常遗憾的是此类争议依然时有发生。争议发生的原因并不在于基层网点的执行，虽然很多银行网点都在处理残疾人业务时变通适用监管性规范，但不能要求所有网点都人性化变通执行，变通执行面临诸多障碍。一方面，为了证明银行已经尽到对格式条款的通知和解释义务，变通执行需要较为高昂的代价，有些地方是通过引入公证或者律师见证，且进行摄影摄像保存的方式，成本高昂暂且不提，且对资料保存提出了更高的要求；另一方面，任何变通都意味着责任与风险的增加，如果事后发生纠纷，银行可能会因未履行监管性要求而被投诉，而网点严格执行《办法》的要求并无过错。

这个矛盾产生的根源在于监管机关制定法规的同时忽略了法规之间的协调统一。具体而言，银监会虽然发布了《通知》，但是并未及时更新《办法》，由此形成了柔性要求对残疾人特殊保护的《通知》与刚性统一监管的《办法》之间的冲突，尽管银行业协会的《自律要求》提出了具体的建议，但在现行的监管高压之下，面临着冲突性的规范指引，遵守有明确规定的《办法》是网点正常的选择。司法机关在此问题上发挥司法能动性可能也意在于此，希望银保监会能借此对《办法》进行一定的修订，避免基层再次面临此类矛盾和尴尬。加强对残疾人权利的保护，为残疾人赋能，建设普惠到残疾人的普惠金融，不应当仅仅停留在《通知》，还应该落实在《办法》。

第六章　生物识别信息支付的法律争议

随着科技的快速发展，生物识别技术已被广泛应用于电子支付领域，其中刷脸支付、指纹支付等方式逐渐成为主流。然而，尽管生物识别信息支付在提升支付便捷性和安全性方面具有明显优势，但其背后也隐藏着诸多法律争议和风险。生物识别信息的独特性和不可更改性，决定了其一旦泄露或被滥用，可能带来极为严重的后果。因此，如何在促进技术应用的同时，保障用户隐私、规范支付行为，成为亟待解决的重要法律问题。本章将围绕生物识别信息支付的法律争议展开讨论，重点分析其在隐私保护、数据安全以及法律责任分担等方面的复杂问题。

首先，生物识别信息的采集和使用引发了隐私保护的严峻挑战。生物识别信息，如指纹、面部识别等，属于个人敏感信息，法律对其处理有严格的要求。如何在法律框架下明确支付机构对用户信息的处理规范，确保信息采集的合法性和透明性，是当前的核心问题之一。其次，生物识别支付的安全性和风险管理问题。尽管生物识别技术相对传统支付方式具有更高的安全性，但其一旦被攻破，风险不可逆转。不同于密码或卡号可以被更换，生物特征是无法更改的，这意味着生物识别信息一旦泄露，将带来长期的安全隐患。最后，生物识别支付还涉及责任分担问题。当因生物识别信息失效或被盗用而导致错误支付时，责任应如何划分，《电子商务法》等已对传统支付方式的责任划分作出规定，但在生物识别支付的特殊情境下，现行法律是否适用仍存疑。本章旨在为该领域的法律发展提供参考，并提出进一步完善的建议，以确保生物识别技术的安全应用和用户权益的有效保护。

第一节　刷脸支付的特殊性及其法律问题

2019年10月20日，在浙江乌镇举行的第六届世界互联网大会上，中国银联携手中国工商银行、中国农业银行、中国银行等60余家机构联合发布全新智能支付产品"刷脸付"。作为"国家队"的银联入场，加上更早入场的支付宝、微信支付，我国支付市场的三大主流机构都在力推刷脸支付类产品，刷脸支付已然进入三国时代。

稍早，刷脸支付已经获得人民银行的官方推广，在2019年8月底印发《金融科技（FinTech）发展规划（2019-2021年）》（以下简称《规划》）中明确提出，"探索人脸识别线下支付安全应用，借助密码识别、隐私计算、数据标签、模式识别等技术，利用专用口令、'无感'活体检测等实现交易验证，突破1∶N人脸辨识支付应用性能瓶颈，由持牌金融机构构建以人脸特征为路由标识的转接清算模式，实现支付工具安全与便捷的统一"。这一提出未来三年金融科技工作的指导思想、基本原则、发展目标、重点任务和保障措施的文件明确了刷脸支付的发展方向，认可了其"科技赋能支付服务"的能力。新技术的应用也给法律带来了挑战，即在现有法律制度中如何安置这种新科技：技术需要如何遵守法律，法律应该如何修改来适配技术，成为一个急需解决的问题。

一、刷脸支付的特殊性

刷脸支付与已经普及使用多年的指纹支付在分类上都是生物特征支付，具有一定的相似性。一方面，刷脸支付与指纹支付都摆脱了卡基的限制，而是账户基支付方式，即使银联的"刷脸付"也是基于云闪付账号而非任何一张银联卡。另一方面，在账户的验证中都将生物特征作为一种支付的验证手段，验证指令的发出人是账户所有人，通过验证之后才能进行资金的移转。

刷脸支付与指纹支付除了使用的生物特征的类型不同，就支付而言也存在较大的差异。如果说指纹支付只是替代了传统账户基支付中密码的角色，那么刷脸支付则重塑了整个支付场景。

第一个差异在于支付介质的不同：指纹支付还是需要以手机作为支付账户的介质，脱离手机就无法使用；而刷脸支付无须介质，通过支付机具刷脸确定账户之后就可以进行支付，全程无须使用手机。

第二个差异在于生物特征在支付中发挥作用的环节不同。指纹支付第一步需要登录支付账户，这通常不涉及指纹信息，第二步支付验证环节才需要使用指纹特征。刷脸支付则不然，第一步是支付机具刷脸登录支付账户，面部特征首先扮演的是账户识别和登录验证的功能，然后第二步输入其他辅助验证手段实现支付。

第三个差异在于支付两个环节的验证强度存在不同。指纹支付的登录验证往往是设置强口令的验证，要求使用数字字母乃至符号的混合型密码，支付验证则是较为隐秘的生物特征指纹验证。而刷脸支付则不然，登录验证是较为公开的生物特征面部特征验证，支付验证则是弱口令的方式，其中微信、支付宝采用较为公开的手机号，银联采用6位数字的支付密码。

刷脸支付主打便捷，其特殊性也系于此，无须支付介质奠定了其便捷性的基础，为了登录支付账户的便捷采用了刷脸作为登录验证手段，为了支付的便捷采用了弱口令作为支付验证的手段。支付便捷与支付安全之间的冲突是刷脸支付法律问题的核心。

二、刷脸支付的流程法律问题

业界人士认为刷脸支付采用"人脸识别+支付口令"是兼顾安全与便捷的实现方式①，在这种支付体系中，人脸识别显然是主要的验证手段。按照2015年12月发布的《非银行支付机构网络支付业务管理办法》（以下简称《办法》）第二十二条第一款规定："支付机构可以组合选用下列三类要素，对客户使用支付账户余额付款的交易进行验证：（一）仅客户本人知悉的要素，如静态密码等；（二）仅客户本人持有并特有的，不可复制或者不可重复利用的要素，如经

---

① 孟凡霞、宋亦桐：《银联入场 刷脸支付补贴战一触即发》，载《北京商报》2019年10月21日。

过安全认证的数字证书、电子签名，以及通过安全渠道生成和传输的一次性密码等；（三）客户本人生理特征要素，如指纹等"。《办法》第二十四条又对验证方式与支付限额进行了规定，唯一不设法定限额的是"采用包括数字证书或电子签名在内的两类（含）以上有效要素进行验证的交易"，《办法》从侧面承认了这种验证方式最高的安全性。目前云闪付、微信、支付宝等账户基支付主流是采用"数字证书+静态密码"的方式进行验证；而这些支付机构的生物特征支付，则使用"数字证书+生物特征"的方式进行验证。这两种方式都是最为安全的双重验证。而按照该《办法》，似乎也可以推论出在监管者眼中，生物特征信息与静态密码具有相似的法律效果，都是基于数字证书、电子签名的辅助性验证手段。可以说《办法》给刷脸支付等支付方式留出了足够的空间，甚至从验证流程来说都无须使用支付口令就能实现最大限额支付。

常见的账户基支付中的口令的地位一直为便捷性让步而持续被削弱：经历了支付密码从强密码到弱密码的变化；而在刷脸支付时，支付宝和微信已经采用手机号作为支付口令了，在特定场景下还可以免输入。显然从安全性而言，公开的手机号作为验证口令已经不能算作《办法》第二十二条下的"仅客户本人知悉的要素"，故而不算法定的验证手段，手机号作为验证口令背后是支付口令的功能转移，从支付验证转向支付意愿确定。这也是回应法律的要求。《办法》第十六条规定，"对于客户的网络支付业务操作行为，支付机构应当在确认客户身份及真实意愿后及时办理"。毕竟脸部特征的公开性较强，面部特征作为"行走的密码"，如何解决包括 1∶N 在内的特殊支付场景中支付意愿的识别，这是公开但个人化的支付口令的价值。

就支付口令而言，银联与微信、支付宝并不相同，银联保留了私密性的云闪付密码作为支付口令，三家支付机构之间不同的处理思路也表明对于支付口令地位认识的分歧，如果将支付口令作为验证手段，那么对于支付的实体环境提出了安全保护的设备要求，如果将支付口令作为支付意愿的确定手段，那么对人脸识别作为唯一的验证手段的准确性提出了更高的要求。

三、刷脸支付的硬件法律问题

刷脸这一验证方式一直以来存在争议。2017 年第一次刷脸风潮时，央视 315

晚会就提示了人脸识别技术的安全漏洞问题，2019年刷脸验证翻红之后也不时爆出丰巢快递柜、智能门锁无法识别真人与照片的新闻，刷脸支付的安全性成为公众关注刷脸支付的核心关切。经过技术的发展，成熟厂商的刷脸支付的错误率已经降到十万甚至百万分之一的级别，在面对双胞胎等场景也能正确识别，基本解决账户误识的问题。现在的核心争议是如何处理假体攻击。

对于刷脸支付的线下应用是得到《规划》认可的，《规划》提出"利用专用口令、'无感'活体检测等实现交易验证"，虽然目前刷脸支付机构都在技术方面有诸多储备，各家厂商在宣传中都主打活体检测，一方面是在软件层面，通过大量的训练和实践让深度学习算法具有极强的检测能力，另一方面是硬件层面，通过红外等各种技术辅助验证。饶是如此，依旧在2019年12月有美国公司Kneron表示通过高清3D面具和照片欺诈了多个人脸识别系统，包括支付宝和微信。虽然该消息的真实性并未得证，但依旧提示了目前刷脸支付硬件本身的潜在风险。

刷脸支付的线上应用目前是不受监管机构认可的。一方面是软件原因，时任中国人民银行科技司司长认为人脸识别线上应用仍存在诸多风险，若要应用推广需采用可信执行环境（TEE）、安全单元（SE）等技术加强风险防控。[①] 另一方面是硬件原因，受制于智能手机的摄像头水平，并非所有手机都具备主动进行活体检测的能力，目前诸多在智能手机上进行人脸识别认证的操作都需要配合"张嘴、眨眼、摇头"等动作，无法做到无感检测，而通过视频等手段绕过手机上的活体检测的相关新闻也提示了刷脸线上应用的风险性。采用指纹支付的三星S10系列的失灵事件也为刷脸支付的线上应用提供了一个技术硬件上的镜鉴。

推广一个支付模式本身颇具风险的支付方式，其成败维系于硬件设备与软件算法，对于技术的信赖是脆弱的，为维系这种信赖有必要通过标准的方式来强化保证其性能可靠性。虽然目前线下应用的机具都是支付机构的关联企业生产制造的，能够确保符合支付机构的要求，但未来为了更广泛的推广必然需要降低机具的成本，允许通过特许等方式进行机具生产。为此有必要制定刷脸支付的相关技术标准，通过标准的认定，让硬件机具能够符合法律的安全性要求。这种需求在

[①] 参见《"靠脸吃饭"你准备好了吗?》，载《巴中晚报》2019年10月16日。

线上刷脸应用方面更加强烈，支付机构对于手机较之线下机具的生产控制力更差，更加需要国家标准的指引和认证。

四、刷脸支付的法律责任问题

因为脸部特征的公开性较强，刷脸支付的安全性备受质疑，法律责任作为支付安全的后端规制与补偿机制成为不可回避的问题，明确责任问题也有助于从业者和公众对于刷脸支付有更明确的预期。

从支付责任本身的法律责任而言，并无专门针对刷脸支付的条款，甚至生物特征支付的相关责任规则也并无特殊化的法条，可以说刷脸支付的责任规则还是参照一般电子支付的责任规则。而就一般电子支付而言，现行法的责任规则已经有一个较为完备的框架。这部分规则主要在《电子商务法》中，虽然该法是针对电子商务场景下的支付责任而言的，但是至少说明一个法律的方向，并且存在被广泛准用的可能性。

刷脸机具误识付款人的场景可以适用《电子商务法》第五十五条第二款规定："支付指令发生错误的，电子支付服务提供者应当及时查找原因，并采取相关措施予以纠正。造成用户损失的，电子支付服务提供者应当承担赔偿责任，但能够证明支付错误非自身原因造成的除外。"举例而言，甲付款人被机具识别为乙，并从乙的账号中扣款造成了乙的损失。此时乙有权向支付机构求偿。支付机构如要免责，则需要自查原因并证明自身并无过错，这种损失、调查、证明责任都配置给支付机构，可以有效保护相对弱势的用户。当然对于刷脸支付的场景而言，这往往不会造成损失，因为真实付款人容易查清，此时支付机构依据不当得利向付款人主张权利即可。

刷脸机具被假体攻击的场景可以适用《电子商务法》第五十七条第二款规定："未经授权的支付造成的损失，由电子支付服务提供者承担；电子支付服务提供者能够证明未经授权的支付是因用户的过错造成的，不承担责任。"举例而言，甲的面部特征信息被复制，乙依据该信息骗过了支付机具从甲的账户内扣款造成了甲的损失，此时甲有权向支付机构求偿，支付机构如需免责需要证明错误的来源是甲本身的错误，否则一概由支付机构承担责任。在此场景之下，支付机构的责任比机具误识更重，在误识场景下，支付机构本身无错就可免责，而在假体攻击之下，支付机构和用户都无过错，但是责任依旧是支付机构的。这种责任配置就是为了促使支付机构提升自身的技术水平以从根本上避免此类问题的产生。

现阶段，对于刷脸支付的责任问题处理更为简单，《办法》第二十五条规定，"支付机构网络支付业务相关系统设施和技术，应当持续符合国家、金融行业标准和相关信息安全管理要求。如未符合相关标准和要求，或者尚未形成国家、金融行业标准，支付机构应当无条件全额承担客户直接风险损失的先行赔付责任"。现在仅有《人脸识别线下支付安全应用技术规范（试行）》等指引性文件，尚未形成国家或金融行业标准，那么此时发生的所有损失无豁免条件的由支付机构承担，这种责任方式客观上鼓励技术的发展，推动标准的建立。当然随着刷脸支付的成熟，未来必将推出相应的标准，标准出台后的责任规则还是回归上文所述的模式。

总之，对于各家支付机构所言"刷脸支付损失全赔"的承诺，其实只是法律的强制要求而已，有识厂商如果对于自身技术具有自信，或许可以提出更高的承诺，如损失加倍赔偿，五倍赔偿等口号以表明其对于支付安全的承诺。

五、刷脸支付的信息法律问题

刷脸支付比之指纹支付、声纹支付等方式在信息采集上略有不同，人脸长时间暴露在外，各种摄像头都有充足的机会捕捉到人脸的特征。刷脸支付的信息担忧更为严重，也是刷脸支付推广中最为疑难的问题。且不说目前广泛存在的信息过分收集、违规使用问题，仅就信息存储而言，金融机构已经问题频发，最近的案例如美国个人信用三巨头之一的艾可飞（Equifax）信息泄露案，即使是以个人信用信息作为其核心资源的 Equifax 都可能发生信息泄露，重建公众对于机构的信息信心任重道远，更遑论是包括脸部特征在内的不可更改的生物特征信息。

现行法对于刷脸支付等支付场景的信息责任相对简略，主要是《办法》第二十条第三款规定："支付机构应当以'最小化'原则采集、使用、存储和传输客户信息，并告知客户相关信息的使用目的和范围。支付机构不得向其他机构或个人提供客户信息，法律法规另有规定，以及经客户本人逐项确认并授权的除外"。这样的原则性规定过于简单，且未对包括脸部信息在内的不可更改的生物特征信息进行区别性严格规定。关于违反信息责任的罚则也较轻，《办法》引用《中国人民银行法》第四十六条作为罚则，如果发生信息泄露在无违法所得的情况下只能处以最高 200 万元的罚款。

刷脸支付的信息责任很难在法律领域进行单兵突进的制定，这一领域的法律进步最终依赖于个人生物信息的整体立法或者金融领域的专门立法，在这一立法完成之前，只能更多依靠支付服务商的自律或者支付业协会等的行业自律。

六、小结

刷脸支付虽然作为一种新兴的支付方式，但其还是基于现有支付模式而展开，现行支付法律框架为其预留了足够的发展空间，也可以适用现有的监管框架进行规制。然而，在具体的硬件标准和信息收集储存方面，刷脸支付向现行法律体系提出了挑战，现在已经让刷脸支付的"子弹"飞了这么久了，是时候考虑如何通过标准和个人信息相关法律来促进刷脸支付的均衡合理发展。

第二节　个人生物识别信息作为验证手段的法律因应

一、个人生物识别信息在验证中的广泛使用

随着生物识别技术的快速发展，个人生物识别信息（如指纹、声纹、虹膜和面部特征）已被广泛应用于各类身份验证场景，如日常生活中的指纹打卡、智能锁，商业和金融活动中的支付验证、电子签约、身份核验等，显著提升了便利性和可靠性，并呈现出逐渐取代传统的密码和物理证件验证方式的趋势。这一趋势在诸多法规当中亦有体现，例如，原银保监会在《理财公司内部控制管理办法》明确要求理财产品销售机构应采用生物识别等有效措施，对投资者身份进行核验，确保身份信息的真实性和有效性；又如，中国人民银行在《非银行支付机构网络支付业务管理办法》中将"客户本人生理特征要素，如指纹等"作为一种

强验证方式，指纹和人脸识别也成为在移动支付场景下验证用户身份的重要手段。

然而，随着技术的普及，生物识别信息的获取渠道也愈加普遍，且有泛化的趋势。例如，软件开发者以"颜值检测"软件的名义收集用户的人脸信息；售楼处未经客户授权拍摄客户的面部图像以识别身份，用作中介佣金分配的依据；一些智能设备，如家用智能锁和物联网设备，在缺乏安全储存设计的情况下，用户指纹信息可能被他人通过移动热点（Wi-Fi）被窃取；声纹合成、人脸合成等深度合成技术在为用户带来新奇体验的同时，却隐含着声纹信息、面部信息被第三方私自合成用作他途的风险，种种现象表明了生物识别信息在收集、使用方面存在的潜在风险。

二、个人生物识别信息验证存在的受攻击风险

生物识别信息因其独特性和难以篡改性，长期以来被认为是最安全的身份验证方式。然而，这种信息的公开性和不可更改性也导致了其容易受到攻击。以人脸识别验证为例，对于生物识别信息的攻击有以下五种类型。

一是伪造人脸图像。人脸识别技术的主要功能依赖于对人脸特征的提取与比对。攻击者可以从公开照片中提取目标的面部特征，以图片或3D打印方式制造出与目标相似的人脸图像欺骗系统，进而通过验证。

二是攻击训练数据集。人脸识别系统的性能依赖于其训练数据集的规模与质量。如果数据集中存在偏差或不足，系统识别的准确性将显著下降。攻击者通过向训练集注入恶意样本、删除关键样本或注入误导性的低质量图像，导致系统在实际操作中无法正确区分合法用户和攻击者，削弱算法模型的稳健性，增加系统的错误验证概率。

三是破解算法模型。人脸识别系统依赖复杂的算法模型进行身份验证。如果攻击者成功破解模型，不仅可以访问系统存储的所有生物识别特征，还能通过伪造数据冒充他人身份，更复杂的攻击方式包括注入恶意代码，通过篡改系统的决策过程来影响验证结果。

四是欺骗生物识别软硬件。人脸识别软硬件负责捕捉和处理用户的生物特征。硬件方面，干扰可以导致系统误判，攻击者可以利用光学技术制造虚假图像

或电磁波干扰硬件传感器，使得设备在捕捉人脸特征时无法准确工作。软件方面，深度伪造技术的兴起更加剧了这种威胁，以人脸数据伪造生成复合验证需要的人脸图像或视频，再以手机的内录功能替代摄像头的实时图像捕捉，不仅能通过静态验证，甚至能通过动态验证。

五是利用系统漏洞。任何技术系统都存在漏洞，攻击者利用系统的身份认证或信息处理漏洞，通过或绕过安全防护，黑入系统内部，访问敏感数据或执行恶意操作。

三、个人生物识别信息形成错误验证的法律责任困境

无论是系统内生还是因系统受攻击产生的个人生物识别信息验证错误都需要有相应的法律规则予以调整、规制。在电子合同中，采用个人生物识别信息验证方式通常是为了验证两个要素以使合同能够成立生效：一是验证电子合同签订时合同当事人为本人；二是合同的签订属于本人的意愿。依据《民法典》关于合同效力的判定规则，当电子合同签订过程中出现错误验证时：如错误地将非合同当事人验证为本人，合同将依照无权代理规则认定为效力待定；如错误地将意志验证为本人的意志，此时合同的效力将按照错误的类型划分为欺诈、胁迫或重大误解等情形而认定为无效或者可撤销。理论上这一法律责任的形成是完善的，但由于传统的合同效力认定模式与生物识别信息作为一种本人身份/意愿的验证手段并未做到完美对接，致使其在法律责任承担的适用方面存在一系列问题。

以脸部个人信息作为验证最为广泛的场景刷脸支付为例，在法律规范方面，《银行卡规定》第七条规定："发生伪卡盗刷交易或者网络盗刷交易，借记卡持卡人基于借记卡合同法律关系请求发卡行支付被盗刷存款本息并赔偿损失的，人民法院依法予以支持。……持卡人对银行卡、密码、验证码等身份识别信息、交易验证信息未尽妥善保管义务具有过错，发卡行主张持卡人承担相应责任的，人民法院应予支持。持卡人未及时采取挂失等措施防止损失扩大，发卡行主张持卡人自行承担扩大损失责任的，人民法院应予支持"。为因通过持卡人验证而形成的伪卡盗刷提供了规则体系，但现行的规则体系对于错误验证的认定至少存在以下三个方面的问题。

第一，银行原则上承担错误验证导致的盗刷的前提假设是银行卡、密码、验

证码等身份识别信息、交易验证信息只有银行和持卡人知晓。发生盗刷意味着因一方的原因导致信息泄露而通过验证，基于激励和保护持卡人的角度，在此前提下法律规定采用无过错归责原则认定违约责任。但基于人脸、指纹、声纹等个人生物识别信息收集、使用具有广泛性与任意性，泄露责任承担的判定可能并不是在双方之间权衡，因此与无过错责任认定的原因来源并不契合。

第二，"银行证明持卡人未尽保管义务方能免责"作为人脸、指纹等生物特征识别的免责条款缺乏说服力。从《关于审理使用人脸识别技术处理个人信息相关民事案件适用法律若干问题的规定》第二条第五项来看，只有当信息处理者未采取应有的技术措施或者其他必要措施确保其收集、存储的人脸信息安全，致使人脸信息泄露、篡改、丢失才能认定为侵权，而《银行卡规定》对于金融机构的要求明显更高。从生物识别信息与密码识别的本质来看，人脸与密码的差别在于人脸是公开且不可变更的，这也导致银行通常因难以证明个人生物识别信息的泄露主体而承担伪卡盗刷的举证不能后果，可以说该规则是变相加重了银行的举证责任。

第三，"持卡人需要对因自身过错导致损失扩大承担责任"这一规定不正当地扩大持卡人的赔偿范围。银行卡等支付工具可以做到每个账户的密码不同，实现"一把钥匙开一把锁"；但当使用指纹、声纹、人脸等生物识别信息验证时，是"一把钥匙开所有锁"。持卡人在接到金融机构通知或意识到发生盗刷情况后，此时若需更改验证方式，则需要同时修改完成所有的支付工具的验证方式，在此漫长的过程中，持卡人可能将会被认定存在过错而对此承担不必要的赔偿风险。

四、个人生物识别信息形成错误验证的责任分配改进

在技术层面，一方面，需要设定个人生物识别信息识别作为一种验证方式的适用范围。个人生物识别信息的应用应当限制在特定的、安全的且对个人隐私影响最小的场景中，如边境控制、公共安全等领域，生物识别技术可以提供必要的安全保障。在商业营销、娱乐活动等非必要场合，应当限制或禁止使用个人生物识别信息。另一方面，使用个人生物识别信息作为验证需要加强其收集、储存、验证环节的技术安全性。个人生物识别信息识别的软硬件需要符合技术安全标

准，防止厂商随意使用个人生物识别信息验证，如在提高验证环节的技术安全性方面，由于个人生物识别信息识别准确性通常由识别软件供应商设置的误报率（False Alarm Rate，FAR）值决定，金融机构可以通过调高 FAR 值增加核验手段让结果更加趋近真实。

在法律层面，一方面，需重新界定举证责任。个人生物识别信息验证与传统的密码或验证码验证存在逻辑和风险点差异，不能也不应套用原有的责任与证据规则。另一方面，强化使用个人生物识别信息的安全责任。要求采用个人生物识别信息验证的主体采取更严格的安全措施来保护用户的生物识别信息，加强其收集存储等环节的安全性要求，且要求对收集的信息需进行加密处理，不得存储原始数据图像，并对因安全措施不足导致的损失承担惩罚性责任。

第七章　电子支付的在线纠纷解决

随着电子支付的广泛应用，支付纠纷也随之激增。用户与支付服务提供者之间的纠纷，包括重复支付、未授权交易等频繁发生，尤其在移动支付、跨境支付等场景中，复杂的技术问题更是让传统纠纷解决方式面临新的挑战。为了应对这一趋势，在线纠纷解决机制（Online Dispute Resolution，ODR）应运而生，成为电子支付领域的重要工具。相比传统的线下诉讼程序，在线纠纷解决机制具有便捷、高效、成本低廉等优势，为支付服务提供者和用户提供了更加灵活、及时的纠纷解决途径。

电子支付的在线纠纷解决机制，通常包括在线诉讼、网络仲裁、平台调解等多种方式。近年来，随着互联网法院的设立和电子诉讼平台的推广，在线诉讼已经成为处理小额支付纠纷的主要手段之一。用户可以通过在线提交证据、远程开庭等方式快速解决争议，不仅大幅减少了诉讼的时间成本和经济负担，还使司法资源得到了更为高效的配置。此外，电子支付纠纷多为数额较小、频次较高的案件，传统诉讼程序复杂且成本较高，而在线诉讼通过简化程序，更适合处理这些具有高度相似性的案件，尤其是在信用卡还款争议、未授权支付和账户冻结等常见问题中。

网络仲裁也是在线纠纷解决中的一种重要方式，与在线诉讼相比，网络仲裁具有更强的灵活性和私密性，且裁决效率较高。特别是在涉及跨境支付和国际交易的纠纷中，网络仲裁通过非诉讼途径快速达成裁决，为跨国用户提供了更加专业的服务。然而，仲裁的适用通常依赖于用户和支付平台之间的仲裁条款约定，这意味着并非所有纠纷都能够通过网络仲裁解决。并且仲裁裁决的执行仍需依赖司法确认，因此，如何在仲裁机制中提升执行效率，仍是进一步完善该机制的重点。

本章将从在线诉讼、网络仲裁两个方面，系统梳理电子支付的在线纠纷解决机制，分析其在不同类型纠纷中的应用场景和效果，讨论其面临的挑战与局限。同时，本章还将结合典型案例，探讨如何通过技术创新和法律完善，进一步提升在线纠纷解决机制的效率和公正性，以确保电子支付纠纷能够得到更加及时和有效的解决。

第一节　信用卡纠纷的在线诉讼解决机制

信用卡作为一种支付结算与循环信贷相结合的金融产品，近年来在我国呈现飞速发展的态势，根据央行公布的《2024年第一季度支付体系运行总体情况》，全国共开立信用卡和借贷合一卡7.6亿张。伴随着信用卡数量的增长，各类信用卡纠纷也层出不穷，传统的线下诉讼模式越来越难以满足审判需求。2022年1月1日，修订的《民事诉讼法》正式施行，本次修法正式将在线诉讼纳入规范，结合2021年6月最高人民法院发布的《人民法院在线诉讼规则》（以下简称《在线诉讼规则》），在线诉讼模式已经成为未来司法发展的趋势。在线诉讼这一互联网司法新模式为破解信用卡纠纷解决这一难题提供了信息时代的解决路径。

一、信用卡纠纷案件的类型与特点

（一）信用卡纠纷的类型

信用卡四方结构的各方也是法律争议的各方，依据争议各方之间的关系可以将信用卡纠纷划分为三类：其一，持卡人与发卡行之间的纠纷；其二，第三人与银行/持卡人之间的纠纷，包括盗刷、租借卡、冒领等问题，此类问题往往可以通过追究发卡行的责任而转化为第一类纠纷；其三，持卡人与特约商户之间的纠纷，此类纠纷往往会同时涉及发卡行。无论从数量还是类型上，持卡人与发卡行之间的纠纷都占据最为主要的纠纷类型。

按照持卡人是否认可银行操作可以将信用卡纠纷划分为两类：其一，持卡人认可银行操作真实性的纠纷，包括持卡人因为经济条件恶化而无法偿还欠款，对逾期后的利息、违约金、手续费等费用的异议，对年费的异议等类型；其二，持卡人否认银行操作真实性的纠纷，包括盗刷纠纷、系统延时产生的纠纷、争议事件导致的征信纠纷、额度调整纠纷等。

（二）信用卡纠纷的特点

信用卡纠纷案件数量多。我国信用卡纠纷案件呈现逐年增长的趋势，通过中国司法大数据服务网基于中国裁判文书网的公开文书的数据统计显示，2019年我国公开的信用卡纠纷案件数量为393050件，连续7年呈增长态势。从基层法院的司法实践来看，江西省南昌市西湖区人民法院统计2017年、2018年、2019年分别受理信用卡纠纷案件778件、2372件、4507件，三年内案件数量增长6倍。北京市昌平区法院2020年发布的《金融审判与金融风险防范白皮书（2015-2020）》显示信用卡纠纷是涉银行金融商事案件中最为突出的案件类型，纠纷占比高达71.8%，且案件数量呈逐年增长趋势。

信用卡纠纷案件标的额小。虽然依据北京市西城区法院的《银行卡审判白皮书》统计，信用卡纠纷标的额的上限及大标的额信用卡纠纷案件整体呈上升趋势，但在威科先行法律信息库的司法大数据栏目中以"信用卡纠纷"为关键词进行搜索，不难发现我国法院过往审判的信用卡纠纷案件主要以标的额十万元以下的小额纠纷为主。该数据库所统计的标的额司法大数据信息如下：

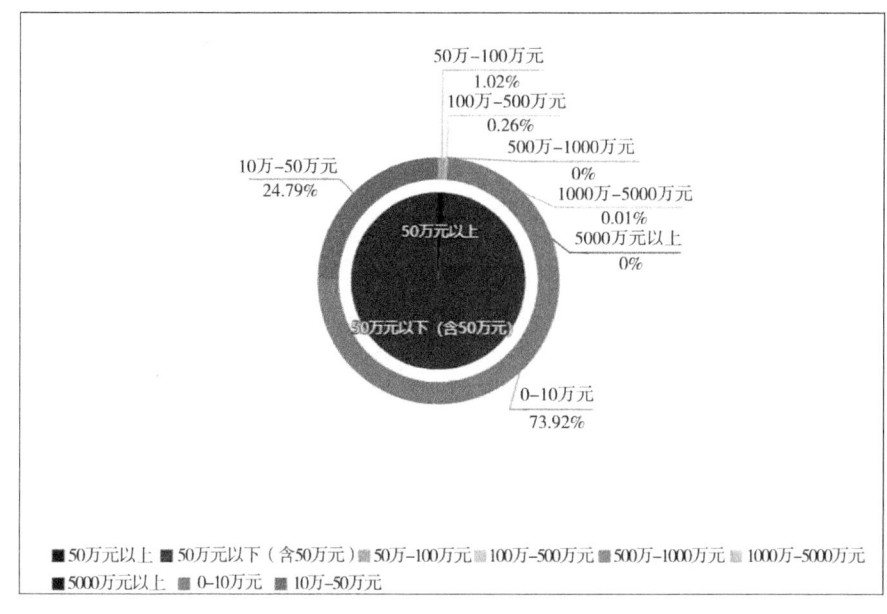

图 2 信用卡纠纷案件标的额状况（威科先行网）

信用卡纠纷案件相似度高。从中国大数据司法服务网的统计信息来看，从 2016 年到 2019 年连续四年的数量排名前四的案件争议焦点都是保持不变的，皆为违约金争议、滞纳金争议、利息争议和手续费争议，并且该四类焦点占比极大，2019 年占到了总量的 99.06%，可见信用卡纠纷案件主要围绕这四类焦点展开，案件之间的相似度较高。笔者通过在中国裁判文书网上以"信用卡纠纷"为关键词进行检索，截至 2022 年 1 月 25 日，按照隔三抽一的随机抽样方式抽选 50 例进行分析，发现其中 49 例都是信用卡违约案件，主要为发卡行起诉持卡人偿还本息及违约金，剩余 1 例为以信用卡为工具的民间借贷纠纷。

二、在线诉讼处理信用卡纠纷的优势

在线诉讼是将互联网信息技术应用于传统诉讼模式之中的产物，以互联网平台为纽带架构起争议双方主体与法官之间沟通的桥梁，打破了传统诉讼的时空限制，在文书送达、信息传递、证据提交、异地开庭等方面具有天然的成本优势，与信用卡纠纷案件具有高度的适配性。

(一) 节约诉讼双方的成本

现有的信用卡领用合同中关于纠纷解决的管辖规定大概可以分为五类：持卡人所在地（如工商银行、建设银行等），银行所在地（如农业银行、光大银行等），合同签订地（如招商银行、广发银行等），银行分支机构（如北京银行、中国银行等），以上几类的选择组合（如兴业银行）。无论何种管辖模式都涉及双方当事人外出参加诉讼，交通、住宿成本不菲，时间、精力代价高昂，大量的信用卡纠纷都是持卡人缺席判决就可以说明这点。

而通过在线诉讼的方式，当事人不受空间限制，不必到固定的地点完成诉讼行为。非同步审理机制的运用更使得当事人可以合理安排时间，不受固定时间的约束，还为持卡人作为相对弱势方发表意见预留了充分的准备时间，使辩论陈述更加灵活自如。

(二) 节约司法成本

由于信用卡纠纷具有案件量庞大、案件相似度高的特点，采取线上诉讼方式有助于实现案件的规模化处理，批量立案、批量审判、批量撰写文书，可以节约法院的人力、物力，缓解我国当前基层法院案多人少的压力，也可以培养一批专业技术过硬的专业型法官。同时，在线诉讼与各级法院正在力推的人工智能辅助办案具有天然的耦合性，通过技术手段帮助法官减轻办案压力，促进审判结果更加精准，助推同案同判。

(三) 程序更加便捷

在线诉讼程序只需要一台联网的计算机即可解决从受理到执行的全过程，通过在线电子送达、在线文件传输等方式可以大大缩短案件程序的时间。在线纠纷解决程序资料是通过网络完成，因此资料记录保存更加完整，能够避免线下诉讼中诉讼记录缺失等问题。随着信用卡账户化、电子化的发展，电子化的诉讼证据材料也更适应在线诉讼的证据程序。

三、在线诉讼解决信用卡纠纷的程序问题

在线金融诉讼的法院实践虽然有上城区法院"金融纠纷一站式化解平台"等典型案例，但总体而言实践经验不足，也还未得到广泛关注，这使得信用卡纠纷在线诉讼机制的构想面临着一系列实际操作方面的挑战。《在线诉讼规则》提

出了一系列的指引与解决措施可供信用卡纠纷的在线解决参考与运用。

(一) 在线诉讼的选择适用：当事人同意

当合同并未约定纠纷解决方式时，争议双方不能寻求仲裁等替代性方式，只能诉诸法院寻求诉讼解决纠纷，可以说诉讼是默认的纠纷解决方式。那么诉讼解决纠纷是否可以默认使用在线诉讼方式呢？《在线诉讼规则》明确提出在线诉讼的适用遵循合法自愿原则，最新修正的《民事诉讼法》更是明确了在线诉讼以当事人同意为前提。按照此规定，通过在线诉讼解决信用卡纠纷也必须以当事人同意为基础。

在信用卡案件中使用在线诉讼需要获得双方的同意，存在两种可能的路径。其一，在申请信用卡时，在信用卡领用协议、信用卡章程中添加在线诉讼的管辖条款。传统的协议管辖仅针对地域管辖，规定信用卡纠纷发生后由甲方住所地/乙方住所地/合同签订地等法院管辖，为了便利在线诉讼的开展，完全可以在传统的地域管辖条款中添加"采用在线诉讼的方式进行"。当然在领用协议中加入在线诉讼的格式条款依然需要符合《民法典》规定的格式条款的提示义务。值得注意的是，信用卡领用协议、信用卡章程通常都规定银行可以对服务内容和合同进行单方面修改，只是需要提前45天公示告知即可生效，这也符合《商业银行信用卡业务监督管理办法》的规定，然而信用卡领用后银行单方修改领用协议以添加在线诉讼条款恐怕无法获得其效力，按照《民法典》的要求，"解决争议方法等的变更，是对要约内容的实质性变更"，无法单方面更改并经由45天期限而获得效力。

其二，在出现纠纷时协商一致同意采用在线诉讼的方式解决纠纷。这种一致同意可以是纠纷发生后双方达成的事后补充协议等形式，更主要的模式是双方在诉讼平台确认同意。当事人可以提议适用线上诉讼，或者由法院主动对当事人是否同意适用在线诉讼程序进行释明，经充分说明并了解情况后，由双方当事人根据诉讼平台征求在线诉讼适用规则的提示决定是否确认适用在线诉讼程序。这种平台确认的形式能够促使当事人充分了解在线诉讼制度，同时作为兜底方案确保线上诉讼的广泛开展。

如果双方当事人不是一致同意，而是一方同意，另一方不同意采用在线诉讼的方式时，《在线诉讼规则》第四条规定此时可以采取同意方线上、不同意方线下的"半在线"审理方式,当事人同意仅对自身产生效力,并不会影响其他当事人的程序选择权利。这也为信用卡纠纷在线诉讼解决提供了相应的便利性,对于银行/持卡人而言,任何一方都可以通过选择"半在线"的审理模式而节约大量的交通、住宿等异地赴审的成本。对于持卡人自不必言,大量的管辖约定是在银行所在地/合同签订地,持卡人如果发生工作异地变动就会导致成本高昂;对于银行也是利好,现在信用卡纠纷处理事务收归省级分行/省级信用卡中心的背景之下,线上审理可以在省城应对全省的诉讼,具有较大的降本的可能性。由于当前涉及"半在线"审理的规定和实践都非常少,在信用卡纠纷的审理中,需要探索切实可行的制度安排,在证据交换、庭审等环节的"半在线"审理形式作出合理的制度保障。

(二)在线诉讼的排除适用情形

既然一般线下诉讼才是默认的诉讼方式,在线诉讼和仲裁一样是作为选择性的补充制度,在线诉讼同仲裁一样也不可避免会有排除规则。

其一,法院主动排除。《在线诉讼规则》第五条规定了人民法院主动排除适用在线诉讼的三种情形,仅以信用卡纠纷为例进行说明:(1)"当事人欠缺在线诉讼能力",如年长持卡人虽然同意采用在线诉讼,但并不具备基本的电脑/智能手机操作能力;(2)"不具备在线诉讼条件",如持卡人使用非智能手机,或者处于网络无法接通的区域,无法参加在线诉讼;(3)"相应诉讼环节不宜在线办理",例如有的信用卡诉讼涉及民事上的盗刷纠纷,同时涉及刑事上的信用卡诈骗罪,则此时不适宜在线诉讼。

其二,当事人行使程序反悔权。《在线诉讼规则》不仅赋予了当事人选择审判形式的权利,也赋予了当事人在特定条件下反悔的权利。当然反悔权的行使也需要满足三项法定条件:首先,反悔的时间限制,当事人的反悔应"在开展相应诉讼活动前的合理期限内提出",以避免浪费宝贵的诉讼资源;其次,反悔的前提条件,即必须经法院审查同意,在线诉讼一经启动,当事人就不再具有独享的终止权;最后,反悔的目的限制,"人民法院认为不存在故意拖延诉讼等不当情形的",避免将线上线下的程序切换作为一种诉讼拖延的策略。即使银行/持卡人选择了在线诉讼作为纠纷解决方式,依旧可以在诉讼准备阶段、诉讼中选择退出在线诉讼转线下诉讼。

其三，特殊环节可以转线下诉讼。《在线诉讼规则》第五条第三款还明确了对于特定环节其他当事人一票否决适用在线诉讼的权利。在调解、证据交换、询问、听证、庭审等特定环节中，一方当事人提出合理理由要求其他当事人及诉讼参与人在线下参与诉讼的，人民法院经过审查认为案件存在案情疑难复杂，需证人现场作证，有必要线下举证质证、陈述辩论等情形之一的，相应诉讼环节可以转为线下进行。该条款基于对复杂重要环节审慎办案的价值考量，明确了"一方反对，各方排除"的严格适用标准。当然对于银行卡纠纷，绝大多数的纠纷都法律关系明确，证据确凿，仅在少数疑难案件中的特定环节才可以适用这种排除。

（三）在线诉讼的电子送达

目前，信用卡纠纷审理当中一个重要的问题就是"送达难"，部分当事人拒接电话和短信，拒绝接收法院送达的起诉状副本、开庭传票等，从而实现拖延审理期限的目的。《在线诉讼规则》在这方面做了一些变动，可以在一定程度上改善这一现象。

其一，新修正的《民事诉讼法》和《在线诉讼规则》都严格限制了电子送达的适用条件，坚持"受送达人同意"的前提条件。与此同时，法条也明确和拓展了"同意"的情形，将事前约定、事后许可、诉讼行为、默示许可等统统"一网打尽"，还支持法院通过多种途径确认当事人意愿。以长沙法院为代表的很多法院都推行"闪信+"送达诉讼服务，通过运营商向受送达人的手机号码发送具有弹屏功能的"闪信+"短信或彩信，当事人阅读送达内容后生成送达回证的送达方式。[①] 该系统的特点在于强制性，受送达人收到闪信后送达内容会一直浮现于手机屏幕上，使手机强制锁屏，需受送达人查看后点击关闭，手机才可继续使用，当事人阅读后，法院会收到具有法律效力的信息回执。如果信用卡领用合同中约定采用电子送达，则完全可以通过"闪信+"等方式进行诉讼送达而节约诉讼时间。

其二，明确送达的标准。《在线诉讼规则》仍采取"到达主义"与"收悉主义"并行的原则：电子地址由当事人主动提供，则信息到达电子地址就算完成送达；电子地址由法院依职权获取，则在信息到达电子地址之后，当事人还需确定

---

① 《5年没交物业费，一条"闪信"催回欠款》，载《三湘都市报》2020年4月14日。

收悉信息才算完成送达。对于"收悉主义"需要满足受送达人同意电子送达，同时，送达的电子地址必须能够确认属于受送达人本人所有。在现实信用卡纠纷的电子送达程序中可以按照电子联系方式是否经过实名认证，近期特定系统的活跃程度和使用频次，是否曾经实现过有效送达等角度判别一电子联系方式是否适合进行送达。

其三，全国法院统一电子送达系统。《在线诉讼规则》中将电子送达的发出端表述为"送达平台"，《人民法院第五个五年改革纲要（2019—2023）》要求实现电子送达覆盖全国法院，故而加快全国统一电子送达系统的建立和完善成为当前开展线上诉讼电子送达工作的当务之急。目前，全国统一电子送达平台与支付宝、新浪微博、新浪邮箱三大平台合作，在有关法院进行试点，未来可以拓宽路径，与更多的第三方平台合作，增加电子送达方式的多样化选择。[①] 统一电子送达平台的建立能够有效提升送达内容的真实性、可信度，正是信用卡纠纷这种电子送达信息容易被误解为诈骗短信的案件所需要的。针对信用卡纠纷案件，为了提升电子送达的效率和准确率，可以在确保信息安全的前提下促进统一送达平台与存储持卡人相关信息的行政机关的信息资源共享，增强法院对持卡人行踪记录和联系方式的了解，实现更加精准的电子送达。

（四）在线诉讼的非同步审理机制

异步审理，又称非同步审理，突破了传统审理中的时间空间限制，最早运用于互联网法院的实践当中，《在线诉讼规则》对其效力予以认可。实践中异步审理机制显现出了其效率价值，杭州互联网法院的异步审理模式整个流程可在 20 日内完成。异步审理机制非常契合信用卡纠纷的审理需要。

其一，留给当事人充足的缓冲准备时间。杭州互联网法院《涉网案件异步审理规程（试行）》规定各方当事人可以在 48 小时内不分先后发表辩论意见，并可在辩论结束后 24 小时内不分先后陈述最后意见，发问环节与法庭辩论环节还可以由法官决定合并进行。这就给双方当事人尤其是处于资源、信息劣势的持卡人充分的时间思考、组织语言，针对对方的观点进行抗辩。同时信用卡纠纷有着极低的律师代理率，绝大多数持卡人都是自己出庭，异步审理给持卡人查阅信

[①] 王均珂：《民事诉讼中电子送达制度研究》，郑州大学 2020 年硕士学位论文，第 32 页。

息、请教他人的便利，能够降低专业与业余之间的信息差。

其二，多台庭审同时进行，降低诉讼成本。由于非同步审理机制兼采开庭审理与书面审理形式的特点，而并非传统的线下开庭模式要求当事人出庭应诉，故而在同一时间内由同一当事人应对多台诉讼成为可能，这也极大迎合了信用卡纠纷当中同一发卡行需要同时处理大量的信用卡违约等纠纷的特点，适应了信用卡纠纷案件量大、案情简单和相似度高的特点，节约了银行的诉讼成本。

其三，人工智能辅助减轻法院庭审压力。在互联网法院的司法实践当中，异步审理由互联网人工智能诉讼平台代替法官来主持审理环节的进行，每个审理环节设定人工智能弹屏短信提示，[1] 人工智能可以辅助法院收集整理信息，这也迎合了信用卡纠纷案件量大、相似性高的特点，能够帮助法官缓解庭审的压力。

四、小结

随着 5G 技术的发展和普及，万物互联的时代将随之蓬勃而兴，全球正在迈入在线社会状态，建立廉价高效的互联网司法模式必将成为司法改革的大势所趋。在线诉讼和信用卡纠纷具有较高的匹配度，有助于缓解信用卡纠纷与日俱增、基层法院案多人少等结构性问题。遗憾的是，信用卡纠纷在线诉讼机制并未引起足够的关注，可谓我国纠纷多元化解机制的一大缺憾。在当前实践经验极其匮乏的情况下，信用卡纠纷在线诉讼模式在当事人自愿性和有效性、在线诉讼程序的开展、在线送达等方面仍存在诸多问题，但是随着实践的展开、经验的积累、研究的深入、立法的完善，在线诉讼机制和信用卡纠纷必将实现深度融合，成为我国"互联网+司法"审理模式的典范。

---

[1] 党昭：《互联网异步审理方式法理定位论析》，载《南海法学》2021 年第 6 期。

第二节　信用卡纠纷的网络仲裁解决机制

网络仲裁作为互联网技术与传统仲裁机制相结合的产物，其在我国的历史可以追溯到 2000 年中国贸易仲裁委开始的网络仲裁业务。我国各地对于网络仲裁实践的探索陆续开展，2017 年在互联网金融平台的推动下，网络仲裁开始在诸多仲裁委推广，如深圳国际仲裁院推出"云上仲裁"、广州仲裁委推出"互联网+仲裁"、青岛仲裁委推出"互联网仲裁办案平台"等。2021 年司法部发布的《仲裁法（修订）（征求意见稿）》（以下简称《仲裁法征求意见稿》）也拟承认网络仲裁。近几年网络仲裁在互联网金融案件的纠纷解决中大量使用，但是在同为金融纠纷的信用卡纠纷中却鲜少使用。网络仲裁与信用卡之间是否匹配？网络仲裁是否可以助力破解我国当前的信用卡纠纷困境？这个问题需要我们进行研究。

一、网络仲裁适合处理信用卡纠纷

信用卡纠纷有三大特点：其一，案件量大，近十年来数量剧增并日渐成为我国案件量最大的民商事案件之一；其二，标的额小，绝大多数案件标的额在十万元以下；其三，相似度高，争议焦点集中于违约金、滞纳金、利息、手续费等费用争议。网络仲裁具有廉价、高效、灵活、专业的优势，非常适合处理信用卡纠纷，广州仲裁委就专门出台了《广州仲裁委员会信用卡纠纷网络仲裁专门规则》规定了信用卡纠纷的书面审模式。

（一）节省成本

信用卡纠纷案件主要是发卡行起诉持卡人逾期未返还本金、利息、违约金等的经济纠纷，数量大且标的额小，对于这些纠纷，严格的程序正义并不是银行方的追求，低成本的追索债务才是司法催收的核心。

许多仲裁机构已经建立了专门针对网络仲裁的收费规则，其中网络仲裁的费用是远低于传统仲裁的。有些仲裁机构，如郑州、青岛仲裁委就通过仅收案件受理费，不收案件处理费的方式降低费用，诸如此类的规定不在少数。以青岛仲裁委为例，按照青岛仲裁委的仲裁费收取标准取样计算所得数据如表5所示。通过表格可以发现网络仲裁的费用明显低于传统仲裁，更不必提传统仲裁额外产生的赴审费用。

相较于传统的诉讼模式，网络仲裁虽然在低纠纷金额上具有费用劣势，在稍大的纠纷金额上才具有优势。但是这个问题影响不大，一方面，对金额太小的纠纷，银行往往出于成本考量并不进行司法追诉；另一方面，线上庭审使得审理、提交证据、送达等节约了交通差旅等赴审费用。

表5 青岛仲裁委网络仲裁、传统仲裁以及传统诉讼费用对比（2023年）

争议金额	网络仲裁费用	传统仲裁费用	传统诉讼费用
1000元	30元	1100元	50元
5000元	50元	1100元	50元
6000元	70元	1240元	50元
10000元	150元	1400元	50元
20000元	350元	1800元	300元
50000元	950元	3000元	1050元

根据中国银联2024年5月的报道，在境外，81个国家和地区累计发行超2.4亿张银联卡，其中1.8亿张发行在共建"一带一路"国家。此时如发生信用卡纠纷则涉及跨境问题，仲裁相比于司法更容易得到跨境执行，基于《纽约公约》，仲裁裁决可以不经过司法协助而直接得到外国法院的承认和执行。

（二）高效省时

网络仲裁相比于在线诉讼，可能在费用上优势不明显甚至更昂贵，但是网络仲裁却能从两个方面极大缩短债务追索的时间。其一，仲裁一裁终局的特性使得仲裁能够避免诉讼二审程序的拖延，在银行诉持卡人还款案件中，一方面能够助力银行缓解逃废债盛行局面，尽快追查其所谓的"老赖"；另一方面也可以帮助当事人摆脱讼累。同时基于信用卡纠纷案件大多相似度高，案情简单清楚的特点，二审很难发生实质性的变化，在大幅提升效率价值的基础上不至于过分丧失公平价值。

其二，网络仲裁通过缩短信息传递、文书送达等时限，可以大大缩短审限。传统的民事诉讼一审审限为6个月，即便2021年修正《民事诉讼法》后的小额诉讼程序也要2个月审限。普通的仲裁程序中各仲裁委审限一般为4个月左右，各仲裁委规则对于网络仲裁的审限一般规定为1个月，有的更短，如盐城仲裁委针对速裁程序适用15天审限，大大提升了纠纷解决效率。

（三）灵活便捷

网络仲裁的仲裁程序灵活。可以充分尊重当事人双方的意思自治，如当事人可决定是否适用网络仲裁程序，还可以自行选择仲裁员等；仲裁地的选择也很自由，不必拘泥于诉讼模式下必须与争议有实际联系的约束，十分贴合商业银行持卡人散布于全国各地甚至境外的情势。是否公开审理也是由当事人自主决定，相较于诉讼程序必须公开审理的情形，仲裁的非公开审理程序能够充分保护当事人的隐私，这也满足了部分持卡人的需求。

网络仲裁的程序便捷。文书和手续简便，充分照顾到发卡行和持卡人对于程序简便的追求：互联网技术保证了其可以随时随地传递信息，送达文书；当事人可以不必赴审应诉，避免了银行频繁出庭导致的业务中断风险。

（四）专业性强

在当前我国仲裁专门针对合同或其他财产纠纷的背景下，仲裁机构拥有一支由各行业专家、学者组成的仲裁员队伍。如果信用卡纠纷能够大量使用网络仲裁，则能形成一批专门审理信用卡纠纷的专业人才队伍，如上海仲裁委就拥有专门针对金融领域的仲裁员队伍，完全可以在此基础上产生审理信用卡纠纷的专业仲裁员。

二、网络仲裁处理信用卡纠纷的法律要点

尽管网络仲裁与信用卡纠纷具有极高的匹配性，但从实践操作层面，还存在些许程序运行问题，只有充分认识并解决这些问题，才能更充分发挥网络仲裁在信用卡纠纷解决中的优势。

(一) 网络仲裁协议的效力

有效的仲裁协议是启动仲裁程序的必备前提。目前信用卡纠纷当中最主要的争议解决条款是协议管辖条款，往往出现在信用卡领用合约当中，将网络仲裁协议条款加入领用合同的有效性一方面要考虑作为一般格式条款的成立生效要件，另一方面需要考虑网络仲裁协议本身的特殊成立生效要件。

《民法典》《消费者权益保护法》等法律中都对格式条款进行了规制。《民法典》第四百九十六条、第四百九十七条明确需要格式合同提供方提示对方注意的义务和格式条款欠缺公平性而无效的情形，在实践中常常应用于管辖条款的效力的认定。此外《最高人民法院关于适用〈中华人民共和国民事诉讼法〉的解释》（以下简称《民诉法司法解释》）第三十一条规定，"经营者使用格式条款与消费者订立管辖协议，未采取合理方式提请消费者注意，消费者主张管辖协议无效的，人民法院应予支持"，通常认为该条也可以类推适用于仲裁协议格式条款。

网络仲裁必须通过格式条款的方式纳入领用合约/信用卡章程才能适用，但考察现有的各银行的纠纷解决条款，发现多数银行的格式条款在履行提示注意义务方面却存在着严重的问题。第一，提示方式仅仅限于加粗加黑字体或标注下划线，而其能否尽到充分合理的提示义务早已深受质疑，《江苏省高级人民法院关于审理消费者权益保护纠纷案件若干问题的讨论纪要》（以下简称《讨论纪要》）就明确"网络销售平台使用格式条款与消费者订立管辖协议、免责条款，仅以字体加黑或加粗方式突出显示该条款的，不属于合理提示方式"。第二，格式合同中加黑加粗的条款过多，纠纷解决条款并无显著区别，在之前爱奇艺平台超前点播的案件中，法院就认为用户协议中标注下划线的文字，比不标注下划线的文字多出一倍，爱奇艺平台未尽到提示义务。第三，通过银行官网、手机App、微信公众号等网申信用卡的主流方式，信用卡领用合约或章程混杂在若干项规则名称之中并不展示文本内容，需要申领人在核对信息的繁杂程序之余单独点开规则海量的内容并拉到文本最后才能查看这样一则对自身利益关系重大的条款，这显然违背以合理方式提示消费者注意义务的要求。

对于网络仲裁协议这种极度依赖当事人意思自治的条款，更需要尽到充分的提示说明义务。解决途径一是通过弹出文本框等方式予以提示说明，《讨论纪要》明确："网络平台通过单独跳框的形式对管辖条款、免责条款进行单独的特别提示的，消费者通过点击同意该条款的，该管辖条款、免责条款成为双方合同的组成部分"；解决途径二是采用单独签订协议或者选择协议的方式，如作为少有的规定了网络仲裁协议条款的中信银行，其信用卡领用合约就采用了单独勾选仲裁协议条款的方式，一方面充分尽到了格式合同提供方的提示注意义务，另一方面也尊重了当事人程序选择权利，避免使信用卡领用人陷入要么同意要么拒绝的困境，充分保障了仲裁协议签署的自愿性，其文本内容如下：

甲方与乙方及其附属卡持卡人在履行本合约中发生的争议，由双方协商解决，协商不成则可勾选以下两种方式之一解决争议，请勾选：

□（一）甲方与乙方及其附属卡持卡人在履行本合约中发生的争议，甲、乙双方均同意提请中国广州仲裁委员会进行网络在线仲裁。按照申请仲裁时中国广州仲裁委员会现行有效的网络仲裁规则进行网络仲裁并进行书面审理。仲裁裁决是终局的，对甲、乙双方均有约束力。

□（二）甲方与乙方及其附属卡持卡人在履行本合约中发生的争议，可提起诉讼，由合同签署地或甲方所在地法院管辖。

网络仲裁协议的生效除了满足格式条款的要求之外，还必须满足《仲裁法》和《仲裁法司法解释》关于仲裁协议有效性的特殊限制。《仲裁法》第十六条所规定的对于仲裁协议内容的限制，可以通过适用各仲裁机构公布的网络仲裁协议示范条款来解决。另外，针对各种在线电子版本，网络仲裁协议是否属于书面形式这一问题，《仲裁法司法解释》规定"其他书面形式"的仲裁协议，包括以合同书、信件和数据电文（包括电报、电传、传真、电子数据交换和电子邮件）等形式达成的请求仲裁的协议，实质上对电子仲裁协议的效力予以了认可，使其能够满足法律和司法解释对仲裁的特殊规定。

（二）网络仲裁电子送达的效力

网络仲裁与电子送达是相伴相生的，许多仲裁机构的网络仲裁规则当中都将电子送达作为网络仲裁的主要送达方式，如《青岛仲裁委互联网仲裁规则》就明确规定"互联网仲裁适用电子送达方式"，电子送达是网络仲裁高效方便快捷等特征的制度基础。

当前司法实践中阻碍网络仲裁执行的一个主要问题恰恰在于以电子送达难以确认收悉。确认收悉是有效送达的前提，传统送达方式能够产生送达回证，邮寄送达亦具有回执，而仲裁机构在电子送达过程中并未直接和当事人接触，因而不能以相同方式产生送达回证，难以确认电子送达的效力，因此在法院执行司法审查当中常常以仲裁程序违法、未保障当事人基本程序权利为由而被拒绝执行。在实践当中需要明确确认收悉的标准，推动"提交不可否认"等机制的应用，同时通过完善全国统一电子送达系统并加强与仲裁程序的衔接，帮助破解仲裁文书电子送达困境。

另一个需要明确的问题在于网络仲裁裁决书是否能够适用电子送达，对此各仲裁机构出现了截然相反的规定，一方面武汉仲裁委等的网络仲裁规则就明确规定除了裁决书、调解书、撤案决定书以外的文书才可适用电子送达；另一方面温州仲裁委等网络仲裁规则却明确表示"裁决书、调解书、决定书送达当事人的电子送达地址即视为送达"。从实践状况来看，多数的仲裁规则还是倾向于肯定裁决书、调解书、决定书的电子送达方式。无疑，最大限度扩大电子送达文书范围是最符合网络仲裁高效灵活的价值取向的，否定的观点主要是基于早前《民事诉讼法》当中关于判决书等电子送达形式的禁止规定，在我国法院对于仲裁裁决执行的审查当中也经常依据这一观点否定仲裁裁决执行效力，如巴中市中院在审查一裁决执行案时就认为"仲裁裁决书是直接发生法律效力的债权确认文书，故送达方式应参照民事诉讼的送达方式，不适用电子送达"。然而最高院《关于人民法院办理仲裁裁决执行案件若干问题的规定》明确规定，《民事诉讼法》中有关送达的规定不适用于仲裁程序，并且2021年修改的《民事诉讼法》肯定了经受送达人同意对于判决书等的电子送达方式，故而笔者认为这些仲裁机构和法院的做法并无法律依据。在我国司法实践矛盾重重的背景下，我国《仲裁法征求意见稿》当中新增了对于送达的一般规定，明确了"仲裁文件"可在当事人没有约定的情况下适用电子送达，这一条款如若顺利修改，能为争论确定明确的答案。

(三) 网络仲裁裁决的可执行性

执行难问题是诉讼和仲裁的一个普遍问题，境外学者在讨论在线纠纷解决时认为"在线替代性纠纷解决（OADR）的最大缺点是其无有效的执行手段"①，在威科先行法律信息库中以网络仲裁为关键词进行检索，选择执行类案件作为案由，得到的统计信息如图3所示。

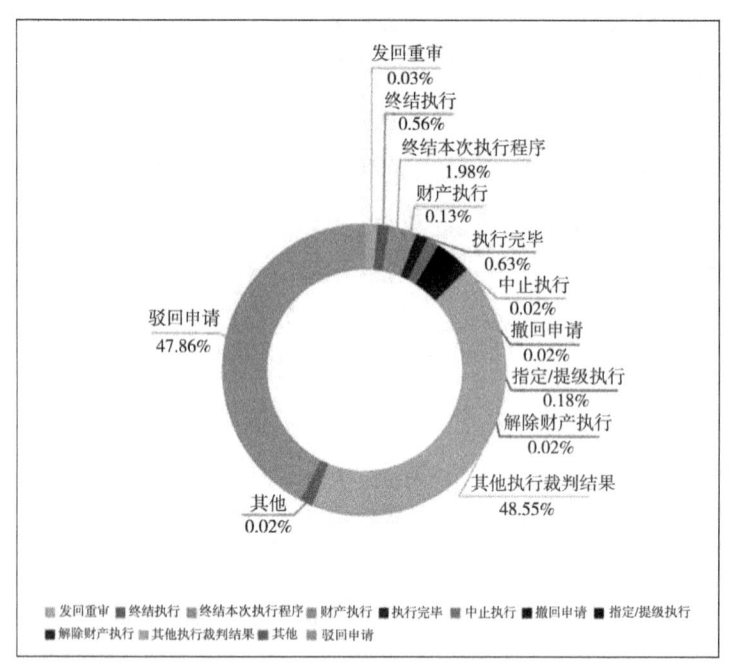

图3 网络仲裁裁决执行类案件裁判结果（威科先行网）

根据图3信息可知我国网络仲裁执行中驳回申请的案件接近一半，网络仲裁的执行率并不高，相较于我国的许多知名仲裁委，如北京仲裁委不足1%的不予执行率，网络仲裁的执行状况显然不容乐观。究其原因，在《仲裁法征求意见稿》正式出台前网络仲裁的合规性并未得到法律认可，加之作为新兴制度的网络仲裁程序运行尚不规范，实践中法院在执行审查过程中常常因程序违法等原因拒绝执行，而执行率低又使得被执行人配合执行的意愿弱，更加阻碍执行进行。因此一方面要加快网络仲裁机制的完善，另一方面则需规范法院的司法审查行为。

法院目前在对网络仲裁执行案件司法审查中存在的问题在于缺乏统一标准。在当下我国网络仲裁程序尚不成熟，各类乱象层出不穷的背景下，各地法院很大

---

① Haloush, Haitham. "Enforcement, Recognition, and Compliance with OADR Outcome (s) ." International Review of Law Computers & Technology 21.2 (2007): 81–96.

程度突破了《民事诉讼法》《仲裁法》以及相关司法解释所规定的程序性审查原则，而进行实质性审查。在实质性审查中又存在缺乏统一标准，存在主观性、任意性过强的问题。除了对前文所述的仲裁协议效力、电子送达效力的认定缺乏明确标准之外，还存在对证据的真实性、仲裁程序是否保障了当事人权利等问题上的分歧，更有甚者出现法院裁判敷衍了事的现象，如有执行文书出现"不予执行中国广州仲裁委员会（2018）衢仲网裁字第60×××号裁决"这种张冠李戴的行为。网络仲裁司法审查标准的明确也是推广网络仲裁解决信用卡纠纷的一个前提。

三、小结

前途是光明的，道路是曲折的，是一切新事物发展的途径。网络仲裁与在线诉讼一样属于纠纷解决机制领域的"新秀"，两者都能以更便捷、廉价的方式解决信用卡纠纷，网络仲裁可能优势更大。与此同时，现有的法律结构中，对于网络仲裁具有诸多的限制，未来要修订的《仲裁法》能在一定程度放松这一限制，但仍不能完全解决网络仲裁在协议效力、程序运行等方面的问题。这需要实践者与研究者携手，不断探索信用卡网络仲裁的改进对策，为网络仲裁在信用卡纠纷中充分发挥其优势创造条件，助力实现信用卡纠纷的网络仲裁解决模式，这或许是中国支付界对于全球支付界的又一领先实践探索。

第八章　电子支付的刑事法律规制

随着电子支付的迅猛发展，其在提高交易效率、促进消费升级方面发挥了巨大作用。然而，电子支付的普及也伴随着新型犯罪手段的滋生，诸如网络诈骗、洗钱、盗刷、恶意透支等违法行为越发频繁，对社会安全和金融秩序构成了严重威胁。如何通过刑事法律手段有效规制电子支付中的犯罪行为，成为确保支付安全、维护社会稳定的重要任务。本章将围绕电子支付的刑事法律规制，重点探讨相关犯罪的类型化分析、法律应对措施，以及现行刑事法律框架下的不足与改进方向。

电子支付相关犯罪的多样性和复杂性要求对其进行详细的类型化分析。常见的电子支付犯罪包括电信网络诈骗、非法支付结算、伪造银行卡、恶意透支信用卡、地下钱庄运营等。这些犯罪行为不仅侵害了个体用户的财产安全，还危害了整个金融系统的安全与稳定。近年来，网络犯罪日益呈现出跨境化、组织化、智能化的特征，犯罪分子利用支付平台的技术漏洞或监管盲区，通过虚假身份注册、转账路径复杂化等手段实施违法犯罪行为。为应对这些新型犯罪，刑事法律需要在技术层面和制度层面同时发力。同时，随着电子支付技术的不断升级，现行法律框架也面临一定的挑战。例如，支付平台的技术漏洞、跨境支付的监管难题、支付服务提供者与监管机构之间的责任划分等，都给刑事法律的有效实施带来障碍。特别是在区块链、虚拟货币等新兴支付方式的出现下，如何防范利用这些技术进行的洗钱和其他金融犯罪，成为亟待解决的问题。为此，法律需要不断完善，以应对犯罪手段的变化和技术发展的迅猛速度。

第八章 电子支付的刑事法律规制

第一节 《信息网络犯罪司法解释》的支付业适用

为实现打击网络犯罪、维护网络秩序的目的，2015年11月1日正式实施的《刑法修正案（九）》中增加了拒不履行信息网络安全管理义务罪（《刑法》第二百八十六条之一）、非法利用信息网络罪（《刑法》第二百八十七条之一）以及帮助信息网络犯罪活动罪（《刑法》第二百八十七条之二）。为进一步明确以上三项罪名的定罪量刑标准和有关法律适用问题，最高院、最高检制定发布了《关于办理非法利用信息网络、帮助信息网络犯罪活动等刑事案件适用法律若干问题的解释》（以下简称《信息网络犯罪司法解释》），自2019年11月1日起施行。对于支付企业和支付业从业人员来说，有必要重视刑事司法的这个新变化：一个原因是这三个罪名都在条文或实践中将支付结算纳入调整范围；另一个原因是这三个罪名均可能构成单位犯罪，实行双罚制度，既对单位判处罚金，也对其直接负责的主管人员和其他直接责任人员进行相关处罚。

一、拒不履行信息网络安全管理义务罪

（一）法条与司法解释分析

《刑法》将拒不履行信息网络安全管理义务罪的主体限定为"网络服务提供者"，行为要件是"不履行法律、行政法规规定的信息网络安全管理义务，经监管部门责令采取改正措施而拒不改正该罪"，后果要件有四：（1）致使违法信息大量传播的；（2）致使用户信息泄露，造成严重后果的；（3）致使刑事案件证据灭失，情节严重的；（4）有其他严重情节的。

本罪司法适用的难点在于，"网络服务提供者"的范围认定，以该罪涉及的法律条文的表述逻辑可分析得出，"网络服务提供者"应当为必须履行法律、行政法规规定的信息网络安全管理义务的主体，而问题在于相关法律、行政法规对信息网络安全管理对象的描述同样宽泛，难以认定；依照法律、行政法规对信息

网络安全具有监管职责的部门具体为哪些，以及责令整改的表现形式如何，因监管职权交叉不明引发的冲突该如何应对；该罪构成的四个要件缺乏界定标准，如"大量传播""严重后果""情节严重"等具体量化的问题。

因此，《信息网络犯罪司法解释》第一条至第六条对该罪上述三个适用难点进行了详尽的阐述：

第一，"网络服务提供者"包括通过计算机互联网、广播电视网、固定通信网、移动通信网等信息网络，向公众提供网络服务的机构和个人。具体将网络服务提供者归纳为三类，即网络技术服务提供者、网络内容服务提供者、网络公共服务提供者，其中"网络支付"归类为网络内容服务提供者。

第二，信息网络安全监管部门指的是"网信、电信、公安等依照法律、行政法规的规定承担信息网络安全监管职责的部门"，责令整改必须以责令整改通知书或者其他文书形式，责令网络服务提供者采取改正措施。另外，还应当综合考虑责令改正的明确性与拒不改正的可能性因素。

第三，该罪的入罪标准细节形成量化标准，如"致使违法信息大量传播的"，主要从违法信息传播数量和传播范围两个角度规定了数量标准；对"致使用户信息泄露，造成严重后果的"入罪标准，从用户信息数量和造成后果两个角度作了限定；"致使刑事案件证据灭失，情节严重的"，考虑涉及刑事案件的重大程度、证据灭失次数、对刑事诉讼程序的影响等因素。

(二) 支付行业的适用探析

《信息网络犯罪司法解释》第一条第二款直接将提供"网络支付"的主体纳入"网络服务提供者"的范围，网络支付机构与从业者必然符合本罪的特殊实施主体"网络服务提供者"的范围。尽管目前尚无直接就该罪追究支付机构与从业者的刑事责任的案例，但是以目前支付业的乱象来看，极可能会触犯该罪，该罪要求"违反信息网络安全管理的法定义务+被行政机关要求改正后再犯+造成四种法定行为后果"就可能构成。事实上这三个条件都可能满足。

"不履行法律、行政法规规定的信息网络安全管理义务"这个要件的达成并不难，收单市场乱象丛生，以人民银行系统的处罚信息为参考，2019年上半年，央行对第三方支付机构开出罚单54张，累计罚没总金额约为4518万元，比2018年上半年多20张罚单。而纵观2019年，被央行处罚的支付机构既包括微信支付、支付宝等头部非银机构,也包括多家银行及其支付部门。对于支付机构法律义务的落实愈加严格的背景下,违反信息网络安全管理的可能性也在增加,未被央行处罚的违法行为更不可计数。

在"经监管部门责令采取改正措施而拒不改正"这个要件中,"监管机关"的具体范围虽然在《信息网络犯罪司法解释》中明确为"网信、电信、公安等依照法律、行政法规的规定承担信息网络安全监管职责的部门",而支付业的直接监管部门中国人民银行系统并未被《信息网络犯罪司法解释》直接列举,但可以解释为此项列举为不完全列举,央行属于"等"机构之列,这也符合中国人民银行逐步增强科技监管的趋势。而被人民银行系统"责令采取改正措施而拒不改正"的支付机构其实颇多,例如,据不完全统计嘉联支付于2017年至2019年被昆明、呼和浩特、宁波、石家庄、长沙五地的中国人民银行中心支行进行行政处罚。

《信息网络犯罪司法解释》对本罪四种法定入罪要件进行了细化,支付业需要注意的是以下几个种类。其一,"造成严重后果"类的"致使泄露住宿信息、通信记录、健康生理信息、交易信息等其他可能影响人身、财产安全的用户信息五千条以上的",交易信息泄露达到5000条以上就可以入罪,这在支付业很常见,例如,很多支付软件都收集信息并打包出售给其他电销公司,而各种代还软件泄露的支付信息的新闻也时有发生。其二,"有其他严重情节"类的"对绝大多数用户日志未留存或者未落实真实身份信息认证义务的"。支付业这一问题较为严重,2018年国付宝、联动优势、卡友和付临门等支付公司都因为特约商户资质审核不严、违反商户实名制管理被处罚。其三,"有其他严重情节"类的"二年内经多次责令改正拒不改正的"。例如,嘉联支付3年5次处罚就可能满足条件。其四,"有其他严重情节"类的"致使信息网络服务被主要用于违法犯罪的"。支付通道被用于涉黄、涉赌、虚拟货币等均可能触犯该情形。其五,"有其他严重情节"类的"致使信息网络服务被用于实施危害国家安全犯罪、恐怖活动犯罪、黑社会性质组织犯罪、贪污贿赂犯罪或者其他重大犯罪的"。对于这些重大犯罪,支付通道并非直接用于犯罪,而是涉及犯罪的其他行为,但哪怕仅仅被用于某些辅助或前期阶段都可能触犯,这一项又可称为反洗钱的刑事化,而反洗钱是支付业的高发问题,2019年迅付、点佰趣、易通金服等多家支付机构因为违反反洗钱法而被处罚。

虽然总体而言，这一犯罪构成较为复杂，存在行政提示的前置程序而构成相对较难，但是由于其复杂的法定情形，使得在有行政处罚的案底之后，较为容易触犯刑律。

二、非法利用信息网络罪

（一）法条与司法解释分析

设立这一罪名的目的是做到对网络犯罪的"打早打小"，体现预备行为实行化的立法思路。非法利用信息网络犯罪是一般主体利用信息网络实施三类行为即可构成：一是设立用于实施诈骗、传授犯罪方法、制作或者销售违禁物品、管制物品等违法犯罪活动的网站、通讯群组；二是发布有关制作或者销售毒品、枪支、淫秽物品等违禁物品、管制物品或者其他违法犯罪信息；三是为实施诈骗等违法犯罪活动发布信息。

尽管非法利用信息网络犯罪的法条表述较为明晰，然而司法实践中也存在若干适用难点，首先，构成要件之一中"违法犯罪"的限定过于狭窄，以及上述列举的犯罪类型与实际"设立网站、通讯群组"的逻辑顺序不明确；其次，该罪构成要件之二及之三中的"发布违法信息"应当是何种形式无法确定；最后，该罪的入罪标准缺乏数量与范围的衡量准则。

《信息网络犯罪司法解释》第七条至第十条对该罪适用作了宏观至微观的把控，具体如下：

非法利用信息网络罪的范围得到扩充。"违法犯罪"，包括犯罪行为和属于刑法分则规定的行为类型但尚未构成犯罪的违法行为。

就本罪中"用于实施诈骗、传授犯罪方法、制作或者销售违禁物品、管制物品等违法犯罪活动的网站、通讯群组"的认定问题，主要从以实施违法犯罪活动为目的而设立与设立后主要用于实施违法犯罪活动两个方面作了规定。

该罪的入罪标准，以传播范围考虑，对设立网站、通讯群组的数量以及账号数量规定了标准，而以发布信息数量考虑，从在网站公开发布信息的条数、发送信息的账号数量、通讯群组人数、社交网络关注账号人数等方面规定了标准。

（二）支付行业适用探析

非法利用信息网络犯罪行为的表现形式可归纳为"设立……网站、通讯群主""发布……违禁品、管制物品等信息"以及"为实施诈骗发布信息"等，非法利用信息网络罪在实践中针对的是群发诈骗短信、钓鱼短信、网络发布诈骗二维码、设立虚假网站、制作盗版客户端 App 等行为。当然行为不止于此，网络发布他人支付涉密信息，也属于此罪的处罚范畴。最近就有涉支付类案件以该罪受罚。2016 年，李某刚将其从网上下载的"京东登录的编程源代码"改写成"FX"软件，在该软件中导入个人基本信息就可盗取他人京东账户的账户名、登录密码、姓名、绑定的银行卡号、身份证号码等信息，从而在"京东商城"购买商品。随后，李某刚开设 QQ 群组宣传，将"FX"软件以每月 1500 元的价格租借他人使用。法院最终认定其行为触犯非法利用信息网络罪。在这个案件中，犯罪嫌疑人李某刚本人并未盗用他人账号为自身购买商品，所以不能成立盗窃/诈骗罪，但是他通过群组等方式宣传出售他人的账户信息，为他人犯罪提供便利，符合"为实施诈骗发布信息"的犯罪形态。

对于支付业从业者来说，并非不偷不抢就不会卷入该罪，一些灰色支付产业也存在着本罪的适用空间，如诸多的二清支付都涉及接入黑产，甚至不少二清支付在网站或招商 QQ 群中都将可接入博彩、棋牌、时时彩作为其卖点，这就符合以违法犯罪活动为目的而设立群组或网站，并且设立后主要用于实施违法犯罪活动的构成要件。即使该二清支付可能并未开始收单或并未收到涉及博彩类的客户，但其行为依旧可能构成该犯罪。如果已经收到了客户，就存在着本罪与下面即将论述的帮助信息网络犯罪活动罪的适用选择问题。

那么从事网络销售 POS 机或是代理以网络套现为目的的网络二清又是否可以适用本罪呢？根据最高检的观点，在网上进行违反治安管理处罚法或者其他法律法规规定、但不违反刑法的行政违法行为，不能因为其仅仅在线上而被认定为犯罪，基于罪刑法定原则，如网络买卖驾照分数、买卖仿真枪等违法行为并不构成本罪，所以对于单纯网销 POS 机或者一般二清支付不应成立本罪。但是制作并销售二清机具或二清网络支付系统按照《关于办理非法从事资金支付结算业务、非法买卖外汇刑事案件适用法律若干问题的解释》可能认定为非法经营罪。

三、帮助信息网络犯罪活动罪

(一)法条与司法解释分析

《刑法》关于帮助信息网络犯罪活动罪的表述为"明知他人利用信息网络实施犯罪,为其犯罪提供互联网接入、服务器托管、网络存储、通讯传输等技术支持,或者提供广告推广、支付结算等帮助,情节严重的,处三年以下有期徒刑或者拘役,并处或者单处罚金",直接将"支付结算"纳入法条。

该罪其中一个适用难点在于行为人"明知"的主观状态认定,在立法目的上,该罪打击的应是"明知"但放任且客观上为信息网络犯罪提供便利及帮助的行为,而实际上行为人的主观思想较难推测。另一个难点在于提供支付结算等帮助的具体情形的认定,如支付结算、广告推广金额的投入,以及网络储存的数量等。《信息网络犯罪司法解释》第十一条至第十四条针对该罪适用的两个难点进行了细化。

《信息网络犯罪司法解释》第十一条明确了本罪中"明知"的认定问题,根据刑法规定,构成帮助信息网络犯罪活动罪,以明知他人利用信息网络实施犯罪为前提。实践中存在两种情形:一种情形是行为人确实不知道,只是疏于管理;另一种情形则是行为人虽然明知,但放任或者允许他人的犯罪行为,而司法机关又难以获得其明知的证据,导致刑事打击遇到障碍。因此,该条坚持主客观相一致原则,总结归纳了七种可以推定"明知"的情形。

关于帮助信息网络犯罪活动罪的入罪标准,《信息网络犯罪司法解释》第十二条有了明确的规定,主要包括以下五个方面:一是在提供帮助的范围方面,限定了被帮助对象的数量范围。二是在提供支付结算帮助的行为上,对支付结算金额作了较为细致的规定。三是对于提供投放广告等帮助的行为,明确了以投放广告等方式提供资金的数额。四是从行为人违法所得考量,规定了违法所得数额标准。五是考虑被帮助对象实施犯罪活动的情况,规定了被帮助对象实施的犯罪造成严重后果的情形。

(二)支付行业适用探析

这一犯罪是将帮助犯罪的从犯单独变成了一种独立的犯罪,客观上也将从属于他人已经实施的犯罪才可以追责变成了准备犯罪即可以追责,一个直接的法律变化就是相比于帮助犯模式之下收集他人非法利用网络后的目的行为构成犯罪的证据较为困难，但在"帮助信息网络犯罪活动罪"独立罪名之下，只需收集帮助他人非法利用网络的证据，其相对容易。

值得关注的是，已有从事支付工作的人士被以本罪追责。2014年以来，郑某开发建立PEAS云网络交易平台，在明知他人利用该平台进行实名注册账号交易的情况下，仍提供网站存储、通讯传输等技术支持，以及支付结算等帮助，并通过收取2%的交易手续费获得非法利益。截至案发，通过PEAS云网络交易平台成交的账号交易金额为人民币23496417元，郑某共收取手续费469928元。法院认为其构成帮助信息网络犯罪活动罪。该案结合《信息网络犯罪司法解释》，可看出支付行业可能触犯该犯罪的特征。

其一，不论具体信息网络犯罪的行为人是否被抓获，是否被追责，均不影响支付行业构成帮助信息网络犯罪活动罪。该案中郑某为具体信息网络犯罪提供帮助，具体信息网络犯罪主体若是过失行为、法令行为或者未达到刑事责任年龄等，只要具体信息网络行为具有法益侵害性，便可追责帮助信息网络犯罪行为。

其二，支付行业从业者需明知他人利用信息网络犯罪仍提供帮助的，构成帮助信息网络犯罪活动罪。该案中郑某在明知他人利用该平台进行实名注册账号交易的情况下，仍提供相关技术支持服务，构成该罪。其中"明知他人利用信息网络实施犯罪"如何认定其实较为宽泛，可以明确列举的就包括：经过监管部门告知仍实施或者接到举报仍不履行法定管理职责的；为违法行为提供信息数据的；篡改非法信息数据以掩盖具体犯罪事实的。

其三，支付行业为信息网络犯罪提供帮助的行为有具体的量化标准。该案中郑某帮助信息网络犯罪活动所支付结算金额高达两千余万元，并且自身违法所得近五十万元，符合《信息网络犯罪司法解释》第十二条第二项和第四项中"支付结算金额二十万元以上"以及"违法所得一万元以上"的情形，另外，支付行业若达到"为三个以上对象提供帮助""被帮助对象实施的犯罪造成严重后果"等标准，自然构成该罪。

由此观之，本罪的成立并不需要支付从业资质，只需要为其他犯罪活动提供帮助支付结算的服务即可，如支付灰产圈非常常见的高价或者高通道费用收储蓄卡、支付宝账号、企业支付宝账号等，收购来的账号大概率成为涉黄、涉赌、涉骗等业务的通道，如此，提供账户的账户所有人极有可能触犯本罪，日后被查处，不但需要收入退回，更可能锒铛入狱，为此类犯罪提供支付通道的二清机构也可能受此罪打击，更不必言"赤膊上阵"为此类犯罪活动提供支付通道的支付机构将同时面临行政罚款与刑事处罚。

第二节 "剑指"地下钱庄的司法解释对电子支付的影响

为依法惩治非法从事资金支付结算业务、非法买卖外汇犯罪活动，维护金融市场秩序，2019年1月31日最高人民法院、最高人民检察院联合发布《关于办理非法从事资金支付结算业务、非法买卖外汇刑事案件适用法律若干问题的解释》（以下简称《解释》）。《解释》共十二条，自2019年2月1日起施行。对于支付行业而言，这是近期第二个重要的涉支付的新刑事司法解释（另一个是2018年11月修改的《关于办理妨害信用卡管理刑事案件具体应用法律若干问题的解释》，以下简称《信用卡司法解释》）。虽然最高人民法院和最高人民检察院在发布新闻稿时用"'两高'发布司法解释依法严惩涉地下钱庄犯罪"作为标题，点明本次司法解释的规制重点，但是其条文规制范围对于支付业来说，并不仅限于地下钱庄问题，事实上对于支付业的诸多问题都进行了规定。支付作为诸多刑事问题的通道和环节，已经越发引起司法机关的关注，采用刑法手段对支付界的乱象进行处理将逐渐成为司法的惯常手段。

一、解释的法律背景

司法解释的制定是基于法律在司法应用实践中存在的问题，《解释》围绕的核心法条是《刑法》第二百二十五条非法经营罪，该罪以维护市场秩序为其目的，涉及范围广泛，是我国适用范围非常广泛的犯罪之一，甚至经常被认为是口袋罪。该条对犯罪形态的描述为"违反国家规定，有下列非法经营行为之一，扰乱市场秩序",在1997年刑法大修之时,违法支付并没有被直接纳入该罪的条文,而只能通过兜底条款"其他严重扰乱市场秩序的非法经营行为"被纳入该法调整,在2009年2月28日制定的《刑法修正案(七)》对该条进行了修改,增设入罪内容——"非法从事资金结算业务的"作为一种法定形态进入刑法,成为支付业头上的"达摩克利斯之剑"。但是对于什么行为是"非法从事资金结算业务",则由最高人民法院和最高人民检察院通过司法解释和各级法院检察院通过实践进行把握。

2009年10月12日制定的《信用卡司法解释》,在其第七条第一款规定:"违反国家规定,使用销售点终端机具(POS机)等方法,以虚构交易、虚开价格、现金退货等方式向信用卡持卡人直接支付现金,情节严重的,应当依据刑法第二百二十五条的规定,以非法经营罪定罪处罚"。经营信用卡套现业务成为第一种被司法解释明确的"非法从事资金结算业务"的形态。这一条文在2018年11月的修改中并未作任何变化,仅仅是在条文序列上变动为第十二条。随着支付业态的变化,除了经营信用卡套现以外,已经出现大量的其他形式的非法从事支付结算业务型非法经营罪的案件,这些案件的法律适用缺乏有可操作性的司法解释的引导,只能直接适用刑法,由此引起的争议很多。

经过10年的审判实践,非法从事支付结算业务型非法经营罪已经积累了大量的案例和实践经验,对实践中常见的此类犯罪行为有必要通过司法解释对其进行明确化。在此背景之下,《解释》第一条就明确了三类行为属于《刑法》第二百零五条第三项规定的"非法从事资金支付结算业务",包括:"(一)使用受理终端或者网络支付接口等方法,以虚构交易、虚开价格、交易退款等非法方式向指定付款方支付货币资金的;(二)非法为他人提供单位银行结算账户套现或者单位银行结算账户转个人账户服务的;(三)非法为他人提供支票套现服务的",此外再用"(四)其他非法从事资金支付结算业务的情形"作为兜底条款。对于电子支付业务而言,该解释影响范围主要是涉第一款和第二款类行为。

二、"非法向指定付款方支付资金"的适用

对于银行卡类业务而言,《解释》所明确的第一种犯罪形态"使用受理终端或者网络支付接口等方法,以虚构交易、虚开价格、交易退款等非法方式向指定付款方支付货币资金的"，与之前《信用卡司法解释》"违反国家规定，使用销售点终端机具（POS 机）等方法，以虚构交易、虚开价格、现金退货等方式向信用卡持卡人直接支付现金"两者存在极大的相似性，都是采用虚构交易、虚开价格、退款等方式，但是在行为上存在一些细节差异而显著扩大了犯罪圈。《解释》将犯罪工具从 POS 机，扩展到所有终端类型，将 ATM 等也纳入其中；《解释》将行为违法性从"违反国家规定"扩展到所有"非法方式"；《解释》将套取的金额来源和返还对象从"信用卡持卡人"扩展到不限制支付工具类型的"指定付款方"。由此在新的《解释》之下，一些过去常见的制度套利行为也被犯罪化，如为了推广普惠金融、农村金融，在助农 ATM 机取款有返点补贴，有灰色产业从业者就向他人收集储蓄卡后，通过取现方式套取助农补贴，这一模式符合《解释》的法定违法形态，也被纳入非法经营罪的范畴之内。

对于线上账户类支付业务而言，由于《信用卡司法解释》颁布之时，网络支付并不发达，在进行罪状描述时仅明确了使用 POS 机这一种方式，虽然在描述中使用了"POS 机等方法"可以将经营信用卡网络套现业务纳入"等"中，但这毕竟需要经过法律解释，缺乏足够的法律确定性。《解释》中对犯罪方法的描述为"使用受理终端或者网络支付接口等方法"，将经营信用卡网络套现纳入其中，明确了法律适用。除此之外，《信用卡司法解释》所保护的仅仅是信用卡及其背后的银行秩序，无法通过法律解释来将类似信用卡的阿里花呗、京东白条等网络消费信贷产品纳入其中。直接规范的法律缺失导致经营此类套现业务泛滥，但直至 2017 年年底才发生第一起"花呗套现"非法经营案（在该案中法官直接适用《刑法》第二百五十五条进行定罪）。随着《解释》将所保护的秩序扩展到所有的类似支付方式，也将这些消费信贷产品明确纳入了刑法保护范围。

三、"非法提供结算账户"的适用

支付业务是需持牌的业务，近年来对支付牌照的发放越发审慎；而我国对支付业务又存在着诸多的优惠机制，支付也是很多产品闭环的构成，由此吸引了大量的资金和从业者进入该行业。旺盛的需求与有限的供给之下出现了大量的出租出借支付通道的现象，形成了支付市场的陈疾——二次清算，甚至连拼多多、滴滴等大公司都曾经涉及二清。然而二清具有极大的风险，2017 年、2018 年二清就出现多起恶性事件，如北京万资伟业、天津福刷、诺漫斯等二清机具，杉德多啦云等网络二清通道都发生跑路事件。然而在中国人民银行、支付业协会三令五申禁止之下，效果并不显著，部分原因在于刑事制裁措施的缺位，出于对口袋罪法条适用的审慎，很少有针对二清直接适用非法经营罪的。

首个涉及二清的司法文件是2017年公布的《最高人民检察院关于办理涉互联网金融犯罪案件有关问题座谈会纪要》（以下简称《纪要》），明确"未取得支付业务许可从事该业务的行为……情节严重的，适用刑法第二百二十五条第（三）项，以非法经营罪追究刑事责任。具体情形：（1）未取得支付业务许可经营基于客户支付账户的网络支付业务。无证网络支付机构为客户非法开立支付账户，客户先把资金支付到该支付账户，再由无证机构根据订单信息从支付账户平台将资金结算到收款人银行账户"。该条款对于网络二清是一个极大打击，曾经以多级分润为代表的"云付"等各个二清平台就是在这一解释之后被迅速取缔的。

《纪要》针对的是网络支付"未取得支付业务许可经营基于客户支付账户的网络支付业务"，基于刑法的谦抑性，不能直接将该《纪要》解释为可以适用于线下支付，《解释》填补了这一法律适用的模糊，将线下二清纳入规制范围内。值得关注的是，同样是针对二清，《解释》的规制路径不同于《纪要》，大商户模式是二清的主流模式，通过持牌机构结算到显名大商户（由二清公司控制的账号），再由二清公司的账户转到二清机具用户的账户上，《纪要》虽然点明了转账模式，但还是以支付许可作为核心规制要件，控制二清操作的全过程，而《解释》是以结算账户作为规制的核心："非法为他人提供单位银行结算账户套现或者单位银行结算账户转个人账户服务的"，为控制二清操作的第二步。在《解释》之下对于二清机具背后的公司企业和个人，则成为非法经营罪的主犯。而提供公司账户、支付通道的公司，如果其所有者或管理层知情并出借账户、通道给二清机具的结算公司，那么提供账户、通道的公司成为非法经营罪的从犯，需要公司和负责人承担刑事责任。从法律的角度，《解释》相比《纪要》对于主次责任的划分更加明确，也可以有效规制持牌支付机构出于费率套利等考量下的违法行为。

《解释》相比《纪要》也有不足，由于二清所使用的结算方式较为多样，有大量的二清并不使用大商户模式，由此，《纪要》以支付许可为判定要件更加全面，而《解释》通过转账进行判定则有无法覆盖之处（例如，有二清模式是持牌支付机构将归属于二清机构商户的资金直接代付给真实的商户）。这一种法律覆盖范围的下降源于《解释》的定位主要关注于反洗钱，反洗钱的核心是控制账户。这种法律覆盖范围的下降，其影响可能较为有限，经过《纪要》《解释》的推广，二清涉刑成为业界、司法界共识，完全可以通过直接适用《刑法》第二百五十五条来进行规范。

四、解释对量刑的影响

规制经营信用卡套现业务现在可以适用《解释》，也可以适用《信用卡司法解释》，存在着"两龙治水"的情况。由于这两个解释都指向非法经营罪，因此对定罪影响不大，但是对于量刑则不然，《解释》《信用卡司法解释》对于涉刑违法支付的行为都给出了各自的量刑范围，存在着较大的重叠和分歧。两个文件规范的经营数额与相应的处罚归纳为表6：

表6 《信用卡司法解释》《解释》对比

经营数额（元）	《信用卡司法解释》	《解释》
100万元到200万元	情节严重的，处五年以下有期徒刑或者拘役，并处或者单处违法所得一倍以上五倍以下罚金	
200万元到500万元		
在500元到2500万元	情节特别严重的，处五年以上有期徒刑，并处违法所得一倍以上五倍以下罚金或者没收财产	情节严重，处五年以下有期徒刑或者拘役
2500万元以上		情节特别严重，处五年以上有期徒刑

两个解释在量刑上只在经营金额2500万元以上存在一致，除此之外，标准并不相同。显然《信用卡司法解释》更加严格，而《解释》则更加宽松，对经营信用卡套现业务，应该如何进行适用呢？

当法律适用出现冲突时，"新法优于旧法""特别法优于一般法"是两个常见处理法理思路。按照新法优于旧法,《解释》晚于《信用卡司法解释》的制定,因此应当适用《解释》;按照特别法优于一般法,《信用卡司法解释》专门针对经营信用卡套现业务,比之《解释》更加特别,因此应当适用《信用卡司法解释》。显然,这两个思路存在着冲突,并无法给出结论。

此时有必要回到法条的刑罚描述,进行更细致的分析。

表7 《信用卡司法解释》《解释》刑罚描述

	《信用卡司法解释》	《解释》
情节严重	数额在一百万元以上的,或者造成金融机构资金二十万元以上逾期未还的,或者造成金融机构经济损失十万元以上的	(一)非法经营数额在五百万元以上的;(二)违法所得数额在十万元以上的。
情节特别严重	数额在五百万元以上的,或者造成金融机构资金一百万元以上逾期未还的,或者造成金融机构经济损失五十万元以上的	(一)非法经营数额在二千五百万元以上的;(二)违法所得数额在五十万元以上的。

《信用卡司法解释》《解释》在量刑时并非仅仅考虑非法经营数额,还会考虑其他因素,对于信用卡而言,其"情节严重"与"情节特别严重"都还考虑到造成金融机构逾期金额、经济损失金额,所以事实上是存在着经营数额与这两个金额的对应关系。而《解释》除非法经营数额之外,还考虑违法所得数额,数额之间也存在着对应关系。因此对于经营信用卡套现而言,如果在非法经营数额上套用《解释》,而逾期金额或经济损失金额还是依据《信用卡司法解释》,同时《解释》的违法所得数额又不容易适用于经营信用卡套现,那么显然会导致法律在不同金额之间的对应关系发生更替,这并不符合制定司法解释的原意,也不符合罪责刑相适应原则。因此,在两个解释存在法条竞合的经营信用卡套现业务的量刑上应当适用《信用卡司法解释》。

五、小结

粗略看来,《解释》在电子支付的内容是"炒现饭",无论是针对套现业务,还是针对二清,似乎之前的司法文件都已经有所涉及。但是"魔鬼在细节处",

仔细研究才会发现解释在不同方面都有所创新。从定罪上，可以说是对《纪要》和《信用卡司法解释》的综合，将《纪要》治理线上二清的方法拓展到线下，将《信用卡司法解释》治理线下经营套现业务的方法推广到了线上，实现了对这两种违法行为的线上线下全覆盖。从量刑上，对于《解释》与《信用卡司法解释》的重合的经营信用卡套现，基于刑法体系的考量，在量刑上，应当适用更加专业的《信用卡司法解释》。可以说《解释》虽然并不主要针对支付领域，涉及支付条文也有限，但实现了支付领域刑法的更新与填补。

第三节　类型化视野下薅信用卡积分行为的犯罪化

出于获客营销等目的，银行等金融机构往往会开展一系列优惠活动，有一批消费者则专门收集、传播并使用这些优惠，他们这种行为被称作"薅羊毛"。优惠活动是由机构和商家提供的，但凡在活动规则之内"薅羊毛"就是商家和消费者之间的你情我愿，"一个愿打一个愿挨"的事情，消费者得了实惠，商家赚了吆喝扩大了生意，"薅羊毛"行为本身并不违法。但有利益的地方就有暗流涌动，"薅羊毛"背后也隐藏着巨大的套利空间，有一些"消费者"动起了歪脑筋，出现了以"薅羊毛"为职业的"羊毛客"，由此衍生出了灰色乃至黑色的产业链。在信用卡领域，这种灰黑色产业链往往是以获得积分进而兑换礼品作为其目的，而随着信用卡和支付产业的逐渐正规化，这种违规薅积分羊毛的刑事风险也逐渐显现。

一、薅信用卡积分获刑案情介绍

面对虚增积分、套取积分现象，银行态度一直都比较和缓，仅仅通过禁止参加活动，禁止积分兑换特定礼品，或者禁止积分兑换的规束方式，对于严重情形则停卡封卡乃至扣回或折现已兑换的礼品，这些手段都是基于信用卡本身的管理，在法律手段上也仅限于民事手段，试图在经济方面实现对"羊毛客"的精确打击。最近有几起诈骗罪的判决引起了信用卡圈内的震动，这可能表明了在新的形势下，银行信用卡中心面对这一行为，采用了与以往完全不同的打击策略，即使用刑事手段与职业"羊毛客"进行斗争。

（一）虚假身份获取 App 积分年利被判诈骗罪和侵犯公民信息罪

以孙某为主犯的五名被告人组成工作室，利用在网络上购买的公民信息或使用身份证生成器生成的虚假信息，在招商银行"掌上生活"App 注册后骗取新用户积分与推荐积分，兑换礼品后对外销售获利。截至案发，五名被告共计兑换爱奇艺视频会员月卡 10269 个、罗技无线鼠标 343 个以及各类套餐共计价值人民币三十多万元。山东省莱阳市人民法院以诈骗罪和侵犯公民信息罪判处主犯孙某有期徒刑四年六个月，对其他几名从犯以诈骗罪分别判处了不同程度的有期徒刑。

（二）虚假消费虚增积分年利被判诈骗罪

冉某于 2016 年 3 月至 2018 年 1 月，虚构商户身份，利用深圳银盛电子支付服务有限公司等四家收单平台，使用名下的多张招商银行信用卡频繁虚假交易共计人民币 1600 余万元，套取招商银行信用卡消费积分 300 余万分，其中大部分消费积分被用于兑换高端专享运通礼宾服务、SPG 积分、亚洲万里通、南航或国航里程等，兑换成本最低合计人民币 12 万余元。冉某到案后如实供述犯罪事实，且在家属协助下退出违法所得，有悔罪表现，从轻、从宽处罚后以诈骗罪被上海市黄浦区人民法院判处有期徒刑三年，并处罚金人民币四万元。

另一起类似案件发生于 2014 年，陈某、王某委托他人办理拉卡拉、乐富多家公司的 POS 机，共计 11 台均关联了虚假商户，且部分商户为"三农"补贴优惠费率商户。陈某、王某于 2014 年到 2015 年的一年内，利用他人身份办理了中国银行信用卡，并使用本人及他人名下共计 12 张中国银行信用卡，采用自有资金存入信用卡后在上述 POS 机上虚假消费的，刷卡资金进入银行账户后，再将资金存入信用卡再次消费的方式循环刷卡，骗取信用卡积分共计 7000 万余分。这些积分被用于兑换电信、移动充值卡、航空里程、苹果 iMac 电脑等财物合计价值人民币二十五万余元。江苏省常熟市人民法院以诈骗罪判处主犯陈某有期徒刑三年，缓刑三年，并处罚金人民币三万元；以诈骗罪判处从犯王某有期徒刑二年，缓刑二年，并处罚金人民币一万五千元。

卡友和支付产业从业者可能对以上两种案件的操作方式都比较熟悉，其核心都是虚增积分、套取积分进而换取奖品，行为大概可以分为三个阶段，假意使用信用卡购买商品/假装自身是 App 的新用户→银行基于规则授予相应账户以积分→将积分转化为奖品回到自己手中。所用手段虽有差别但也容易理解，第一种案情是使用虚假身份获得新手奖励积分，这是在"羊毛党"中非常盛行的方式，但是对于信用卡"羊毛党"来说由于相应的新手福利往往都需要实名认证门槛相对较高。第二种案情是办理刷卡 POS 机使用虚假交易套取积分，毕竟 POS 机收单机构多元，市场秩序混乱，认证程序漏洞颇多，这种方式是信用卡"羊毛党"较常采用的方式。

二、虚增积分是不是诈骗？

这些一直以来都作为潜规则而运行的操作真的触犯了刑法吗？是因为哪些条件而触犯刑法？这些案子也都被定性为诈骗罪，那么合理合法的"薅羊毛"和违法犯罪的诈骗行为之间的界限到底在哪里呢？要回答这些问题，首先得回到刑法。

诈骗罪规定于《刑法》第二百六十六条第一款："诈骗公私财物，数额较大的，处三年以下有期徒刑、拘役或者管制，并处或者单处罚金；数额巨大或者有其他严重情节的，处三年以上十年以下有期徒刑，并处罚金；数额特别巨大或者有其他特别严重情节的，处十年以上有期徒刑或者无期徒刑，并处罚金或者没收财产。"那么虚增套取信用卡积分是否属于该罪法定情节"诈骗公私财物"呢？虽然我国刑法和相关司法解释都没有对诈骗公私财物进行细致的说明，但是在理论与实践上已经达成了共识，"诈骗罪是指行为人以非法占有为目的，用虚构事实或者隐瞒真相的方法，骗取数额较大的公私财物的行为"[1]，在主观方面要求行为人以非法占有相对人财产为目的，在客观方面表现为行为人实施了欺诈行为，这种欺诈行为使相对方产生错误认识，并基于这种错误认识作出行为人所希望的财产处分行为。

（一）"羊毛客"实施诈骗行为

从"羊毛客"/诈骗方的角度看，虚增积分在主观上是以非法占有为目的，

---

[1] 周清水、薛云：《盗窃罪与诈骗罪的区分问题——从诈骗罪"处分行为"的视角着手》，载《中国检察官》2013 年第 2 期。

其行为的目的就是获得积分兑换银行送出的相应奖品。客观上则是实施了诈骗行为：诈骗行为是使对方产生因认识错误而处分财产的行为，从形式上包括两类，即虚构事实和隐瞒真相。虚增积分都需要隐瞒内心的真实意图，即其试图利用规则从而不当获取积分的心理事实，并通过虚构交易或新用户存在而使银行误信而赠与相应账户以积分。银行的信用卡规则往往规定"确认持卡人确实存在使用虚假交易或利用营销活动规则恶意套取积分，××银行有权取消相关持卡人参加本计划的资格，有权对持卡人采取停用积分账户、信用卡账户止付、拒绝开立账户、拒绝提额、降额、销户等措施"。显然，如果知晓"羊毛客"的真实目的，银行是不可能处分给他们具有财产性价值的积分的，"羊毛客"为获得积分只能采取虚构事实和隐瞒真相的欺诈行为。

（二）银行基于诈骗行为而实施处分行为

从银行的角度，其受欺诈而实施了财产处分行为，这种行为的成立应满足四个要件：处分行为、处分意识、直接财产损失以及处分的自愿性。（1）处分行为是"任何直接导致经济意义上的财产减少的法律或事实性的作为、容忍和不作为"，"羊毛客"将虚增的积分兑换成礼品的过程就使得银行进行了相关的处分行为。（2）处分意识是指行为人具有了将其所有或可支配的财产转移的认识就具有处分意识，并不要求具体认识到数量、价格等要素，"羊毛客"虚增的积分在兑换礼物时通过了银行的审核就可以认为银行在主观上即具有对该财产的处分意识。（3）直接财产损失是"财产处分必须是'直接'造成财产减损，也即被害人基于错误认识的作为、容忍或不作为，应当无须行为人采取进一步的举动就足以造成财产减损"。虚增的积分兑换的航空里程、鼠标等礼品，视频网站会员等虚拟商品的经济利益是非常清楚的，银行采购这些礼品的成本也是可以计量的，可以直接估算诈骗本身的财产损失。（4）处分行为的自愿性是指被害人在知道有选择余地的情况下处分了财产，此类案件中银行处分礼品的行为虽然是基于有瑕疵的意志决定，但"羊毛客"没有实施任何足以使其丧失选择的余地的强制行为，因此此类财产处分行为毫无疑问地具有"自愿性"的特征。

通过上述论证不难说明，本类案件中"羊毛客"的确实施了欺骗行为并导致对方陷入认识错误后进行了财产处分，在客观层面符合诈骗罪的成立条件，主观责任方面则是明显具有犯罪故意。因此，从法律层面来看，诈骗罪成立。

(三) 诈骗罪的量刑基准

诈骗行为从民事违法上升至刑事犯罪层面，需要满足"数额较大""数额巨大""数额特别巨大"的标准。依据 2011 年最高人民法院和最高人民检察院出台的《关于办理诈骗刑事案件具体应用法律问题的解释》规定："诈骗公私财物价值三千元至一万元以上、三万元至十万元以上、五十万上的，应当分别认定为刑法第二百六十六条规定的'数额较大'、'数额巨大'、'数额特别巨大'"。该司法解释对"数额特别巨大"的界定标准清晰，而将"数额较大""数额巨大"的起算点设定为区间，在实践中，各省高级人民法院都在量刑指导意见实施细则中按照本省经济状况进行明确。通常，"数额较大"的起算点为五千元，"数额巨大"的起算点为五万元到十万元不等。以上三起案件中，被告人所涉金额不同，但都超过了十万元，属于上述解释中的"数额巨大"，依照《刑法》刑期应在三年以上十年以下，孙某获刑四年六个月，冉某获刑三年，陈某获刑三年缓期三年。

在这个问题中值得注意的是，此类案件中关于诈骗损失的价值认定，所有的积分规则都有此类条款："积分仅适用于本活动范围，在兑换取得回馈项目前并不构成持卡人资产，积分不可转让给其他持卡人或任何第三人，任何转让对××银行均不产生效力"。因此，积分本身是不能认定为具有价值的，在损失金额认定中应当关注积分已经兑换形成里程和相应商品本身的价值，甚至由于航空里程、京东卡等虚拟商品可以通过倒扣机制而收回未使用的部分，因此在处理此类案件时需要非常谨慎地对待损失金额的认定，避免造成罪刑不适应的情形。

三、虚增积分可能涉及的其他罪名

(一) 薅新人羊毛与侵犯公民信息罪

第一个案例的背景是银行等机构通过给予新注册用户较高的注册奖励进行获客的商业策略。由于国家和商业对于实名制的要求，新注册用户需要提供个人信息，而获取或使用他人信息是否构成侵犯公民信息罪的关键在于"羊毛党"使用他人信息时是否获得他人的同意。若客观上未获得他人同意，主观上是借他人的名字为自己购买，则不仅针对平台涉及违约，还可能构成侵犯公民信息罪。

《刑法》第二百五十三条之一将侵犯公民信息罪规定为："违反国家有关规

定，向他人出售或者提供公民个人信息，情节严重的，处三年以下有期徒刑或者拘役，并处或者单处罚金；情节特别严重的，处三年以上七年以下有期徒刑，并处罚金。……窃取或以其他方法非法获取公民个人信息的，按照第一款规定处罚。"第一个案例中孙某等人通过购买而获得他人个人信息注册招商银行"掌上生活"App 的行为，符合自 2017 年 6 月 1 日起施行的最高法、最高检《关于办理侵犯公民个人信息刑事案件适用法律若干问题的解释》第四条的规定："违反国家有关规定，通过购买、收受、交换等方式获取公民个人信息……属于刑法第二百五十三条之一第三款规定的'以其他方法非法获取公民个人信息'"。对于需要实名制认证的 App，购买他人信息进行实名制验证的行为本身可能构成了侵犯公民信息罪，依照《刑法》第二百五十三条处置。孙某在此中获利"数额巨大"，因此，对于孙某的最终量刑，考虑了其数罪并罚的情况。

(二) 经营性虚增积分与非法经营罪

对于支付业从业者而言，《刑法》第二百五十五条"违法从事资金结算业务"型非法经营罪一直是高悬于头顶的"达摩克利斯之剑"，《关于办理妨害信用卡管理刑事案件具体应用法律若干问题的解释》第十二条规定的"违反国家规定，使用销售点终端机具（POS 机）等方法，以虚构交易、虚开价格、现金退货等方式向信用卡持卡人直接支付现金"成为该罪的一种法定情形。在实践中，信用卡代还款等业务已被广泛地解释为这种法定情形。

实践中有一种常见的"薅羊毛"场景，一些"黄牛"向持卡人收集卡片，通过虚构交易的方式获取积分，如沃尔玛、家乐福等超市联名卡的积分换购物卡等，或者是参与银行的刷卡活动，如日日刷、周周刷、月月刷等活动，"黄牛"获得礼品后再转手获利，这都是俗称"养鸡场"的常见经营模式。组织收卡的"黄牛"按照非法经营罪处理，符合罪责刑相适应的刑法原则，但若结合上文所讨论的诈骗罪，还可能出现非法经营罪和诈骗罪两罪并罚的情况。"黄牛"收卡、刷卡套取资金、还款的行为可能构成非法经营罪，而从银行骗取礼物则可能构成诈骗罪。

更进一步考量，若同时追究"黄牛"非法经营罪、诈骗罪两罪并罚，那么提供信用卡给"黄牛"的持卡人是否有责任？仅提供信用卡的持卡人显然不符合非法经营罪的构成要件，但却有可能成为诈骗罪的帮助犯，帮助犯的构成有三个要素：在主观上存在故意、客观上实施了非实行行为的帮助行为、帮助行为使犯罪易于实施或完成。从构成要件看，恐怕部分持卡人已符合帮助犯的认定条件。当然对于是否要追究持卡人的责任还需要综合多方面因素考量。

四、启示

银行和商家为了自己的营销目的而推出一系列优惠活动来吸引客户，持卡人只要在活动规则范围内，通过正当注册、消费使自身的利益最大化，其实无可指摘，此种行为不会违反法律，更遑论构成犯罪。但实践中持卡人虚增积分的乱象显然已经超过了正当合法的边界。过去各银行信用卡中心对于这种"薅羊毛"行为都"睁一只眼闭一只眼"，但是在大数据应用越发纯熟、营销经费控制越发精准的今天，企图通过诈骗手段或者其他非法手段来攫取利益的违法行为将很难遁形。这几个案例揭开的灰色甚至黑色羊毛产业链的冰山一角，让我们不得正视薅积分羊毛的罪与罚这一老问题的新情况。

第四节　恶意透支型信用卡诈骗罪的限缩适用及其影响

2018年11月28日，最高人民法院、最高人民检察院发布《关于修改〈关于办理妨害信用卡管理刑事案件具体应用法律若干问题的解释〉的决定》（以下简称《信用卡管理解释》），自2018年12月1日起施行。对比两高2009年的《信用卡管理解释》，此次修改的《信用卡管理解释》对该罪的构成进行了事实上的调整，规范统一了司法适用标准，对持卡人和银行的影响非常广泛。本节试图对本次《信用卡管理解释》修订进行总结评析并分析其对银行业务与风控策略的影响。

一、恶意透支型信用卡诈骗罪的犯罪构成

最高法、最高检于1995年4月20日印发了《关于办理利用信用卡诈骗犯罪案件具体适用法律若干问题的解释》，当时刑法中还未单独设立信用卡诈骗罪，将恶意透支行为以诈骗罪追究刑事责任。全国人大于1995年6月30日通过了《关于惩治破坏金融秩序犯罪的决定》，正式设置信用卡诈骗罪，并将恶意透支行为作为规制对象，并于1997年修订的《刑法》中吸收了该决定的上述内容。最高法和最高检于2009年联合颁布了《信用卡管理解释》并对法条中的各构成要件进行了更细致的解释，尽管如此，在经过十年的司法实践后，发现法条解释中存在诸多问题，因此2018年对《信用卡管理解释》的修订就针对实践中的问题进行了更细致的规范。

讨论两高修改《信用卡管理解释》对恶意透支型信用卡诈骗罪在实践中的影响，首先得回到《刑法》的规定。恶意透支型信用卡诈骗罪是信用卡诈骗罪这一罪名的一种形态，规定于《刑法》第一百九十六条，该条分为三款，第一款规定了犯罪构成，第二、三款对第一款进行了补充。该条第一款规定为："有下列情形之一，进行信用卡诈骗活动，数额较大的，处五年以下有期徒刑或者拘役，并处二万元以上二十万元以下罚金；数额巨大或者有其他严重情节的，处五年以上十年以下有期徒刑，并处五万元以上五十万元以下罚金；数额特别巨大或者有其他特别严重情节的，处十年以上有期徒刑或者无期徒刑，并处五万元以上五十万元以下罚金或者没收财产：……（四）恶意透支的。"从这一款的规范可以看出，对于恶意透支的刑罚是非常重的，最高甚至可以达到十年以上有期徒刑乃至无期徒刑。

按照刑法总则规定的犯罪构成四要件来看，恶意透支型信用卡诈骗罪的构成为：犯罪主体是一般主体，任何持卡人都是适格主体；犯罪主观要件是行为人在主观方面是故意；犯罪客体是为复杂客体，即信用卡的管理秩序和公私财物的所有权；犯罪的客观要件是恶意透支。[1] 从犯罪构成上看，犯罪主体、犯罪客体都较为明确，但是犯罪主观要件和犯罪客观要件可能需要进行进一步的甄别。

《刑法》引入了"恶意透支"这一行为概念，然而透支是信用卡的天然属性，只要使用信用卡就涉及透支。显然，如何界定恶意，区分正常用卡透支与恶意透支就成为判定罪与非罪的关键，第一百九十六条第二款就明确"前款所称恶意透支，

---

[1] 梁华仁、郭亚：《信用卡诈骗罪若干问题研究》，载《政法论坛》2004年第1期。

是指持卡人以非法占有为目的,超过规定限额或者规定期限透支,并且经发卡银行催收后仍不归还的行为"。由此可见,第二款对第一款进行了解释和一定的限缩,将"恶意透支"的概念拆解成三个具体的元素:第一个是以非法占有为目的;第二个是超过了特定限额或者期限;第三个是经过催收之后仍不归还。

《刑法》本身对于法条概念的解释到此为止,这三个元素的诸多不确定性都留给法院、检察院在实践中进行把握。为统一全国法院和检察院的起诉和裁判标准,不至于出现较大的地域差异性,最高法、最高检于2009年制定《信用卡管理解释》,2018年修改《信用卡管理解释》。

二、解释对犯罪构成的限缩适用

(一)澄清"非法占有为目的"的认定

以非法占有为目的是《刑法》第一百九十六条第二款对于该罪主观故意要件的细化,但是对于何种情形应认定为以非法占有为目的却一直以来存在着诸多争议。2009年《信用卡管理解释》列举式并加以兜底条款的方式系统性地规定为"有以下情形之一的,应当认定为刑法第一百九十六条第二款规定的'以非法占有为目的':(一)明知没有还款能力而大量透支,无法归还的;(二)肆意挥霍透支的资金,无法归还的;(三)透支后逃匿、改变联系方式,逃避银行催收的;(四)抽逃、转移资金,隐匿财产,逃避还款的;(五)使用透支的资金进行违法犯罪活动的;(六)其他非法占有资金,拒不归还的行为。"毫无疑问,这一解释对于司法适用中的概念甄别具有极大的澄清效果。但是又带来了一个新的问题,第一、二种情况的认定过程中往往会通过事后的结果来认定事前的心态,由此形成了一种循环性论证,只要透支后无法偿还资金,就认定为"明知没有还款能力"或是"挥霍透支资金",导致形成了一种客观归责,事实上忽略了主观目的的判定。[①]

2018年《信用卡管理解释》针对这一问题"对症下药"。《信用卡管理解释》单独增加了一款"对于是否以非法占有为目的,应当综合持卡人信用记录、还款能力和意愿、申领和透支信用卡的状况、透支资金的用途、透支后的表现、

---

① 张鹏成:《准确认定恶意透支型信用卡诈骗罪非法占有目的》,载《检察日报》2018年10月26日。

未按规定还款的原因等情节作出判断。不得单纯依据持卡人未按规定还款的事实认定非法占有目的"。要求各级人民检察院起诉时、各级人民法院审判时都需要明确考虑当事人的主观心理状态,这一心理状态的证明需要综合考量多种因素得出。并且明文否定了过往司法实践中进行客观归责的陋习,极大地提高了银行通过刑事手段要求当事人进行及时还款所需的证明标准,将很多主观并无恶意的持卡人排除出犯罪圈。

除此之外,2018年《信用卡管理解释》还对2009年《信用卡管理解释》中列举的具体情况进行了调整,将第二种情况"肆意挥霍透支的资金,无法归还的"替换为"使用虚假资信证明申领信用卡后透支,无法归还的",这点变化也值得肯定。2009年《信用卡管理解释》中的肆意挥霍透支资金的行为本身难以界定,法条本身的表达并不严谨,也是事后价值倾向性的评价,并且在一定程度上被第一种情况"明知没有还款能力而大量透支"覆盖。2018年《信用卡管理解释》中使用虚假资信证明的行为则较为清晰,而且这一行为本身就符合诈骗罪的特征。信用卡作为一种消费金融工具,对于信用的判断,银行很大程度上依靠资信证明材料,而且这一规则也与《刑法》第一百九十六条信用卡诈骗罪下"使用以虚假的身份证明骗领的信用卡的"形态相类似,都是虚假的资信材料,区别在于身份的真伪。这一解释方法体现了刑法对于这一行为一致的态度,虚假的材料本身就拟制为以非法占有为目的。虽然关于这种拟制有学者提出以下三条反对意见,"使用虚假的资产证明文件可能出于各种不同的原因……只能证明行为人意图申领信用卡,不能证明行为人不打算归还透支款……即使申领信用卡时缺乏相应的资产,也不表明行为人在使用信用卡之时与之后缺乏相应的资产与归还能力"[①],但由于《信用卡管理解释》修改后增加了从宽处理的相关规定,使用虚假资信材料在起诉前还清本金的,依旧可以免予起诉,这种条件性出罪机制避免了这种拟制本身的误伤。

(二)提高"超过规定限额"的标准

恶意透支型信用卡诈骗罪金额的入罪金额在1995年《关于办理利用信用卡诈骗犯罪案件具体适用法律若干问题的解释》中规定的是"骗取财物金额在

---

① 张明楷:《论信用卡诈骗罪中的持卡人》,载《政治与法律》2018年第1期。

5000元以上"，在信用卡诈骗罪罪名独立之后，恶意透支型信用卡诈骗罪的标准与其他类型的信用卡诈骗罪一致，2009年《信用卡管理解释》考虑到"透支是信用卡的基本功能，恶意透支与善意透支在实践中有时不易区分，涉及人数众多，其量刑标准应当从宽掌握"[1]，将恶意透支型的标准提高到其他类型的2倍。本次修改《信用卡管理解释》再一次提高了入罪透支数额标准，在任何一个级别的修改中都达到了原有数额标准的5倍。

表8 《信用卡管理解释》两次修改的入罪金额

	数额较大	数额巨大	数额特别巨大
2009年	1万元以上不满10万元	10万元以上不满100万元	100万元以上
2018年	5万元以上不满50万元	50万元以上不满500万元	500万元以上
刑罚	五年以下有期/拘役 2万-20万元罚金	5-10年有期 5万-50万元罚金	10年以上到无期 5万-50万元罚金或没收财产

根据学者的研究和对案例数据的拟合，在2009年《信用卡管理解释》之下恶意透支信用卡诈骗金额达到1万元时，所获的自由刑达到4个月，罚金达到14637元；恶意透支信用卡诈骗金额达到5万元时，所获自由刑达到13个月，罚金达到24497元。恶意透支信用卡诈骗金额达到100万元时，所获自由刑达到109个月，罚金数额为63893元。[2] 可以说，在2009年《信用卡管理解释》之下，一方面，透支型信用卡诈骗罪的刑罚存在着较为严重的重刑化倾向，自由刑量刑普遍较重，罚金金额过高，甚至可以发生当诈骗金额较小时，罚金数额平均值超过诈骗金额的现象，对持卡人惩罚过度。另一方面，恶意透支达到1万元就有可能被追究刑事责任，透支达到5万元就被可能追责5年以上有期徒刑，刑罚门槛过低，经过多年的经济发展和通货膨胀，这一标准设置已经越来越显示出不合时宜。

《信用卡管理解释》的修改将每一个恶意透支区间都上调了5倍，一方面，

---

[1] 刘涛：《〈关于办理妨害信用卡管理刑事案件具体应用法律若干问题的解释〉的理解与适用》，载《人民司法》2010年第1期。

[2] 文姬：《信用卡诈骗罪量刑实证研究》，载《法学论坛》2018年第4期。

平衡了失衡的罪责刑关系，使得透支型信用卡诈骗罪的犯罪性质、犯罪情节、犯罪人的人身危险性相适应，符合刑法的体系与基本原则。另一方面，使刑罚与社会经济的发展相匹配，纠正了过往标准过于偏向保护发卡银行利益的问题，回应了社会的需求，有利于促进信用卡市场的良性健康发展。

(三) 明确"经发卡银行催收"的要求

《刑法》中对催收的规定是非常简单的，只需要"经发卡银行催收后仍不归还"即可，这一要求较为模糊，导致实践中的犯罪圈过大，刑罚门槛过低，透支入罪过易。针对这一问题，2009 年《信用卡管理解释》第六条第一款对"银行催收"作了较之于《刑法》更为合理、现实的规定，将之替换为"经发卡银行两次催收后超过 3 个月仍不归还"。这一规定增加了催收的次数，明确了催收的期限，对银行提出了更高的要求，也客观保护了部分非恶意透支的持卡人。

虽然 2009 年《信用卡管理解释》的规定已经较之《刑法》更加细致和具可操作性，但依旧无法解决催收过程中存在的诸多问题。实务中，催收形式化问题严重，两次催收更像是履行程序，仅仅用次数限制无法保护非恶意的持卡人不被刑事程序和刑事惩罚危害。而 2018 年修改的《信用卡管理解释》增加了对于催收的细致认定，对于催收的流程设置了一定的要求："催收同时符合下列条件的，应当认定为本解释第六条规定的'有效催收'：(一) 在透支超过规定限额或者规定期限后进行；(二) 催收应当采用能够确认持卡人收悉的方式，但持卡人故意逃避催收的除外；(三) 两次催收至少间隔三十日；(四) 符合催收的有关规定或者约定。"

同时对于实务中广泛存在争议的如何证明已经进行了催收，银行、持卡人往往各执一词，《信用卡管理解释》的修改对于此问题也进行了回应，一方面要求有证据证明持卡人已知或应知催收通知，"对于是否属于有效催收，应当根据发卡银行提供的电话录音、信息送达记录、信函送达回执、电子邮件送达记录、持卡人或者其家属签字以及其他催收原始证据材料作出判断"。另一方面要求银行提供的催收证明材料需要证明这是可以代表银行并得到银行认可的材料，"发卡银行提供的相关证据材料，应当有银行工作人员签名和银行公章"，以确保证据材料的客观真实。新修订的《信用卡管理解释》对于催收的认定更加科学合理，对实践中催收形式化进行了从内容到程序的规制，恢复了该罪法定构成要件的应有之义。

(四) 解释增加了出罪例外

本次《信用卡管理解释》修改不但在入罪要件认定上限缩了本罪的适用，而且对于出罪方面扩张了更大的范围，这可以体现在两个方面：一是限制恶意透支数额的认定仅限于本金；二是扩展了从宽处理的时间和金额范围。

《信用卡管理解释》修改后增加了第九条第一款："恶意透支的数额，是指公安机关刑事立案时尚未归还的实际透支的本金数额，不包括利息、复利、滞纳金、手续费等发卡银行收取的费用。归还或者支付的数额，应当认定为归还实际透支的本金。"这一修改对于实践中三个方面的内容进行了明确：一是明确时间计算节点以"公安机关刑事立案时"计算，节点之前还款都可以降低透支额；二是明确金额的标准是"实际透支的本金数额"，将银行因为逾期所收取的利息、滞纳金、手续费等排除在刑事案件之外；三是明确还款优先"认定为归还实际透支的本金"，解决实践中对于还款性质的争议。① 这三点修改都有助于持卡人出罪。

《信用卡管理解释》修改后增加了第十条："恶意透支数额较大，在提起公诉前全部归还或者具有其他情节轻微情形的，可以不起诉；在一审判决前全部归还或者具有其他情节轻微情形的，可以免予刑事处罚"。相比于2009年《信用卡管理解释》第五条的规定作了两个方面调整：一是明确"全部归还"的对象是本金，而不是2009年《信用卡管理解释》之下的不甚明确的"透支款息"；二是对从宽处理的时间范围进行了放宽，2009年《信用卡管理解释》以"公安机关立案前"为标准，修改后的《信用卡管理解释》将"提起公诉前"和"一审判决前"两个时间节点分别规定。

三、对解释修改的评价

经过多年的发展，2009年《信用卡管理解释》在适用中已经无法应对信用卡市场的蓬勃发展，正如最高人民检察院对本次修改重点问题解读中所述的原

---

① 缐杰、吴峤滨：《〈"两高"关于修改《关于办理妨害信用卡管理刑事案件具体应用法律若干问题的解释》的决定〉重点问题解读》，载《检察日报》2018年11月29日。

因,"恶意透支型信用卡诈骗罪持续高位运行,案件数量大,量刑明显偏重,案件办理的社会效果不够好,主要表现在:一是恶意透支成为信用卡诈骗罪的主要行为方式,案件量占全部金融诈骗犯罪的八成以上。二是恶意透支型信用卡诈骗罪量刑明显偏重,重刑率逐年上升。三是牵扯消耗大量司法资源。实践中,有的银行同时通过刑事和民事两个渠道追究持卡人的法律责任,有的银行向公安机关批量移送恶意透支案件,一定程度上造成司法资源的浪费。"①实践中的如此异化使得司法机关对于该类型信用卡诈骗罪的限缩实为必然。

从体系上说,信用卡诈骗罪有四种形态,"(一)使用伪造的信用卡,或者使用以虚假的身份证明骗领的信用卡的;(二)使用作废的信用卡的;(三)冒用他人信用卡的;(四)恶意透支",按照刑法的体系解释,这要求恶意透支之"恶"达到其他三种犯罪形态的水平,2018年《信用卡管理解释》对于该罪的犯罪圈限缩,也在一定程度上,回归了该罪的本质。

事实上,无论银行贷款还是民间借贷,几百万元甚至上亿元欠款无法清偿的案例绝对不少,但是债务人却不需要担心有直接的刑事罪名可能对其进行制裁,在实践中往往也只有当其行为触犯非法经营罪或者合同诈骗罪等才可能被直接追究刑事责任。而恶意透支型的信用卡诈骗罪则不同,基于《刑法》的明确规定,数万元的透支不还就有可能触犯刑律,这背后是对于银行所代表的金融秩序的维护,该罪也是在破坏社会主义市场经济秩序罪大类之下的,所以破坏市场经济秩序才是该罪区别于其他的债权无法清偿类纠纷而被犯罪化的根源。本次《信用卡管理解释》的修订也在不同方面实现了这种犯罪化的复归。

四、解释修改对信用卡行业的影响

《信用卡管理解释》的本次修改对于现行信用卡业务的影响可以说非常巨大,将会从整体上影响信用卡行业的风控策略。在过去的实践中,银行以本罪作为手段,批量登报催收,批量移交公安侦查,批量起诉,批量审判的惯常催收手段已经失效,要想通过刑事手段来进行催收的门槛大大提高,相应的诉讼成本也

---

① 《〈"两高"关于修改《关于办理妨害信用卡管理刑事案件具体应用法律若干问题的解释》的决定〉重点问题解读》,载"最高人民检察院网上发布厅"2018年11月28日,网址:http://www.spp.gov.cn/xwfbh/wsfbt/201811/t20181128_400594.shtml#3。

会大大提高，具体而言其影响主要有以下四个方面，其中前两个方面是对于原有催收措施的变更，后两个方面是对新法律下风控策略的适应。

（一）登报催收公告的形式将不再具有刑法效力

通过登报进行催收是过去银行的通常做法，这一方式也在很多的涉本罪案件中得到法院的支持①，在相关案件审判中，法院也会比照意思表示的送达和司法程序中的送达来处理催收问题，但刑法要件的催收与诉讼程序法中的送达还是有差异的。而本次《信用卡管理解释》的修订已经表明，"催收应当采用能够确认持卡人收悉的方式"，在现行实践中，按照2018年《信用卡管理解释》，使用登报的方式进行催收在大多数情况下并未满足刑法上发卡行的催收要件要求，除非发卡行能向公安机关和检察机关提供"持卡人故意逃避催收的"证据，否则无法达到公安机关介入侦查，检察机关提起诉讼的证据门槛。《信用卡管理解释》修改之后的催收公告中，所引用的法源也使用的是1995年的《关于办理利用信用卡诈骗犯罪案件具体适用法律若干问题的解释》第二条之规定"经银行催告还款超过三个月而仍未归还的行为涉嫌诈骗酌情向公安机关报案"。② 显然，解释的修改已经引起信用卡发卡行对于催收工作的认识。

由此，由于催收要件的个性化，导致登报催收不再具有法律效力，只具有一定的其他证据效力。从这个角度看，过去批量转移到公安机关，造成批量性的恶意透支型信用卡诈骗罪起诉的情形，可能会大大地降低。

（二）使用刑事立案推动催收进展将受限制

未还款持卡人往往会有意无意地避免和银行进行接触，在许多情况下银行无法获知未还款持卡人的相关信息，也无法进行催收，也因为无法送达而无法开始民事诉讼。此时银行如果向公安机关报案获立案，则可以从多个方面获得诉讼的优势：其一，公安机关可以使用技术侦查手段来获知未还款持卡人的相关情况，并使用刑事强制措施来确保未还款持卡人能归案；其二，使用刑事强制措施之后，当事人往往会优先对待信用卡债务，想方设法将金额偿还，以争取免予刑事处罚或者从轻处罚，大量的此类案件可能并不需要走入民事法庭就能够得到解

---

① 例如，(2018) 宁01刑终22号就认定仅有的催收为登报催收是有效催收。又如，(2015) 安刑重字第2号中辩护人意见又对登报催收的有效性提出了疑问。

② 《中国邮政储蓄银行信用卡催收公告》，载《福建日报》2018年12月05日。

决；其三，法院一般"先刑后民"①的审判顺序又使得刑事案件所获得的证据又可以为民事审判或刑事附带民事审判中所用。由此，向公安机关进行刑事报案成为完成债务催收中非常重要的手段。

《信用卡管理解释》的修改是由最高检会同最高法共同制定，意味着这一标准不但是审判标准，也是起诉标准。公安机关立案侦查并向检察机关移送案件是检察机关起诉的基础，因此公安机关在立案侦查时也需要参酌该标准进行决定。《信用卡管理解释》修改之后，银行的证明责任大大提高了，如果要想继续通过公安刑事立案来推动债务催收，则必须有一定的证据证明"透支后逃匿、改变联系方式，逃避银行催收"来证明持卡人存在主观故意，以及证明"持卡人故意逃避催收"以证明公告催收的合理性，满足法定催收的要件。显然，通过推动公安机关立案侦查从而推动催收的惯常操作无论其难度还是其潜在的收益都极大地被限制了。

（三）需要更多使用民事诉讼进行催收

《信用卡管理解释》的修改限制了刑事手段这一催收利器，要想实现债权的救济，只能更多使用威慑力相对较小、程序相对较烦琐的民事诉讼手段。不过随着现在公民信用信息体系的建设，在民事诉讼胜诉之后，基于此民事诉讼结果进行催收的威力也越来越大。

第一，民事诉讼进行时就可以要求法院进行查封、扣押、冻结资产；胜诉后，可以要求法院强制执行，强制执行的财产范围包括所有法院能查证的资产。随着法院系统与金融系统、国土系统等数据库的对接日益完善，可以保证部分持卡人履行债务。

第二，信用惩戒措施具有一定的督促催收功能。虽然所有逾期持卡人信息都已经进入征信系统，但征信系统中的逾期违约并不具有直接的法律后果。但是如果信用卡债务经过民事诉讼胜诉后就意味着这是生效法律文书认定的可强制执行的债务，此时拒不执行的持卡人就已经违反了《最高人民法院关于公布失信被执行人名单信息的若干规定》"被执行人未履行生效法律文书确定的义务，并具有

---

① "先刑后民"的惯常操作虽然来源于1979年《最高人民法院审判民事案件程序制度的规定（试行）》（该规定已经于1996年被废止），但由于其具有部分合理性，依旧是司法的常见潜规则之一。

下列情形之一的，人民法院应当将其纳入失信被执行人名单，依法对其进行信用惩戒：（一）有履行能力而拒不履行生效法律文书确定义务的……"这一规定，这种信用罚随着社会信用黑名单的建立和应用范围的不断延伸，将影响逾期持卡人获得资金、奖励、消费等各方面，① 以此督促持卡人尽快进行还款。

第三，可能通过拒不执行判决、裁定罪进行催收。民事诉讼之后，逾期持卡人已经成为被执行人，此时逾期持卡人再"隐藏、转移、故意毁损财产或者无偿转让财产、以明显不合理的低价转让财产"就意味着被执行人可能触犯《刑法》第三百一十三条拒不执行判决、裁定罪，可以通过该罪的威慑来督促逾期持卡人还款。显然，更广泛地使用民事诉讼及其相关联的制度，是发卡行弥补刑事手段缺位的一个方向。

（四）需要从审核批卡角度进行更严格的风控

信用卡催收问题的根源在于信用卡发卡审核过松，导致资质与额度不匹配。近年来，随着信用卡市场的蓬勃发展，信用卡发卡量越来越大，也飞入了寻常巷陌百姓人家，成为一种普惠性的金融工具，全国信用卡透支额总量、人均透支额也逐年攀高。与此同时，我国信用卡的发卡标准也在激烈的发卡竞争中渐次降低，大量偿债能力不足的人士也都能获得较高的授信额度；而无论网络申请，还是线下发卡的便捷性也越来越高，对于持卡人的审核也越发形式化。在信用卡"大跃进"之中，银行放弃其对持卡人进行谨慎审核义务的底气一部分就在于身处刑法赋予的超然地位，可以依赖信用卡诈骗罪这一刑事手段进行民事债务追索，从某种程度上赋予了银行超国民待遇，使信用卡债务成为优先债务。

本次《信用卡管理解释》的修改，意味着刑事手段进行债务追索已经较为困难，银行必须改变已有的风控策略，履行其持卡人审核义务，提高其风控水平，进行信用卡的精细化管理。发卡行的审核义务也得到了本次《信用卡管理解释》修订的强调，增加的"使用虚假资信证明申领信用卡后透支，无法归还的"作为一种法定的"非法占有为目的"的形式，也从另外一个侧面说明信用卡催收风控需要回归发卡审核这一正道。

---

① 华忆昕、姜川：《企业黑名单列入范围规范方式探讨》，载《中国市场监管研究》2016年第10期。

第九章　电子支付的全球视野新发展

在数字经济的浪潮推动下，电子支付作为现代金融体系的核心组成部分，正在全球范围内迅速发展和演变。各国在推动支付体系现代化的过程中，展现出不同的策略与创新，形成了多样化的支付生态。这不仅改变了消费者的支付方式，还重塑了商业交易的模式，促进了跨境贸易的便利化。在这一背景下，深入探讨电子支付的全球新发展，不仅有助于理解各国在支付领域的政策走向和技术革新，也能为我国电子支付的国际化提供重要的借鉴和启示。

电子支付的全球化发展呈现出区域化和多元化的特点。以欧洲、美国、亚太地区为代表的主要经济体，在支付技术和政策制定上各具特色。欧洲支付计划（European Payments Initiative，EPI）正是在这样的背景下应运而生，旨在打造一个统一的欧元支付网络，减少对国际卡组织的依赖。同时，亚洲国家如中国、印度等也在推动本国支付系统的发展，利用本土优势与创新技术，加强国际合作。这些国家通过整合本地支付资源，形成了具有竞争力的支付解决方案，展示出对全球支付市场的积极影响。

与此同时，全球电子支付的发展也面临诸多挑战。支付安全和隐私保护问题越发引人关注，网络攻击、数据泄露等事件频繁发生，给用户和支付平台带来了巨大风险。各国在制定电子支付相关政策时，如何平衡创新与安全、便捷与合规，将直接影响支付行业的可持续发展。此外，监管政策的差异、技术标准的不统一等问题，也对全球支付市场的整合带来了挑战。

第一节 欧洲支付计划的兴起与展望

欧元是全世界第二大货币，然而并没有一个由欧洲人控制并经营欧元的泛欧交易的支付网络。欧洲议会和欧洲央行一直致力于改变这一现状，在欧洲政治主导和银行业推动下，2020年7月，来自五个国家（比利时、法国、德国、荷兰和西班牙）的16家主要欧洲银行宣布在布鲁塞尔发起EPI，成立其执行机构——EPI临时公司。2020年11月，随着Nets和Worldline两家第三方收单机构加入，至今，已经有31家欧洲的银行和金融机构加入EPI。本节将简要介绍这一承载着欧盟希望的新机制从哪儿来、为何而来、又将走向何处。

一、EPI的基础：单一欧元支付区

欧盟作为一个国家联盟，其地理单元破碎，政治单元多样，每个国家都有独特的国内法，欧盟的成立目标之一就是建立像美国一样规则统一、人财物自由流动的欧洲单一市场（European Single Market），支付的单一市场正是其中必不可少的子集。

为建立这一统一支付市场，欧盟已经经过了多年的努力。20世纪90年代末，欧盟整合进入快车道，但是欧洲每个国家都有着自己的货币和相应的支付体系，跨国支付需要经过相应的跨境清算，速度慢且费用高，完全无力支撑欧洲单一市场的建设。针对这一问题，在货币层面，欧元于1999年被欧盟引入无形货币（旅行支票、电子支付、银行业等）领域，2002年欧元正式成为欧元区的法定货币。但是单一货币的实践也需要单一支付体系作为支撑，2001年12月欧盟发布了关于欧元跨境支付的EC2560/2001法规，试图确立国内和跨境支付的费用平等原则，2002年由银行业创建的欧洲支付委员会（European Payments Council）提出推动单一欧元支付区的倡议，以协调整个欧元区的主要非现金支付工具。

欧盟于2007年通过了第一个《支付服务指令》（PSD 1），为支付制定了通用规则。《支付服务指令》为整个欧洲经济区（欧盟、冰岛、挪威和列支敦士登）的支付确定了一套相同的规则，涵盖所有类型的电子和非现金支付，如信用转移、直接借记、卡支付、移动和在线支付等，该指令规定了有关支付服务提供商必须向消费者提供的信息以及与使用支付服务相关的权利和义务的规则，同时引入了除银行外的第三方收单服务商以增加消费者的竞争和选择，该指令还为单一欧元支付区奠定了基础，允许消费者和企业在整个欧元区以相同条件进行支付。2015年，欧盟通过了《支付服务指令2》（PSD 2），以改进现有规则并考虑新的数字支付服务。该指令于2018年1月开始适用，以促进使用互联网支付服务更便捷安全，更好地保护消费者免受欺诈、滥用等问题的困扰，推广创新的移动和互联网支付服务。

基于这套法律框架，欧盟建立了单一欧元支付区（Single Euro Payments Area，SEPA），共有36个成员国，其中包括欧盟的全部27个成员国、欧洲自由贸易联盟的4个成员国（冰岛、列支敦士登、挪威、瑞士）、与欧盟签订货币协议的4个微型国家（安道尔、摩纳哥、圣马力诺、梵蒂冈），以及已经脱欧的英国。SEPA使客户能够使用银行账户和支付工具向位于该支付区任何地方的任何账户进行无现金欧元支付。不使用欧元的SEPA国家（如丹麦、挪威等）的国内支付将继续使用本地方案，但对欧元区国家跨境支付将在很大程度上使用SEPA和欧元。

SEPA不仅是一套规则体系，也能够针对不同功能提供不同的支付方案。包括以下四个主要类型：（1）SEPA信用转账（SCT）允许将资金在一个工作日的截止点之前将付款人账户支付的款项在下一个工作日计入收款人账户。（2）SEPA即时信用转账（SCT Inst），该方案于2017年11月推出，提供对收款人的即时信用转账的功能，可使支付延迟少于10秒，在特殊情况下最多延迟20秒。（3）主要针对消费者的直接借记的基本计划（SDD Core）。（4）直接借记的商用方案（B2B SDD）。其中，SEPA即时信用转账与消费者关系最为紧密，是代表着欧洲进入即时支付时代的标准，也是EPI等机制的基础。

二、EPI的动力：欧洲金融主权

我们在讨论芯片卡或者智能卡时经常会提及EMV，EMV作为一项国际标准已经广泛被我国和全球各地的银行卡所采纳，EMV 的名称是由制定该标准的三家卡计划首字母构成的，分别是 Europay（欧陆卡）、MasterCard（万事达卡）和 Visa（维萨）。维萨和万事达（为方便表述以下简称 V/M）对公众而言并不陌生，而作为 EMV 之首的 Europay 则少有人知，从其名称就可知，这是一个以欧洲作为其发展重点的卡计划。然而，代表欧洲的 Europay 自 20 世纪 60 年代产生之初就与万事达的前身结盟，并最终于 2002 年与万事达合并。自此，欧洲再无代表性的清算组织，欧洲的跨境清算基本被 V/M 两家所垄断。

欧元作为全世界第二大货币，在欧元区内居然都没有一个属于自己的支付卡清算网络，欧洲央行和支付业界一直对其国内借记卡计划的稳步下降以及它们所在市场的使用率逐渐被取代感到沮丧，并且欧洲政商界曾经也试图推出 EAPS（Euro Alliance of Payment Schemes）、PayFair、Monnet 等卡计划，但由于当时 SEPA 建设尚不成熟无法作为清算网络的基础，或由于严格监管政策下商业模式探索不利，都草草收场。但随着 SEPA 清算体系，尤其是 SEPA 即时信用转账的广泛铺就扫除了卡计划的应用基础障碍；而中国的银联、印度的 Rupay、俄罗斯的 Mir 等国内卡计划的成功运行也让欧盟看到了可能性，欧洲的卡计划梦又再次燃起。

2018 年，欧盟委员会在一篇名为《增强欧元的国际作用》的通信中强调："欧盟委员会支持欧盟完全集成的即时支付系统，以降低零售支付系统的风险和脆弱性，并增加现有支付解决方案的自主性。欧盟公民在进行跨境卡和在线支付时依赖少数全球供应商。由于即使是欧洲内部支付的清算也经常发生在欧盟以外，因此可能源自欧盟以外的技术、经济和法律原因造成的中断会使零售支付系统暴露于不必要的漏洞之下。此外，少数国际卡计划的市场主导地位给支付体系带来了问题，因为它显著降低了欧洲支付服务提供商对零售支付市场主要部分发展的影响。欧盟范围内的跨境即时支付解决方案将补充当前的卡计划，降低外部干扰的风险，并使欧盟更高效，也更自主。"这段话充分表明了 EPI 计划的政策定位，即作为欧洲的卡计划，避免欧洲之外的干扰，夺取欧洲对于欧元市场支付的主导权。这一问题并非空穴来风，目前欧元的零售支付系统很大程度上依靠美国的 V/M，欧美作为传统盟友，跨大西洋伙伴关系并不能保证欧美利益的一致性，远的如 V/M 中断对维基解密的支付支持，近的如 2018 年美国退出伊核协议，而欧洲并未退出，欧洲和伊朗之间依据伊核协议的商贸投资可能会受到美国的"二级制裁"，这将迫使作为美国公司的 V/M 切断与任何继续与伊朗交易的欧洲金融机构或公司的联系。这些事件上欧盟的行动极大受制于 V/M 的境外身份，由此引发了欧盟的危机感。

在 2020 年 EPI 提出之后，欧盟委员会在一篇名为《欧盟零售支付战略》的通讯中说："对欧盟零售支付的愿景是：——欧洲的公民和企业受益于广泛多样的高质量支付解决方案，以竞争和创新的支付市场为支持，并以安全、高效和可访问的基础设施为基础；——提供具有竞争力的本土和泛欧支付解决方案，支持欧洲的经济和金融主权；和——欧盟为改善与非欧盟司法管辖区的跨境支付（包括汇款）做出了重大贡献，从而支持欧元的国际作用和欧盟的'开放战略自主权'。"不难看出，对于零售支付，虽然第一点明确其竞争导致的普惠属性，但第二、三点的关切都在金融主权之上，因此金融主权才是欧盟的核心关切。EPI 计划出台之后，欧洲央行和欧盟委员会立刻发声支持该计划的行为也就不难理解。

三、EPI 的可能性：泛欧支付的整合

现金在欧洲支付交易中的使用正在减少，越来越多的电子零售支付通过支付卡网络进行。而疫情更是加快了欧洲支付的电子化进程。虽然欧洲并没有自己统一的跨国支付网络，但是很多国家都有自己的国内支付网络，如德国的 Girocard、法国的 Cartes Bancaires、丹麦的 Dankort、挪威的 BankAxept、比利时的 Payconiq Bancontact、意大利的 Bancomat 等，这些网络通常只在该成员国内运作。这意味着德国 Girocard 的持卡人不能使用法国的 Cartes Bancaires 网络从法国商人处进行购买，为了确保该卡在这种情况下仍然有效，国内卡计划通常与 V/M 等国际卡计划"共同标记"，这点类似于我国的银联双标卡。由于国际卡计划具有规模效应，而欧洲各国国境狭小，跨境支付频繁，许多欧洲国内卡计划在过去十年中被放弃，如 2011 年卢森堡的 Bancomat、2012 年荷兰的 PIN、2013 年芬兰的 Pankkikortti 和 2014 年爱尔兰的 Laser。相应地，使用国内卡计划进行的交易比例也在逐步下降，2016 年年底国内卡计划的支付占比已经低于三分之一。

2018 年欧盟委员会在《增强欧元的国际作用》的通信中强调："委员会将探

索促进各个成员国开发的支付解决方案的跨境使用的措施。它将进一步支持欧元零售支付委员会（在欧洲中央银行的主持下）的工作，以确保现有即时支付解决方案的互通性。委员会还将与相关利益相关者合作，共同承诺确保为客户提供广泛的即时支付服务，包括跨境支付。"这都表明在 EPI 等泛欧支付建设中，国内卡计划的重要作用。而在实践中，北欧国家先行一步，丹麦银行、瑞典银行、北欧银行等六家银行已经在探索建立一个名为 P27 的多币种的国内和跨境支付综合区域，并且探索将其标准与单一欧元支付区的标准保持一致以适用于欧元区的支付。

然而，各国国内卡计划对待 EPI 的态度非常多元，一方面，大多数本地支付组织担心 EPI 的推出可能会影响到其自身的利益，秉持着固守本土的思维，截至 2020 年仍有 10 个欧洲国家的国内卡计划不接受其他欧盟成员国的卡，如德国的 Girocard 和法国的 Cartes Bancaires。尽管优化对本地支付网络的接受度可以为商家节省大量资金，但欧洲央行认为解决这种碎片化问题只是为国际卡计划提供帮助，而无法加强欧洲市场的自主权。另一方面，部分国内卡计划积极拥抱 EPI，如前述作为第三方收单机构加入 EPI 的 Nets，由 Nets 经营的丹麦的国内卡计划 Dankort 和挪威的国内卡计划 BankAxept。

各家国内卡计划不同的状态使得 EPI 对这些卡计划的态度也较为强硬，EPI 的高管就在文章中声称 EPI 需要整合各个国内卡计划，但是这种整合的形式应当是客户的迁移而非整体性移转，各国内卡计划在 EPI 的竞争之下应当会逐步消亡。各国内卡计划和 EPI 之间的矛盾其实只是欧盟中联盟与成员国之间矛盾的缩影，背后隐现着各成员国与欧盟总部之间的角力。

四、EPI 的发展展望

EPI 计划于 2022 年上半年推出点对点的支付，2022 年下半年推出钱包解决方案，2024 年推出与卡支付相关的项目。EPI 计划于 2022 年上半年推出点对点的支付，2022 年下半年推出钱包解决方案，2024 年推出与卡支付相关的项目。但进度显著慢于预期，2024 年 7 月才推出 Wero 钱包，该网络的实施也将延期进行。

EPI 相对于 EAPS、Monet 等胎死腹中的泛欧支付体系，其成功可能性更高之处在于基础设施。从远期目标看，EAPS等项目的任务是筹集数亿欧元的基础设施投资。然而今天，SEPA的信用转账和直接借记转账计划已经在泛欧范围内得到了许多主要利益相关者的认可和遵守。于2017年生效的SEPA即时信用转账计划将被EPI用于其即时支付部门，为EPI提供了基础设施优势。但该技术并不像人们希望的那样普及，2020年8月，在所有提供SEPA信用转账的支付服务提供者中只有62.4%加入了即时信用转账计划。尽管在2020年11月欧洲支付委员会要求他们强制加入即时信用转账计划，但它也指出，鉴于所需的运营变化，许多市场参与者尚无采用即时信用转账计划的商业案例。底层SEPA作为基础设施被广泛采用，前端解决方案的开发也需要大量的资金投入。欧盟委员会在其针对欧盟的零售支付战略中表示，他们将评估对即时信用转账计划的遵守程度，如果认为不满意，则会考虑提出立法，要求在2021年年底之前通过该计划。

欧盟虽然可以通过政治手段强推EPI的硬件基础即时信用转账计划，但是欧盟无法强制推行EPI，这有违欧盟自由市场的理念和开放银行的改革目标，EPI计划还是需要通过其商业运作以进行。EPI相比于现在欧洲多个国内卡计划的复杂现状，有助于降低商户的支付成本，是一项社会福利改进的进步，具有推动的价值。EPI官方声称，欧洲65%的转账都由其股东进行，EPI具有推动的潜在能力。似乎EPI的成功只是顺势而为。

然而，大多数观点对EPI的命运并不乐观，主要是由于以下三个问题。其一，EPI是否能得到充足的资金建立其体系。支付市场的建立需要大量的经费支持，德国的国内卡计划Girocard的日渐式微的重要原因之一就是投资不足，无法应对国际巨头的支付竞争，EPI也是如此，在现在尚且没有经营利润的情况下，仅依靠股东提供资金推动耗资巨大的前期研究推广可能并不现实。其二，EPI与V/M等商业模式的竞争会相对困难。卡计划的现有盈利模式是交换费，通过交换费的策略设置来绑定持卡人和商家是发展初期的策略，然而由于欧盟2015就立法限制了交换费，极大缩小了EPI的空间。同时，由于V/M等国际卡计划可以处理欧盟和外国银行之间的支付交换，例如，英国脱欧后，欧盟—英国交易的交换费不再有上限，V/M完全可以用跨境支付的高费率补贴欧盟低费率，而EPI可能只在欧盟内部运作，缺乏竞争的灵活性。其三，EPI的潜在内部治理问题。EPI推动后，其股东银行的利益就容易出现冲突，各国内卡计划及其参与银行希望在欧洲层面采用自己的规范，以最大限度地降低迁移到新网络的成本。拥有相对成功的国内卡计划的国家（如德国和荷兰）可能会对其网络被替换为可能更昂贵且他们无法控制的网络感到不满。V/M 等国际卡计划也可能会通过促进双标卡的持卡人更多使用 V/M 支付等手段争夺国内卡计划退出的市场，抢占 EPI 的潜在份额。这些问题都表明 EPI 的前路恐怕并不明朗，其可能成为统一的欧洲支付巨头，也可能随着欧洲政商的方向转向或是欧洲内讧而留下"一地鸡毛"。

无论如何，欧盟在电子支付领域的挣扎都从侧面表明支付清算计划作为国家经济基础设施的重要性。我国从金卡工程以来，从零起步，在列强环伺的国际卡计划的包围下已经发展成为能够制定 EMV 标准等重要规则的话事人。印度、俄罗斯已经沿着我国支付业探索出的路径成功组建了成规模的本土卡计划，下一个成功者会是欧洲支付计划吗？

第二节　国家化电子支付计划的兴起

一、国家支付计划兴起的背景

在全球支付生态系统中，国际支付系统的集中化问题日益突出。以 Visa 和 MasterCard 为主的国际卡组织（ICS）占据了市场的主导地位，控制了大部分跨境支付和国内交易。这种集中化使得许多国家在金融交易中面临较高的依赖性，不仅增加了交易成本，还导致了数据安全和隐私保护方面的担忧。

近年来，越来越多的国家开始迅速推进自己的国家支付计划（NPS），以实现经济主权和金融独立。例如，俄罗斯推出的 Mir 卡自 2014 年起，成为其国家支付体系的核心，旨在应对西方制裁并减少对外部金融系统的依赖。印度的 RuPay 卡在 2012 年快速发展，成为其国内市场的重要参与者，政府还推动了与国际支付网络的合作，增强了其国际接受度。此外，近年来各国推动出台了一系列支付计划，例如，2014 年巴西发布 Elo，2016 年土耳其推出 Troy，2016 年泰国推出

PromptPay，2017 年新加坡发布 PayNow，2019 年埃及推出 Meeza，2019 年斯里兰卡推出 LankaPay 等。

这些国家支付计划的推出，反映了各国在构建本地支付系统方面的积极性，意识到建立自主的支付基础设施可以增强经济安全，促进国内经济的发展。此外，技术进步也为国家支付计划的实施提供了有力支持。移动支付和数字钱包的普及，使得本地支付系统能够快速适应市场需求，提高用户体验。这种技术驱动的转型，使得国家支付计划不仅成为经济主权的体现，也成为提升金融包容性和促进经济增长的重要手段。因此，国家支付计划的兴起，反映了全球范围内对经济自主权和支付安全的迫切需求。

二、国家支付计划兴起的原因

国家支付计划的兴起背后，有经济主权、成本效益、技术进步和市场竞争等多重因素的共同作用，各国政府在实现金融自主权和促进经济发展的过程中，也积极响应这些因素的影响，推动了这一趋势。

（一）经济与政治主权的需求

随着国际局势的变化，尤其是在面临地缘政治压力和经济制裁时，许多国家认识到构建自主支付系统的必要性。经济主权的缺失使得国家在国际金融体系中处于被动地位，特别是在关键时刻，无法有效控制资金流动和交易安全。俄罗斯在 2014 年遭受西方制裁后，迅速推出了 Mir 卡，以减少对国际支付网络的依赖，确保国内交易的连续性和稳定性。这一举措不仅是应对制裁的反应，也展示了国家在金融事务中维护自身利益的决心。此外，印度的 RuPay 卡同样是在增强国家支付能力的背景下推出的，印度政府希望通过本地支付网络确保在国际金融环境不确定的情况下，经济能够保持稳定。通过建立国家支付计划，各国能够更好地保护国家利益，增强金融安全，避免因外部因素而导致的经济波动。

（二）成本与效率的提升

国家支付计划通常能够提供比国际卡组织更低的交易费用，这将对本地商户和消费者产生直接的经济利益。例如，RuPay 的交易费用显著低于 Visa 和 MasterCard，降低了银行和商户的运营成本，进而推动电子支付的广泛采用。这使得更多的中小企业能够接受电子支付，提升了整体经济的活力。在巴西，Elo 卡的推出旨在通过降低交易费用，增强本地商户的竞争力，促进消费增长。此外，国家支付系统通过简化支付流程，提高交易效率，使得消费者和商户的支付体验更加顺畅。例如，许多国家的即时支付系统通过减少交易确认时间，显著提升了资金流动的效率，促进了经济的活跃度。与此同时，这种低成本的支付解决方案也使得更多的人群能够参与到金融体系中，推动了经济的整体增长。

（三）技术进步与金融包容性的提升

近年来，技术的快速发展为国家支付计划的实施提供了良好基础。移动支付和实时支付技术的兴起，使得本地支付系统能够快速适应市场需求，提高用户体验。例如，印度的统一支付接口（UPI）实现了即时转账和支付，极大地提升了用户的便捷性和安全性。通过将银行账户与手机号码绑定，UPI不仅减少了现金交易的需要，还推动了大量未被银行服务的人群进入金融体系。此外，泰国的PromptPay系统通过使用QR码支付，迅速赢得了市场的认可，方便了消费者和商户之间的交易。这种技术驱动的转型，使国家支付计划不仅能够满足日益增长的消费者需求，还能提高交易的安全性和便捷性。同时，金融包容性是国家支付计划的重要目标之一，许多国家通过本地支付系统帮助未被充分服务的人群获得金融服务。例如，印度通过RuPay卡的推广，使得数百万印度人能够开设银行账户并获得支付服务，提升了国民的生活水平。埃及的Meeza卡同样旨在帮助没有传统银行账户的人获得电子支付服务，从而促进金融交易的便利性和安全性。

（四）市场竞争的驱动

在国际卡组织的垄断环境中，国家支付计划的推出有助于增强市场竞争，推动本地金融机构的创新与发展。各国政府通过支持本地支付系统的建设，鼓励金融科技企业的崛起。例如，在南非，政府通过推动本地支付平台的发展，提高了消费者对本地支付服务的信任度，并促使传统金融机构提升服务质量和用户体验。这样的竞争环境不仅促进了支付行业的健康发展，还推动了技术创新，使得消费者能享受到更多样化的支付选择。此外，国家支付计划还为本地企业提供了更多的支付选择，增强了它们在全球市场中的竞争力。通过打破国际卡组织的垄断，国家能够为消费者和商户提供更具吸引力和灵活性的支付解决方案，从而推动整个经济的增长和繁荣。

三、国家支付计划发展的困难

尽管国家支付计划在推动金融自主性和提升支付效率方面具有诸多优势，但在实施过程中，仍面临多重挑战和困难。

（一）国际竞争的压力

国家支付计划在国际支付市场中常面临强大的竞争压力。以 Visa 和 MasterCard 为代表的国际卡组织在消费者心中拥有较高的品牌认知度和信任度。这种信任使得消费者和商户在选择支付方式时，更倾向于使用熟悉的国际品牌，而对新兴的国家支付系统则存在一定的抵触情绪。例如，尽管印度的 RuPay 提供了更低的交易费用，其市场渗透率仍然低于 Visa 和 MasterCard。许多消费者对新系统缺乏了解，且可能担心新支付方式的可靠性与安全性。这种现象不仅影响了 RuPay 在印度国内的推广，也在一定程度上限制了其国际扩展的机会。类似情况也出现在巴西的 Elo 卡和土耳其的 Troy 卡上，这些国家支付计划的成功推广，需要克服消费者心理和市场偏好的障碍，以增强市场份额和用户接受度。

（二）接受度与基础设施的不足

许多国家在实施国家支付计划时，还面临技术基础设施不完善的问题。在发展中国家，金融基础设施的薄弱往往导致支付系统的效率降低。例如，部分国家的互联网覆盖率不足，使得移动支付的普及受到限制。在一些非洲国家，互联网渗透率较低，导致许多人无法使用基于网络的支付服务，从而阻碍了国家支付计划的实施。用户教育和接受度也是重要的挑战。国家支付计划的推广需要用户的积极参与，但在一些地区，金融知识的缺乏可能阻碍新支付方式的接受。特别是在农村和偏远地区，许多人对数字支付缺乏了解和信任，这就导致新支付系统的使用率较低。例如，尽管印度 RuPay 卡的推出旨在促进金融包容性，但许多用户仍对如何安全使用电子支付存在疑虑，尤其是老年人和技术接受度较低的人群。这种困惑和不信任会影响新支付系统的普及率，进而妨碍国家支付计划的成功推广。

（三）技术与安全的挑战

国家支付计划的实施不仅依赖于用户接受度，还面临着技术和安全的重大挑战。技术升级所需的投资常常超出一些国家的财力，使得支付系统的创新和扩展受到阻碍。在某些情况下，政府希望推动本地支付系统的发展，但技术层面的瓶颈依然是一个不可忽视的挑战。例如，一些发展中国家在数字支付技术的部署上缺乏足够的资金，导致无法实施必要的系统升级和维护。同时，数据安全和隐私保护问题也日益突出。国家支付系统需要处理大量用户的个人和财务数据，一旦发生数据泄露或安全事件，将严重影响用户的信任度和系统的持续使用。例如，俄罗斯的 Mir 卡在面对网络攻击时，必须有效保障用户数据的安全，确保交易的完整性和机密性。同样，印度在推广 UPI 时也需加强对交易数据的安全性保护，以防止网络诈骗和数据滥用。这些技术与安全隐患不仅对国家支付计划的实施构成威胁，也可能影响用户的持续参与和系统的长期可持续性。

四、国家支付计划发展的展望

国家支付计划的发展趋势在多个方面表现出积极的变化和创新，反映出全球支付生态系统的演变。

（一）支付方式的融合

近年来，国家支付计划的形式日益多样化，除传统的银行卡支付系统外，电子钱包和移动支付等新兴支付方式也逐渐融合进入国家支付体系。例如，中国的支付宝和微信支付已经成为日常交易的重要工具，这些平台与国家的支付基础设施相结合，促进了更广泛的支付选择。在印度，UPI 将银行卡、电子钱包和移动支付融合，提供便捷的即时转账服务。通过这种支付方式的融合，国家支付计划不仅提升了用户的支付体验，也增强了金融系统的灵活性和适应性，使得更多的人能够参与到数字支付中。

（二）国家支付计划间的合作与区域化趋势

国家支付计划之间的合作与区域化也成为一大趋势。各国开始探索通过互认和接口标准化，促进支付系统的互联互通。例如，东南亚国家联盟（ASEAN）正在探索统一支付区，以降低跨境交易的成本和复杂性。这种区域合作不仅能够提升交易效率，还能够增强区域内金融的稳定性。欧盟的欧洲支付倡议（EPI）同样旨在统一成员国的支付标准，推动跨境交易的便利性。这些区域化努力显示出各国在加强支付系统合作方面的共同愿望，以应对国际支付市场的竞争和挑战。

(三) 支付标准的输出与国际合作

国家支付计划的影响力不仅限于本国市场，越来越多的国家也开始输出支付标准，与其他国家进行合作。例如，阿联酋中央银行（CBUAE）及其子公司 Al-Etihad Payments 正在与印度国家支付公司（NPCI）、国际支付有限公司（NIPL）合作，开发和实施数字支付系统（DCS），后者负责领导印度 RuPay 卡计划的开发。这种国际合作不仅有助于提升阿联酋的支付基础设施，还推动了印度支付标准的全球化。此外，斯里兰卡中央银行与 LankaClear（Pvt）Ltd.（LCPL）联合推出的国家卡计划（NCS）也是一个重要里程碑，NCS 将与日本国际支付卡运营商 JCB International 合作运营，推动斯里兰卡的支付系统现代化。这些案例表明，国家支付计划正逐渐走向国际化，通过合作与输出标准增强全球竞争力。

(四) 金融包容性和普惠金融的重视

随着国家支付计划的发展，金融包容性和普惠金融逐渐成为各国政策的重要目标。许多国家通过国家支付系统，积极促进未被充分服务的人群进入金融体系。例如，印度的 RuPay 卡通过政府支持，帮助数百万未开户的居民获得银行账户和电子支付服务，从而提升了金融服务的覆盖率。埃及的 Meeza 卡也同样旨在帮助低收入群体和农村居民获取金融服务，促进经济的包容性发展。这种重视金融包容性的趋势，不仅提升了社会整体的金融素养，也推动了经济的可持续发展，为更多人创造了参与经济活动的机会。

附录一 欧盟《第二支付服务指令》（PSD2）简介

欧盟的《第二支付服务指令》（Payment Services Directive 2, PSD2），是一项促进支付服务市场竞争、提升安全性并支持创新的法律框架，旨在规范欧盟内的支付服务，确保支付市场的安全、透明。它于2015年由欧盟通过，并要求成员国在2018年1月之前将其转化为国内法律。

PSD2的正式法律名称为《欧洲议会和理事会第2015/2366号指令》（2015年11月25日），全称为《关于内部市场支付服务的第2015/2366号指令，修订第2002/65/EC、2009/110/EC和2013/36/EU号指令，以及第1093/2010号条例（欧盟），并废除第2007/64/EC号指令》，涉及修订与废除的指令与条例包括：修订第2002/65/EC指令，该指令涉及远程金融服务的营销，PSD2对此进行了更新，以适应当前的数字支付环境；修订第2009/110/EC指令，该指令主要监管电子货币机构，PSD2的修订为电子货币服务引入了更严格的监管要求；修订第2013/36/EU指令，该指令涉及银行资本要求，PSD2通过修订进一步规范了银行的支付服务；废除第2007/64/EC指令，PSD1被PSD2取代，这是支付服务市场中的一次重要变革，旨在应对新时代的支付服务需求。

一、PSD2的产生背景与原因

要理解PSD2的产生原因，需要从其前身、支付行业的变革以及欧盟政策目标等方面进行详细考察。

附录一 欧盟《第二支付服务指令》(PSD2)简介

(一) PSD1 的局限性与更新需求

PSD2 的前身是 2007 年通过的《第一支付服务指令》(Payment Services Directive 1, PSD1)。PSD1 的主要目的是创建一个统一的欧盟支付市场，简化支付服务的监管，消除成员国之间的障碍，促进跨境支付服务的发展。PSD1 为银行和支付服务提供者提供了一个基础的法律框架，促使支付系统变得更加高效透明，并推动了电子支付的普及。然而，随着金融科技的迅猛发展和消费者支付习惯的变化，PSD1 的规定逐渐显现出局限性。首先，PSD1 并未充分考虑互联网支付、移动支付等新兴支付方式的崛起，无法有效应对在线支付欺诈和数据泄露的风险。其次，PSD1 主要围绕传统银行业务进行设计，未能适应金融科技公司和第三方支付服务提供者（如 PayPal 等）的快速发展。因此，PSD1 的框架已经不能适应欧盟内部支付服务市场的实际需求，更新和改革成为迫切需求。

(二) 支付技术的革新与安全性需求

在 PSD1 实施的十年间，支付行业发生了巨大的技术变革，互联网和智能手机的普及带来了数字支付的爆炸式增长。消费者对电子商务和在线支付的依赖与日俱增，同时也面临着日益严重的支付欺诈问题。根据欧洲中央银行的数据，欧洲的"卡不在场"（Card Not Present, CNP）欺诈（如通过网上交易进行的欺诈行为）在 2016 年达到了 13 亿欧元，而这一数据在 2012 年仅为 7.94 亿欧元。支付欺诈的上升促使欧盟决策者意识到，需要通过更加严格的身份验证和安全措施来应对日益复杂的支付犯罪行为。为此，PSD2 引入了强客户身份认证（SCA），通过要求多因素身份验证来确保支付交易的安全性。这是对支付安全问题的直接回应，特别是应对在线和移动支付中的欺诈行为。

(三) 金融科技的崛起与市场开放需求

金融科技（FinTech）的崛起极大改变了支付市场的格局，传统银行的垄断地位受到了挑战。金融科技公司通过创新的支付服务，如数字钱包、移动支付、账户信息管理等，为消费者提供了比传统银行更加便捷和灵活的支付解决方案。PSD1 在立法时并未充分考虑到这些非银行金融机构的崛起，导致市场出现了一些不公平的竞争现象。传统银行由于监管原因无法灵活应对金融科技的创新，而金融科技公司则在部分国家受到较少监管，从而产生了市场上的不公平竞争。因此，欧盟希望通过 PSD2 在促进创新的同时，建立一个公平的竞争环境，允许第三方支付服务提供者合法进入市场，并确保其遵循统一的监管框架。

（四）消费者保护与透明度提升的需求

PSD1虽然推动了支付市场的发展，但在消费者保护方面的规定相对较弱，特别是在数据保护和费用透明度方面。随着消费者对数据隐私和支付安全的关注日益增加，PSD1的法律框架显得不够完善。例如，消费者在进行跨境支付时，经常会遇到费用不透明或信息不清楚的情况，导致支付过程中出现纠纷。PSD2通过引入更严格的消费者保护措施来回应这些问题，特别是在数据透明度、费用披露以及未授权支付的赔偿机制上做出了改进。消费者在PSD2框架下享有更大的权利，例如对账户信息的控制权和对支付交易中的费用明细的知情权。

（五）欧盟统一市场的政策目标

欧盟自成立以来，一直致力于促进成员国之间的市场一体化，尤其是金融服务市场。PSD2的出台也是欧盟推动统一支付市场的一部分。欧盟希望通过统一支付服务的法律框架，进一步消除跨境支付的障碍，提升支付服务的效率和安全性，打造一个更加无缝衔接的欧洲经济区支付系统。

二、PSD2的主要内容

PSD2的主要内容涵盖了支付服务领域的广泛更新和扩展，旨在加强支付安全、促进市场竞争并保护消费者权益。PSD2通过多个核心条款，建立了全新的支付服务框架，促进了金融科技创新和支付市场的开放。

（一）开放银行的引入

PSD2的一个重大创新是开放银行（Open Banking）的引入。它要求银行通过开放的应用程序接口（API）向第三方支付服务提供者开放客户账户信息，允许客户授权第三方（如支付发起服务提供者或账户信息服务提供者）访问其银行数据或发起支付交易。这不仅打破了银行在支付领域的垄断，还为金融科技公司提供了广泛的创新机会。

（二）支付发起服务和账户信息服务

PSD2引入了两个新的支付服务类别：支付发起服务（PIS）和账户信息服务（AIS）。支付发起服务提供者（PISP）允许第三方在不持有资金的情况下发起支付，账户信息服务提供者（AISP）则可以访问用户的银行账户信息，以帮助用户分析和管理财务状况。这些新服务的引入，极大地提升了支付服务的多样性和便捷性。

（三）强客户身份认证

PSD2 的一大亮点是强客户身份认证（SCA）要求的引入。SCA 要求所有电子支付交易必须通过至少两种不同的身份验证方式（如密码、指纹或短信验证码）来完成。SCA 的目标是提升支付交易的安全性，尤其是防范"卡不在场"支付中的欺诈行为。

（四）透明度和费用披露

PSD2 规定了更严格的透明度要求，要求支付服务提供者在交易前必须向消费者明确披露所有费用和收费结构。这一规定特别针对跨境支付和货币转换费用，确保消费者能够清晰地了解每一笔支付的实际成本。此举提升了消费者对支付服务的信任度和满意度。

（五）支付市场竞争的促进

PSD2 通过允许第三方支付服务提供者进入市场，打破了银行的垄断地位，促进了支付市场的竞争。金融科技公司可以在不持有客户资金的情况下提供创新的支付服务，如快速支付和账户管理等。这为消费者和企业带来了更多选择，并推动了支付服务的成本下降和创新。

（六）支付服务的适用范围扩大

PSD2 不仅限于欧元交易，还扩大了其适用范围，涵盖了包括非欧元货币在内的所有欧盟内部和跨境交易。只要支付服务提供者的任何一方位于欧盟境内，PSD2 的规则即对其适用。此外，PSD2 还对支付服务的监管机构进行了扩展，包括支付机构、电子货币机构以及非银行支付服务提供者。

（七）消费者保护措施

PSD2 通过引入更严格的消费者保护措施，如强制退款权利、未经授权支付的赔偿机制等，进一步保障了消费者的权益。消费者在发生未经授权的支付时最多只需承担 50 欧元的责任，而支付服务提供者则必须承担主要责任。这一规定增强了消费者在使用电子支付服务时的安全感。

（八）跨境支付的便利化

PSD2 不仅提升了欧盟内部支付的效率，还通过统一的法规框架，减少了跨境支付中的障碍。无论是个人消费者还是企业，跨境支付变得更加透明、快速和低成本。这一变化对于那些参与欧盟市场的跨境电商和跨境服务提供者而言，具有重要意义。

三、PSD2 的影响

PSD2 作为一项全面的支付服务改革，不仅在欧盟内部产生了深远的影响，也在全球范围内引发了广泛的关注和效仿。其对支付服务的安全性、竞争性和透明度提出了更高要求，推动了金融科技的发展，并为全球支付市场的演进提供了重要的参考框架。

（一）对欧盟内部支付市场的影响

在欧盟内部，PSD2 的实施极大促进了支付市场的竞争，打破了银行在支付服务领域的垄断地位。通过引入开放银行机制，PSD2 要求银行向第三方支付服务提供者开放其客户数据，允许消费者自主选择支付服务。这为金融科技公司创造了新的发展机会，并促使传统银行加速数字化转型。此外，PSD2 的强客户身份认证要求提升了支付交易的安全性，特别是在电子商务领域。尽管这种更严格的身份验证要求可能会增加消费者的操作步骤，但其对防范在线支付欺诈的贡献不容忽视。数据显示，在实施强客户身份认证的区域，"卡不在场"欺诈显著减少。

（二）对金融科技行业的推动

PSD2 通过开放银行和引入第三方支付服务，大大推动了金融科技行业的创新和发展。许多金融科技公司利用 PSD2 提供的 API 接口开发出创新的支付解决方案，如基于账户的快速支付和自动理财工具。这不仅提高了支付服务的效率，还增强了消费者对金融服务的掌控力。PSD2 的创新机制为其他国家和地区的金融科技发展提供了借鉴，尤其是在推动非银行金融机构与传统银行竞争方面。世界各地的金融科技企业可以通过参考 PSD2 的开放银行模式，开发更加个性化、便捷的金融服务，满足用户的多样化需求。

（三）对全球支付市场规则的影响

PSD2 不仅影响了欧盟内部的支付市场规则，还对全球其他地区产生了重要影响。作为一项国际认可的支付服务规范，PSD2 为其他国家和地区的支付法规提供了参考模板。例如，英国在脱欧后实施了类似的开放银行规定，以保持与欧盟支付市场的接轨。此外，澳大利亚、加拿大等国家和地区也在借鉴 PSD2 的经验，推动本地的支付市场改革。特别是在开放银行和支付安全方面，PSD2 的做法被视为全球金融监管的标杆。这些国家和地区通过参考 PSD2 的框架，制定了适合本国市场的支付服务规范，推动了跨境支付的便利化和全球金融市场的互联互通。

（四）对消费者权益保护的加强

PSD2 显著提升了消费者在支付服务中的权利。通过加强费用透明度、提升支付安全性和引入严格的身份验证机制，PSD2 确保了消费者能够在一个更加安全和透明的环境中进行支付交易。同时，PSD2 还加强了消费者在发生未经授权支付时的保护措施，这对于提升用户信心、推动电子支付的广泛应用具有积极意义。

（五）对跨境支付的促进

PSD2 的一个重要目标是减少欧盟成员国之间跨境支付的障碍。通过统一的支付规则和费用透明度要求，PSD2 使跨境支付变得更加简单、高效。这对跨境电商和全球贸易的发展起到了重要推动作用。中国企业特别是在欧盟市场运营的跨境电商公司，可以通过遵循 PSD2 的相关规定，提供更加便捷和安全的支付服务，从而提升市场竞争力。

四、研究 PSD2 的意义

PSD2 作为欧盟支付服务领域的关键法律文件，不仅对欧盟内部的支付市场产生了深远的影响，其在全球范围内的影响力也日益显著。对于中国读者理解 PSD2 具有多层次的重要价值，主要体现在以下四个方面：

（一）理解全球支付服务创新

PSD2 通过推动开放银行和第三方支付服务等机制，促使金融科技创新加速发展。中国的支付市场，尤其是电子支付和金融科技领域也在快速发展，支付宝、微信支付等公司已经成为全球支付创新的典范。因此，深入了解 PSD2 的内容能够帮助中国的金融科技公司借鉴欧盟的监管经验，从而更好地与国际标准接轨。

（二）国际化运营与合规需求

随着越来越多的中国企业走向国际市场，特别是参与跨境电子商务的企业，理解 PSD2 的规定有助于这些公司遵守欧盟的支付合规要求，避免法律风险。PSD2 要求所有在欧盟范围内的支付服务必须符合其强客户身份认证等严格的安全规定。对在欧盟市场运营的中国企业而言，理解 PSD2 不仅有助于理解法律要求，还能够为企业在欧盟的合规运营提供法律支持。

（三）提升金融科技监管水平

PSD2 的引入大大提高了欧盟金融市场的透明度和安全性，对防范支付欺诈和保障消费者权益起到了重要作用。我国在近年来也加强了对金融科技行业的监管，如《非银行支付机构网络支付业务管理办法》等文件的出台。理解 PSD2 能够为中国的监管机构提供一个参考，帮助其在进一步完善国内金融科技监管框架时借鉴国际先进经验，从而确保国内市场的健康发展。

（四）推动中欧金融合作与学术研究

随着中欧经贸关系的深化，特别是在跨境支付和跨境电商领域的合作日益密切，理解 PSD2 对于促进中欧金融领域的合作具有重要意义。通过深入研究 PSD2，中国的学者、企业和政府能够更好地理解欧盟的金融监管环境，这为双方在支付服务、数据安全、消费者保护等领域的合作奠定基础，PSD2 涉及的开放银行、数据保护和支付安全等议题也是全球金融法律研究的重点课题。通过理解 PSD2，中国的法律学者和从业者不仅能获取第一手的研究材料，还能增进与欧盟在金融科技领域的法律与政策交流。在全球金融服务市场日益数字化的背景下，PSD2 为探讨全球金融服务的法规趋同化提供了一个极具参考价值的模型。它不仅能够推动中欧在支付服务和金融科技领域的务实合作，还为全球范围内的法律和政策研究提供了新空间，从而促进中欧在学术和法律领域的深入交流。

附录二　欧盟《第二支付服务指令》（第2015/2366号指令）

（2015年11月25日）

关于内部市场支付服务的第2015/2366号指令，修订第2002/65/EC、第2009/110/EC和第2013/36/EU号指令以及第1093/2010号条例（欧盟），并废除第2007/64/EC号指令

（与欧洲经济区相关的文本）

欧洲议会和欧洲联盟理事会，考虑到《欧洲联盟运作条约》，特别是其第114条，考虑到欧盟委员会的提案，在向各国议会递交立法草案后，考虑到欧洲中央银行的意见，以及欧洲经济和社会委员会的意见，按照普通立法程序行事。

鉴于：

（1）近年来，欧盟在整合零售支付方面取得了重大进展，特别是在欧盟支付法案的背景下，尤其是通过欧洲议会和理事会第2007/64/EC号指令、欧洲议会和理事会第924/2009号条例、欧洲议会和理事会第2009/110/EC号指令，以及欧洲议会和理事会第260/2012号条例。欧洲议会和欧盟理事会第2011/83/EU号指令进一步补充了支付服务的法律框架，对零售商因客户使用特定支付手段而收取附加费的能力设定了具体限制。

（2）修订后的欧盟支付服务法律框架得到了欧洲议会和欧盟理事会第2015/751号条例的补充。该条例特别引入了关于收取银行卡交易交换费的规则，旨在进一步加快实现有效的银行卡支付一体化市场。

（3）第2007/64/EC号指令是在2005年12月委员会提案的基础上于2007年12月通过的。从那时起，零售支付市场经历了重大的技术革新，电子支付和移动支付的数量迅速增长，市场上出现了新型支付服务，这对现行框架提出了挑战。

（4）对欧盟支付服务法律框架的审查，特别是对第2007/64/EC号指令影响的分析，以及对2012年1月11日欧盟委员会题为"迈向一体化的欧洲银行卡、互联网和移动支付市场"绿皮书的咨询都表明，从监管角度看，发展带来了重大挑战。支付市场的许多领域，特别是银行卡、互联网和移动支付，仍然是以国界分割的。许多创新支付产品或服务并不完全或大部分属于第2007/64/EC号指令的范围。此外，第2007/64/EC号指令的范围，特别是其范围之外的内容，如某些与支付有关的活动，在某些情况下已被证明过于模糊、过于笼统或根本就过时了。这就造成了法律上的不确定性、支付链中潜在的安全风险以及某些领域缺乏对消费者的保护。事实证明，支付服务提供商很难在欧盟推出创新、安全和易用的数字支付服务，也很难为消费者和零售商提供有效、便捷和安全的支付方式。在这种情况下，就需要更加坚持不懈地挖掘巨大的积极潜力。

（5）为了支持欧盟经济的增长，确保消费者、商家和公司在支付服务方面享有选择权和透明度，从而充分受益于内部市场，继续发展一体化的内部安全电子支付市场至关重要。

（6）应制定新的规则来填补监管空白，同时提供更明确的法律规定，确保在整个欧盟范围内一致适用法律框架。应保证市场上现有的和新的参与者享有同等的经营条件，使新的支付手段能够进入更广阔的市场，并确保整个欧盟在使用这些支付服务时对消费者提供高水平的保护。这将提高整个支付系统的效率，增加支付服务的选择和透明度，同时加强消费者对统一支付市场的信任。

（7）近年来，与电子支付有关的安全风险有所增加。这是由于电子支付的技术复杂性不断提高，全球电子支付量持续增长，以及支付服务类型不断涌现。安全可靠的支付服务是支付服务市场良好运行的重要条件。因此，应充分保护支付服务用户免受此类风险。支付服务对重要的经济和社会活动的运作至关重要。

（8）本指令中关于支付服务提供商的透明度和信息要求，以及关于提供和使用支付服务的权利和义务的规定，也应酌情适用于支付服务提供商之一位于欧洲经济区（EEA）以外的交易，以避免各成员国采取不同的做法，损害消费者的利益。在适当情况下，这些规定应扩大适用于位于欧洲经济区内的支付服务提供商之间以所有官方货币进行的交易。

（9）汇款是一种简单的支付服务，通常是由付款人向支付服务提供商提供现金，支付服务提供商通过通信网络等方式将相应金额汇给收款人或代表收款人行事的另一家支付服务提供商。在一些成员国，超市、商家和其他零售商向公众提供相应的服务，使他们能够支付水电费和其他常规家庭账单。这些账单支付服务应被视为汇款，除非主管当局认为该活动属于另一种支付服务。

（10）该指令对收单交易采用了中性定义，以便不仅涵盖以支付卡使用为核心的传统收单模式，而且涵盖不同的商业模式，包括涉及不止一个收单机构的商业模式。这将确保商户无论使用何种支付工具都获得相同的保护，只要其活动与银行卡交易的收单活动相同。向支付服务提供商提供的技术服务，如仅处理和存储数据或操作终端，则不应被视为构成收单。此外，有些收单模式并不要求收单人向收款人实际转移资金，因为双方可能商定其他结算方式。

（11）关于将通过商业代理人代表付款人或收款人进行的支付交易排除在第2007/64/EC号指令范围之外的规定，各成员国的适用情况大相径庭。某些成员国允许电子商务平台在没有实际保证金的情况下代表个人买家和卖家谈判或达成货物或服务的买卖，从而使用该排除条款。这种排除适用超出了该指令规定的预期范围，有可能增加消费者的风险，因为这些供应商仍然不受法律框架的保护。不同的应用实践也会扭曲支付市场的竞争。因此，为解决这些问题，排除条款应适用于代理人仅代表付款人或仅代表收款人行事的情况，而不论其是否拥有客户资金。如果代理人同时代表付款人和收款人行事（如某些电子商务平台），则只有在他们在任何时候都不占有或控制客户资金的情况下，才应被排除在外。

（12）本指令不应适用于现金转运公司（CIT）和现金管理公司（CMC）的活动，如果有关活动仅限于纸币和硬币的实物运输。

（13）来自市场的反馈表明，"有限网络除外"所涵盖的支付活动往往包括大量的支付活动和支付金额，并向消费者提供成百上千种不同的产品和服务。这不符合第2007/64/EC号指令规定的有限网络排除的目的，意味着更大的风险，对支付服务用户，特别是消费者没有法律保护，对受监管的市场参与者明显不利。为了帮助限制这些风险，不应该使用同一种支付工具在一个以上的有限网络内进行支付交易以获取商品和服务，或者获取不受限制的商品和服务。如果一种支付工具只能在以下情况下使用，则应被视为在这种有限网络内使用：第一，在特定的零售商或特定的零售连锁店购买商品和服务，相关实体通过商业协议直接联系在一起，如该协议规定使用单一的支付品牌，该支付品牌在销售点使用，并在可行的情况下出现在可在销售点使用的支付工具上；第二，用于购买范围非常有限的商品或服务，如无论销售点的地理位置如何，使用范围实际上仅限于数量有限的功能相关的商品或服务；第三，国家或地区公共机构出于特定的社会或税收目的对支付工具进行管理，以获取特定的商品或服务。

（14）被排除在有限网络之外的支付工具可能包括商店卡、加油卡、会员卡、公共交通卡、停车票、餐券或特定服务券，这些支付工具有时受制于特定的税收或劳动法律框架，旨在通过促进这类工具的使用以实现社会立法规定的目标。当这种特殊用途的票据发展成为一般用途的票据时，将其排除在本指令范围之外的规定就不再适用了。可用于在上市商户商店购物的票据不应排除在本指令的适用范围之外，因为此类票据通常是为不断扩大的服务提供商网络而设计的。有限网络排除应与潜在支付服务提供商通知属于其范围内活动的义务一并适用。

（15）第2007/64/EC号指令将某些通过电信或信息技术设备进行的支付交易排除在其适用范围之外，在这些交易中，网络运营商不仅充当了通过相关设备提供数字商品和服务的中介，而且增加了这些商品或服务的价值。特别是，该排除条款允许所谓的运营商计费或直接通过话费购买，从铃声和高级短信服务开始，这有助于基于数字内容和语音服务的低价值销售的新商业模式的发展。这些服务包括娱乐（如聊天）、下载（如视频、音乐和游戏）、信息（如天气、新闻、体育更新、股票和通讯录查询）、电视和广播参与（如投票、参加比赛和提供现场反馈）。从市场反馈的信息来看，没有证据表明这类深受消费者信赖的低门槛便捷支付交易已发展成为一般的支付中介服务。然而，由于相关免责条款的措辞含糊不清，各成员国的执行情况不尽相同，导致经营者和消费者缺乏法律确定性，有时还允许支付中介服务声称有资格不受第 2007/64/EC 号指令范围的限制。因此，通过明确规定该指令所适用的支付交易类型，澄清并缩小此类服务提供商的免责资格范围是适当的。

（16）与通过电信或信息技术设备进行的某些支付交易有关的除外规定应特别侧重于数字内容和语音服务的小额支付。应明确提及购买电子票的支付交易，以考虑到支付领域的发展，特别是客户可以在任何地点、任何时间使用手机或其他设备订购、支付、获取和验证电子票。电子票允许并方便提供消费者原本可以通过纸质票购买的服务，包括交通、娱乐、停车和进入场馆，但不包括实物商品。因此，电子票降低了与传统纸质票渠道相关的生产和分销成本，并通过提供新的、简单的购票方式为消费者提供了更多便利。为了减轻慈善捐款实体的负担，与此类捐款有关的支付交易也应排除在外。成员国应根据本国法律，自主决定是否将为注册慈善组织募集的捐款排除在外。只有当支付交易的价值低于特定阈值时，整个排除条款才应适用，以便将其明确限制在低风险的支付上。

（17）单一欧元支付区（SEPA）促进了欧盟范围内"支付工厂"和"收款工厂"的建立，使同一集团的支付交易得以集中化。在这方面，母企业与其子公司之间或同一母企业的子公司之间由属于同一集团的支付服务提供商提供的支付交易应排除在本指令范围之外。就本指令而言，母企业或其子公司代表集团收取支付指令并转交给支付服务提供者的行为不应被视为支付服务。

（18）第 2007/64/EC 号指令将独立于账户服务支付服务提供商的自动取款机（ATM）部署商所提供的支付服务排除在指令范围之外。这一排除刺激了许多成员国独立自动取款机服务的发展，特别是在人口较少的地区。然而，将自动取款机市场中这一快速增长的部分完全排除在本指令范围之外，可能会导致取款费用方面的混乱。在跨境情况下，这可能导致账户服务支付服务提供商和自动取款机部署商对同一取款收取双重费用。因此，为了维持自动取款机服务的提供，同时确保取款费用的明确性，宜保留排除条款，但要求自动取款机运营商遵守本指令的具体透明度规定。此外，自动取款机运营商收取的费用不应影响欧盟第 924/2009 号条例。

（19）寻求从第 2007/64/EC 号指令范围除外条款中获益的服务提供商往往没有就其活动是否属于该指令的范围或除外条款咨询有关当局，而是依赖于自己的评估。这导致各成员国对某些排除条款的适用情况不尽相同。此外，支付服务提供商似乎还利用某些排除条款来重新设计业务模式，从而使所提供的支付活动超出该指令的范围。这可能会增加支付服务用户的风险，并导致内部市场中支付服务提供商的条件出现分歧。因此，服务提供商有义务向主管当局通报相关活动，以便主管当局能够评估相关条款中规定的要求是否得到满足，并确保在整个内部市场对规则进行统一解释。特别是，对于所有基于阈值的排除，都应规定通知程序，以确保遵守具体要求。

（20）此外，必须要求潜在的支付服务提供商在支付交易额超过某一阈值时，根据本指令规定的标准，向主管当局通报其在有限网络框架内提供的活动。主管当局应评估所通知的活动是否可被视为在有限网络框架内提供的活动。

（21）支付服务的定义应在技术上保持中立，并应允许开发新型支付服务，同时确保现有的和新的支付服务提供商享有同等的经营条件。

（22）该指令应遵循第 2007/64/EC 号指令所采取的方法，该指令涵盖所有类型的电子支付服务。因此，新规则不宜适用于以下服务：付款人向收款人或其运输工具的资金转移仅以纸币和硬币执行，或转移以纸质支票、纸质汇票、本票或其他票据、纸质凭证或卡为基础，由支付服务提供商或其他方出具，目的是将资金交由收款人支配。

（23）本指令不应适用于现金支付交易，因为已经存在一个单一的现金支付市场。本指令也不应适用于以纸面支票为基础的支付交易，因为从本质上讲，纸面支票的处理效率比不上其他支付手段。不过，该领域的良好做法应当基于本指令建立的原则。

（24）有必要明确可在整个欧盟范围内合法提供支付服务的支付服务提供商的类别，即从用户处吸收可用于支付交易资金的存款并应继续遵守欧洲议会和欧盟理事会第 2013/36/EU 号指令中规定的审慎要求的信贷机构、发行可用于支付交易资金的电子货币并应继续遵守第 2009/110/EC 号指令中规定的审慎要求的电子货币机构、支付机构，以及根据国家法律有权这样做的邮政通汇机构。该法律框架的适用范围应仅限于根据本指令将提供支付服务作为一项常规职业或商业活动的服务提供商。

（25）在资金为第 2009/110/EC 号指令所定义的电子货币的情况下，本指令规定了执行支付交易的规则。然而，该指令并未对第 2009/110/EC 号指令所规定的电子货币的发行进行规范。因此，不应允许支付机构发行电子货币。

（26）第 2007/64/EC 号指令建立了一个审慎的制度，对所有与吸收存款或发行电子货币无关的支付服务提供商实行单一许可。为此，第 2007/64/EC 号指令引入了一个新的支付服务提供商类别，即"支付机构"，规定在符合一系列严格而全面的条件下，授权现有类别之外的法人在整个欧盟范围内提供支付服务。因此，同样的条件应适用于欧盟范围内的此类服务。

（27）自第 2007/64/EC 号指令通过以来，新的支付服务类型不断涌现，尤其是在互联网支付领域。特别是电子商务领域的支付启动服务已经发展起来。这些支付服务在电子商务支付中的作用是在商家网站和付款人账户服务中的支付服务提供商的网上银行平台之间建立软件桥梁，以便在信用转账的基础上启动互联网支付。

（28）此外，近年来技术的发展催生了一系列补充服务，如账户信息服务。这些服务向支付服务用户提供一个或多个支付账户的综合在线信息，这些账户由一个或多个其他支付服务提供商持有，可通过账户服务支付服务提供商的在线界面访问。因此，支付服务用户在任何时候都能立即了解其财务状况的总体情况。本指令也应涵盖这些服务，以便为消费者的支付和账户数据提供充分的保护，并为账户信息服务提供商的地位提供法律确定性。

（29）支付启动服务使支付启动服务提供商能够向收款人提供支付已启动的保证，从而激励收款人及时交付商品或服务。这些服务为商户和消费者提供了一种低成本的解决方案，并为没有支付卡的消费者提供了在线购物的可能性。由于支付启动服务目前不受第 2007/64/EC 指令的约束，因此不一定受到主管当局的监督，也不需要遵守该指令。这引发了一系列法律问题，如消费者保护、安全性和责任，以及竞争和数据保护问题，特别是关于根据欧盟数据保护规则保护支付服务用户数据的问题。因此，新的规则应对此作出回应。

（30）支付服务用户或支付启动服务提供商用于安全客户认证的个性化安全凭证通常由账户服务支付服务提供商发放。支付启动服务提供商不一定与账户服务支付服务提供商建立合同关系，并且无论支付启动服务提供商使用何种业务模式，账户服务支付服务提供商都应使支付启动服务提供商能够依赖其提供的认证程序代表付款人发起特定支付。

(31) 当仅提供支付启动服务时，支付启动服务提供商在支付链的任何阶段都不持有用户的资金。如果支付启动服务提供商打算提供涉及持有用户资金的支付服务，则应为这些服务获得完整的授权。

(32) 支付启动服务基于支付启动服务提供商对付款人账户的直接或间接访问。提供间接访问机制的账户服务支付服务提供商也应允许支付启动服务提供商进行直接访问。

(33) 本指令的目的是确保市场的连续性，使现有和新兴服务提供商，无论其采用的业务模式如何，都能在明确且统一的监管框架下提供其服务。在适用这些规则的同时，不影响确保支付交易安全性和防范明显欺诈风险的必要性，成员国、委员会、欧洲中央银行（ECB），以及根据欧洲议会和理事会第1093/2010号条例设立的欧洲监督机构（欧洲银行管理局，EBA）应保证该市场的公平竞争，避免对任何现有市场参与者的不合理歧视。任何支付服务提供商，包括支付服务用户的账户服务支付服务提供商，都应能够提供支付启动服务。

(34) 本指令并未实质性改变作为支付机构的授权和维护条件。与第2007/64/EC指令一样，这些条件包括与此类机构在其业务过程中面临的运营和财务风险成比例的审慎要求。在这方面，需要一个稳健的初始资本制度，并结合持续的资本管理，随着市场需求的发展，可以更复杂地进行调整。由于支付服务领域的多样性，本指令应允许结合一定范围的监督自由裁量权的多种方法，以确保所有支付服务提供商对相同的风险采取相同的处理方式。对支付机构的要求应反映支付机构从事的活动更加专业化和有限，从而产生的风险比信贷机构更容易监控和控制。特别是，支付机构应被禁止接受用户存款，并应仅允许将从用户处接收的资金用于提供支付服务。所需的审慎规则，包括初始资本，应与支付机构提供的各自支付服务相关的风险相适应。仅提供支付启动服务的支付服务提供商在初始资本方面应被视为中等风险。

(35) 当支付启动服务提供商和账户信息服务提供商仅提供这些服务时，不持有客户资金。因此，对这些新市场参与者施加自有资金要求是不相称的。然而，确保他们能够承担其活动相关的责任是重要的。因此，他们应被要求持有职业责任保险或类似担保。欧洲银行管理局应根据欧洲议会和理事会第1093/2010

号条例第 16 条制定指导方针，以便成员国建立职业责任保险或类似担保的最低金额标准。欧洲银行管理局不应在职业责任保险和类似担保之间进行区分，因为它们应是可以互换的。

（36）为了避免滥用设立权，有必要要求在某个成员国申请授权的支付机构至少在该成员国提供部分支付服务业务。

（37）应规定支付服务用户的资金与支付机构的资金分开保管。当支付机构持有支付服务用户的资金时，必须遵守保障要求。当同一个支付机构为付款人和收款人执行支付交易，并向付款人提供信贷额度时，在资金代表收款人对支付机构的索赔时，可能需要对这些资金进行保护。此外，支付机构还应遵守有效的反洗钱和反恐融资要求。

（38）本指令不改变支付机构的账户报告义务或其对年度和合并报表进行审计的义务。支付机构需要按照欧洲理事会第 86/635/EEC 号指令和欧洲议会与理事会第 2013/34/EU 号指令编制年度和合并账户。除非支付机构根据这些指令免于此项义务，年度和合并报表必须进行审计。

（39）在提供本指令涵盖的一项或多项支付服务时，支付服务提供商应始终持有专门用于支付交易的支付账户。为了使支付服务提供商能够提供支付服务，他们必须能够在信用机构开设和维护账户。成员国应确保这些账户的访问是非歧视性的，并且与其打算实现的合法目标相称。尽管访问权限可以是基本的，但应始终足够广泛，以便支付机构能够以不受阻碍和高效的方式提供其服务。

（40）本指令应仅在信贷与支付服务密切相关的情况下，规范支付机构提供信贷的行为，如提供信贷额度和发行信用卡。只有当信贷是为了促进支付服务，并且此类信贷为短期性质且授予期限不超过 12 个月（包括循环授信的情况）时，才适合允许支付机构在其跨境活动中提供此类信贷，前提是此类信贷主要使用支付机构的自有资金以及其他来自资本市场的资金进行再融资，而不是用于支付服务的客户资金。此类规则不应影响欧洲议会和理事会第 2008/48/EC 号指令或其他关于未被本指令统一规定的消费者信贷授予条件的相关欧盟法律或国家措施。

（41）总体而言，负责向支付机构授予授权、实施控制并决定撤销任何已授予授权的国家主管当局之间的合作运作情况令人满意。然而，应该加强主管当局之间的合作，特别是在信息交换以及本指令的一致应用和解释方面，尤其是在授权的支付机构希望在其本国以外的成员国行使设立权或提供服务自由（"护照"），包括通过互联网提供支付服务的情况下。欧洲银行管理局应根据第1093/2010号条例协助解决主管当局在跨境合作中的争议，并准备一套关于合作和数据交换的监管技术标准草案。

（42）为了提高获得母国成员国主管当局授权或注册的支付机构及其代理的运营透明度，并确保在欧盟范围内提供高水平的消费者保护，有必要确保公众能够方便地获取提供支付服务的实体名单。因此，欧洲银行管理局应建立并运营一个中央登记册，在其中公布提供支付服务的实体名单。成员国应确保其提供的数据是最新的。这些措施还应有助于加强主管当局之间的合作。

（43）通过要求支付机构在其授权方面发生影响信息准确性和证明材料的任何变化时，不得无故拖延地通知其母国成员国的主管当局，可以提高准确、最新信息的可用性，包括新增的代理或外包活动的实体。在有疑问的情况下，主管当局还应核实收到的信息是否正确。

（44）成员国应有权要求在其领土内运营的支付机构（其总部设在其他成员国）定期向其报告在该领土上的活动，以供信息或统计目的使用。如果这些支付机构根据设立权进行运营，则应能够将这些信息用于监控对本指令第三章和第四章的遵守情况，并且成员国应能够要求这些支付机构在其领土上指定一个中央联络点，以便主管当局监督代理网络。欧洲银行管理局应制定监管标准草案，规定何时需要指定中央联络点以及其职能应是什么。指定中央联络点的要求应与在东道国成员国就本指令第三章和第四章的合规情况进行充分沟通和信息报告的目标相称。

（45）在紧急情况下，如果需要立即采取行动以应对对东道国成员国支付服务用户集体利益的严重威胁（如大规模欺诈），东道国成员国的主管当局应能够在与母国成员国的主管当局进行跨境合作的同时，并在等待母国成员国主管当局采取措施期间，采取预防性措施。这些措施应是适当的、与目标相称的、非歧视性的和临时性质的。任何措施都应有充分的理由。有关支付机构母国成员国的主管当局及其他相关当局（如欧盟委员会和欧洲银行管理局）应事先得到通知，或者在紧急情况下无法事先通知时，不得无故拖延地通知。

（46）虽然本指令规定了主管当局在监督支付机构的合规性时应具备的最低

权力范围，但这些权力的行使应尊重基本权利，包括隐私权。在不影响独立机构（国家数据保护机构）控制的情况下，并根据《欧盟基本权利宪章》，成员国应设立适当和有效的保障措施，防止行使这些权力可能导致的滥用或任意行为，造成对上述权利的严重干扰，如在适当情况下，通过相关成员国司法机构的事先授权。

（47）确保所有提供支付服务的人员都遵守某些最低法律和监管要求是非常重要的。因此，要求所有提供支付服务的人员，包括无法完全满足支付机构授权条件的人员进行注册是可取的。这种方法符合金融行动特别工作组关于洗钱问题的特别建议 VI 的基本原则，该建议为支付服务提供商设立了一种机制，即使他们无法满足该建议中规定的所有条件，仍可被视为支付机构。为此，即使某些人免于授权条件的全部或部分要求，成员国也应将他们登记在支付机构的登记册中。然而，必须使豁免的可能性受到与支付交易价值相关的严格要求的约束。享有豁免的支付机构不应享有设立权或提供服务的自由，且不得在作为支付系统成员的同时间接行使这些权利。

（48）鉴于账户信息服务的特定活动性质及其相关风险，为账户信息服务提供商制定特定的审慎监管制度是合适的。账户信息服务提供商应被允许根据"护照"规则跨境提供服务。

（49）任何支付服务提供商都必须能够访问支付系统的技术基础设施的服务。然而，这种访问应符合适当的要求，以确保这些系统的完整性和稳定性。每个申请参与支付系统的支付服务提供商都应承担选择系统的风险，并向支付系统提供证明其内部安排足够稳健以应对各种风险的证明。此类支付系统通常包括四方卡方案以及处理信用转账和直接借记的主要系统。为了确保整个欧盟内不同类别的授权支付服务提供商在其许可条款下的平等待遇，有必要澄清有关支付系统访问的规则。

（50）应规定对授权支付机构和信用机构的非歧视性待遇，以便任何在内部市场竞争的支付服务提供商都能在相同条件下使用这些支付系统的技术基础设施的服务。由于授权支付服务提供商与本指令下的豁免者以及根据第 2009/110/EC 指令第 3 条豁免的实体在各自审慎框架上的差异，对授权支付服务提供商和这些受益于豁免的实体进行不同待遇是合适的。在任何情况下，只有在支付服务提供商产生的成本差异具有合理依据时，才应允许价格条件的差异。这不应影响成员国根据欧洲议会和理事会第 98/26/EC 号指令限制对系统性重要系统访问的权利，也不应影响欧洲中央银行和欧洲中央银行体系关于支付系统访问的权限。

（51）本指令不影响第 98/26/EC 号指令的适用范围。然而，为了确保支付服务提供商之间的公平竞争，受第 98/26/EC 号指令条件约束的指定支付系统的参与者，如果其向授权或注册的支付服务提供商提供与该系统相关的服务，则在被请求时，也应以客观、适当和非歧视的方式向其他授权或注册的支付服务提供商提供此类服务。然而，获得此类访问权的支付服务提供商不应被视为第 98/26/EC 号指令中定义的参与者，因此不应享受该指令下授予的保护。

（52）与支付系统访问相关的规定不应适用于由单一支付服务提供商设立和运营的系统。这些支付系统可以直接与支付系统竞争，或者更典型的是，它们在支付系统未能充分覆盖的市场领域运营。此类系统包括三方方案，如三方卡方案，只要它们从未以事实上的四方卡方案形式运营，如依赖于被许可人、代理或联合品牌合作伙伴的情况。这些系统还通常包括由电信提供商提供的支付服务，其中方案运营商既是付款人的支付服务提供商，也是收款人的支付服务提供商，以及银行集团的内部系统。为了刺激此类封闭支付系统对已建立的主流支付系统的竞争，不适合向第三方授予对这些封闭专有支付系统的访问权。然而，此类封闭系统应始终遵守欧盟和国家的竞争规则，这些规则可能要求授予对这些方案的访问权，以保持支付市场的有效竞争。

（53）由于消费者和企业的地位不同，他们不需要相同水平的保护。虽然通过无法由合同减损（权益）的条款以保障消费者权利很重要，但在不涉及消费者的情况下，允许企业和组织自行协商是合理的。然而，成员国应能够规定，按照欧盟委员会建议第 2003/361/EC 号所定义的微型企业应与消费者保持同等对待。在任何情况下，本指令的某些核心条款应始终适用，无论用户的身份如何。

（54）本指令应规定支付服务提供商在向支付服务用户提供信息方面的义务，支付服务用户应获得相同高水平的关于支付服务的明确信息，以便做出明智的选择，并能够在欧盟范围内自由选择。为了提高透明度，本指令规定了协调的要求，以确保向支付服务用户提供必要、充分和易于理解的关于支付服务合同和支付交易的信息。为了促进支付服务单一市场的顺利运作，成员国应仅采用本指令规定的信息条款。

（55）消费者应根据欧洲议会和理事会的第 2005/29/EC 号指令，以及第 2000/31/EC 号（18）、第 2002/65/EC 号（19）、第 2008/48/EC 号、第 2011/83/EU 号（20）和第 2014/92/EU 号（21）指令受到不公平和误导性行为的保护。这些指令的规定继续适用。然而，特别是应明确本指令规定的先合同性的信息要求与第 2002/65/EC 号指令之间的关系。

（56）为了提高效率，所要求的信息应与用户的需求相称，并应以标准格式进行传达。然而，单一支付交易的信息要求应不同于规定一系列支付交易的框架合同的信息要求。

（57）在实践中，框架合同及其涵盖的支付交易比单一支付交易更为常见且经济上更为重要。如果涉及支付账户或特定支付工具，则需要框架合同。因此，关于框架合同的事先信息要求应是全面的，并且应始终以纸质或其他耐久介质的形式提供信息，如账户打印机的打印件、CD-ROM、DVD、可以存储电子邮件的个人计算机硬盘和互联网网站，前提是这些网站可以在将来一段足够的时间内提供参考并允许以未经更改的形式复制存储的信息。然而，支付服务提供商和支付服务用户应能够在框架合同中就如何提供执行的支付交易的后续信息达成一致，如在网上银行中，所有关于支付账户的信息均在线提供。

（58）在单一支付交易中，支付服务提供商应主动提供所有必要的信息。由于付款人在下达付款指令时通常在场，因此不必在每种情况下都要求以纸质或其他耐久介质的形式提供信息。支付服务提供商应能够在柜台上口头提供信息，或以其他容易获取的方式提供信息，如将条件张贴在场所的公告栏上。还应提供有关在哪里可以找到其他更详细信息的说明，如在网站上。但是，如果消费者要求，也应以纸质或其他耐久介质提供必要的信息。

（59）本指令应为消费者提供在受任何支付服务合同约束之前免费接收相关信息的权利。消费者还应能够在合同关系期间随时免费请求以纸质形式提供事先信息和框架合同，以便他们能够比较支付服务提供商所提供的服务和条件，并在任何争议情况下核实其合同权利和义务，从而保持较高水平的消费者保护。这些规定应与第 2002/65/EC 指令兼容。本指令中关于免费信息的具体规定不应允许对其他适用指令下向消费者提供信息的行为收取费用。

（60）支付服务提供商向支付服务用户提供所需信息的方式应考虑到后者的需求以及实际的技术方面和成本效益，并取决于各自支付服务合同中协议的情况。因此，本指令应区分支付服务提供商提供信息的两种方式：信息应在适当时间按照本指令的要求主动由支付服务提供商传达，而无须支付服务用户的提示；或者信息应根据请求提供给支付服务用户。在第二种情况下，支付服务用户应采取主动措施获取信息，如明确向支付服务提供商请求、登录银行账户邮箱或将银行卡插入打印机以获取账户对账单。为此目的，支付服务提供商应确保可以访问信息并且信息对支付服务用户可用。

（61）消费者应免费接收关于已执行支付交易的基本信息。在单一支付交易的情况下，支付服务提供商不应单独收费。同样，框架合同下支付交易的后续信息也应每月免费提供一次。但是，考虑到价格透明度的重要性和客户需求的不同，各方应能够就更频繁或额外的信息收取费用达成协议。为了考虑不同的国家惯例，成员国应能够要求始终免费提供纸质或其他耐久介质的月度支付账户对账单。

（62）为了促进客户流动性，消费者应能够在不产生费用的情况下终止框架合同。然而，对于在生效后不到6个月内由消费者终止的合同，支付服务提供商应被允许根据因消费者终止框架合同而产生的费用收取费用。对于消费者来说，商定的通知期限不应超过1个月，而对于支付服务提供商则不应少于2个月。本指令不影响支付服务提供商在其他相关欧盟或国家法律下（如反洗钱或反恐融资、冻结资金的任何行动或与预防和调查犯罪有关的任何具体措施）在特殊情况下终止支付服务合同的义务。

（63）为了确保较高水平的消费者保护，成员国应能够为消费者的利益维护或引入对框架合同条件单方面变更的限制或禁止，如在没有正当理由的情况下进行此类变更。

（64）合同条款的目的或效果不应歧视在欧盟合法居住的消费者，无论其国籍或居住地。例如，当框架合同规定有权因客观理由冻结支付工具时，支付服务提供商不得仅因为支付服务用户在欧盟境内更改了居住地而行使该权利。

（65）关于收费问题，经验表明，付款人和收款人分摊费用是最有效的系统，因为它有助于支付的直通式处理。因此，应规定费用通常直接由各自的支付服务提供商向付款人和收款人收取。所收取的费用金额也可以为零，因为本指令的规定不应影响支付服务提供商不向消费者收取入账费用的做法。同样，根据合同条款，支付服务提供商可能仅向收款人（商家）收取支付服务的费用，在这种情况下，不会向付款人收取费用。支付系统可能会通过订阅费的方式收取费用。关于转账金额或任何收取费用的规定不会直接影响支付服务提供商或任何中介机构之间的定价。

（66）关于使用特定支付工具（附加费）的不同国家做法导致了欧盟支付市场的极大异质性，并且在电子商务和跨境环境中成为消费者混淆的来源。在附加费被允许的成员国的商家向禁止附加费的成员国的消费者提供产品和服务时，对消费者收取附加费。还有许多商家对消费者收取的附加费费用远高于商家使用特定支付工具的成本。此外，修订附加费做法的一个强烈理由是，欧盟第 2015/751 号条例为基于卡的支付设定了交换费规则。交换费是商家针对卡和基于卡的支付的主要费用组成部分。附加费是商家有时用来补偿基于卡的支付的额外费用的引导做法。欧盟第 2015/751 号条例对交换费的水平施加了限制。这些限制将优先于本指令中设定的禁止条款。因此，成员国应考虑禁止收款人对欧盟第 2015/751 号条例第二章中规定了交换费的支付工具收取费用。

（67）虽然本指令认可支付机构的相关性，但信用机构仍然是消费者获取支付工具的主要途径。由支付服务提供商（无论是信用机构还是支付机构）而非客户账户的服务提供商发行基于卡的支付工具，将增加市场竞争，从而为消费者提供更多选择和更好的优惠。尽管目前大多数销售点的支付是基于卡的，但支付领域当前的创新程度可能导致未来几年内新支付渠道的快速出现。因此，委员会在审查本指令时，特别考虑这些发展以及是否需要修订有关资金可用性确认的条款是合适的。对于发行基于卡的支付工具（尤其是借记卡）的支付服务提供商，从账户服务支付服务提供商处获得客户账户上的资金可用性确认将使发行方能够更好地管理和降低其信用风险。同时，这种确认不应允许账户服务支付服务提供商冻结付款人支付账户上的资金。

（68）使用卡或基于卡的支付工具进行支付通常会触发生成确认资金可用性的消息和两个支付交易。第一次交易发生在发行方和商家的账户服务支付服务提供商之间，而第二次（通常是直接借记）发生在付款人的账户服务支付服务提供商和发行方之间。两笔交易应与任何其他等效交易一样对待。发行基于卡的支付工具的支付服务提供商应享有本指令下的相同权利，并应遵守相同的义务，无论它们是否为付款人的账户服务支付服务提供商，特别是在责任（如认证）方面和对支付链中不同参与者的责任方面。由于支付服务提供商的请求和资金可用性的确认可以通过现有的安全通信渠道进行，技术程序和基础设施可以支持支付启动服务提供商或账户信息服务提供商与账户服务支付服务提供商之间的通信，同时确保必要的安全措施，因此不应对支付服务提供商或持卡人产生额外成本。此外，无论支付交易是在互联网环境（如商家网站）发生还是在零售场所发生，账户服务支付服务提供商仅在其账户可在线访问以进行确认时，才有义务提供发行方请求的确认。鉴于电子货币的特定性质，不能将该机制应用于通过存储有电子货币（如欧盟第 2009/110/EC 号指令中定义的）的基于卡的支付工具发起的支付交易。

（69）保持个性化安全凭证安全的义务对保护支付服务用户的资金以及限制与欺诈和未经授权访问支付账户相关的风险至关重要。然而，支付服务提供商在保持个性化安全凭证安全方面对支付服务用户施加的条款和条件或其他义务不应以任何方式阻止支付服务用户利用其他支付服务提供商（包括支付启动服务和账户信息服务）提供的服务。此外，这些条款和条件不应包含任何令使用根据本指令授权或注册的其他支付服务提供商的支付服务变得更加困难的规定。

（70）为了降低未经授权或执行错误的支付交易的风险和后果，支付服务用户应尽快将任何有关未经授权或错误执行的支付交易的争议通知支付服务提供商，前提是支付服务提供商已履行其在本指令下的信息义务。如果支付服务用户在通知期限内发出通知，则支付服务用户应能够根据国家的时效规定提出索赔。本指令不应影响支付服务用户与支付服务提供商之间的其他索赔。

（71）在支付交易未经授权的情况下，支付服务提供商应立即向付款人退还该交易的金额。然而，如果高度怀疑未经授权的交易是由支付服务用户的欺诈行为引起的，并且该怀疑基于已传达给相关国家当局的客观理由，支付服务提供商应能够在退还付款人之前在合理时间内进行调查。为了保护付款人不受任何不利影响，退款的信用价值日期不应晚于金额被扣款的日期。为了激励支付服务用户毫不拖延地通知支付服务提供商任何支付工具的盗窃或丢失，从而减少未经授权的支付交易的风险，除非支付服务用户存在欺诈行为或重大过失，否则用户的责任金额应非常有限。在这种情况下，50欧元的金额似乎足以确保欧盟内的统一和高级别的用户保护。如果付款人无法察觉支付工具的丢失、被盗或被挪用，则不应承担责任。此外，一旦用户通知支付服务提供商其支付工具可能已被泄露，支付服务用户不应被要求承担由该工具的未经授权使用所引起的任何进一步损失。本指令不影响支付服务提供商对其产品技术安全性的责任。

（72）为了评估支付服务用户的过失或重大过失，应考虑所有情况。涉嫌过失的证据和程度通常应根据国家法律进行评估。然而，虽然过失的概念意味着违反注意义务，但重大过失应比单纯的过失更严重，涉及表现出显著不小心的行为，例如，将用于授权支付交易的凭证与支付工具放在一起，且格式是公开的且易于第三方检测的。与支付工具的提供和使用有关的合同条款和条件，如果其效果是增加消费者的举证责任或减少发行人的举证责任，应被视为无效。此外，在特定情况下，特别是支付工具不在销售点的情况下（如在线支付），支付服务提供商应有责任提供涉嫌过失的证据，因为在这些情况下付款人的手段非常有限。

（73）在未经授权的支付交易的情况下，应规定损失的分配。对于不是消费者的支付服务用户，可以适用不同的规定，因为此类用户通常能够更好地评估欺诈风险并采取对策。为了确保高度的消费者保护，即使在支付交易中涉及支付启动服务提供商，付款人也应始终有权向其账户服务支付服务提供商提出退款申请。这不影响支付服务提供商之间的责任分配。

（74）在支付启动服务的情况下，支付服务用户和所涉及的支付服务提供商的权利和义务应与所提供的服务相适应。特别是，账户服务支付服务提供商和支付启动服务提供商之间的责任分配应促使它们对各自控制的交易部分承担责任。

（75）本指令旨在增加对基于卡的支付交易的消费者保护，其中，在付款人同意执行支付交易时，交易的确切金额尚不明确，如在自动加油站、汽车租赁合同或酒店预订时，付款人的支付服务提供商应只有在付款人同意冻结的确切金额的情况下，才能冻结付款人支付账户上的资金，并应在收到有关支付交易确切金额的信息后立即释放这些资金，最迟在收到支付指令后立即释放。

（76）单一欧元支付区（SEPA）项目旨在进一步开发覆盖整个欧盟的支付服务，以取代当前的欧元支付国家服务。为了确保完全向全欧范围内的信用转账和直接借记迁移，欧盟第 260/2012 号条例制定了有关欧元信用转账和直接借记的技术和业务要求。关于直接借记，该条例规定付款人需同时向收款人和付款人的支付服务提供商（直接或通过收款人间接）给予同意，且授权书以及后续修改或取消应由收款人或代表收款人的第三方存储。目前，欧洲支付委员会开发的唯一泛欧元区直接借记方案是基于付款人向收款人给予执行直接借记的授权，授权书及其后续修改或取消均由收款人或代表收款人的第三方存储。为了确保公众对单一欧元支付区的广泛支持并在单一欧元支付区内确保高水平的消费者保护，现有的泛欧直接借记方案规定了对授权支付的无条件退款权。反映这一现实，本指令旨在将无条件退款权作为欧盟内所有欧元计价的直接借记交易的一般要求。

然而，与单一欧元支付区并行的非欧元直接借记方案仍在那些货币非欧元的成员国中存在。这些方案被证明是有效的，并通过其他保障措施为付款人提供同样高水平的保护，这些措施不总是基于无条件退款权。在这种情况下，当已执行的支付交易超过了合理预期的金额时，应保护付款人享有一般退款规则。此外，成员国应可以制定更有利于付款人的退款权规则。某些成员国继续存在的某些传统的欧元支付服务表明，在单一欧元支付区内确实存在对特定欧元计价的直接借记产品的需求。在付款人受到保护的情况下，如付款人直接向其支付服务提供商（包括当支付服务提供商代表收款人行事时）授予执行交易的同意，或者支付服务提供商或收款人在到期日前至少 4 周以双方商定的方式向付款人提供或提供了有关未来支付交易的信息时，允许付款人与其支付服务提供商在框架合同中约定付款人无退款权是合适的。无论如何，付款人在未经授权或错误执行的支付交易的情况下应始终受一般退款规则的保护。

（77）对于财务规划和按时履行支付义务，消费者和企业需要明确知道支付指令的执行时间。因此，本指令应规定权利和义务何时生效，即支付服务提供商收到支付指令的时间，包括当支付服务提供商通过支付服务合同中商定的通信方式有机会接收支付指令时，不考虑参与支付指令创建和传输过程中的任何先前环节，如资金检查、安全性以及个人识别号码的使用信息或支付承诺的发出。此外，当付款人的支付服务提供商接收到从付款人账户扣款的支付指令时，应视为已收到支付指令。收款人向支付服务提供商传递用于收款的支付指令的日子或时刻，如卡支付或直接借记，或支付服务提供商通过或有信用方式预融资相关金额给收款人时，与此无关。如果支付服务提供商没有拒绝的合同或法定理由，用户应能够依靠正确执行完整有效的支付指令。如果支付服务提供商拒绝支付指令，拒绝及其理由应尽早通知支付服务用户，需符合欧盟和国家法律的要求。如果框架合同规定支付服务提供商可就拒绝收取费用，则该费用应是客观合理的，并应尽可能低。

（78）鉴于现代全自动支付系统处理支付交易的速度，这意味着在某个时间点之后支付指令不能撤销而不产生高额的人工干预成本，因此有必要规定支付撤销的明确截止期限。然而，根据支付服务和支付指令的类型，各方之间可以商定不同的撤销期限。在这种情况下，撤销应仅适用于支付服务用户与支付服务提供商之间的关系，因此不影响支付系统中支付交易的不可撤销性和最终性。

（79）上述不可撤销性不应影响支付服务提供商根据某些成员国法律、付款人的框架合同或国家法律、法规、行政规定或指南在付款人和收款人之间发生争议的情况下将已执行支付交易金额退还给付款人的权利或义务。此类退款应被视为新的支付指令。除这些情况外，支付指令关系下的法律争议应仅在付款人与收款人之间解决。

（80）为了实现完全集成的直通式支付处理和确保支付服务用户之间任何基础义务履行的法律确定性，付款人转账的全部金额应计入收款人的账户。因此，参与支付交易执行的任何中介都不应从转账金额中扣款。然而，收款人可以与其支付服务提供商达成协议，允许后者扣除其自有费用。不过，为了使收款人能够核实应付款项是否正确支付，关于支付交易的后续信息应不仅应指明转账的全部资金金额，还应指明已扣除的所有费用金额。

（81）低价值支付工具应是低价商品和服务的一种便宜且易于使用的替代方案，不应有过度的要求负担。因此，相关信息要求和执行规则应仅限于必要的信息，同时也应考虑到对低价值支付工具合理预期的技术能力。考虑到这些支付工具带来的有限风险，特别是预付支付工具，尽管规定较宽松，支付服务用户应获得充分的保护。

（82）为了提高整个欧盟支付的效率，所有由付款人发起的支付指令且以欧元或货币非欧元的成员国货币计价的支付指令（包括信用转账和资金汇款）应符合最长 1 天的执行时间要求。对于所有其他支付（如由或通过收款人发起的支付，包括直接借记和卡支付），如果支付服务提供商与付款人之间没有明确协议设定更长的执行时间，则也应适用相同的1天执行时间。如果支付指令以纸质形式发出，可以将这些期限延长一个营业日，以继续向仅习惯使用纸质文件的消费者提供支付服务。当使用直接借记方案时，收款人的支付服务提供商应在收款人与支付服务提供商之间商定的时限内传递收款指令，以确保在商定的到期日进行结算。鉴于支付基础设施通常效率很高，并且为了防止当前服务水平下降，成员国应被允许在适当情况下维护或制定规定执行时间少于1个营业日的规则。

（83）关于全额执行和执行时间的规定应被视为良好的做法，即使其中一个支付服务提供商不位于欧盟内。

（84）为了增强消费者对统一支付市场的信任，支付服务用户了解支付服务的真实成本和费用至关重要，以便其做出选择。因此，应该禁止使用不透明的定价方法，因为普遍认为这些方法使用户难以确定支付服务的实际价格。特别是，不应允许使用对用户不利的计息方法。

（85）支付系统的顺畅高效运行取决于用户能够依赖支付服务提供商正确且在约定时间内执行支付交易。通常情况下，支付服务提供商能够评估支付交易中涉及的风险。支付服务提供商提供支付系统，安排找回错误配置或分配错误的资金，并在多数情况下决定执行支付交易所涉及的中介机构。鉴于所有这些考虑，除非在异常和不可预见的情况下，支付服务提供商应对用户接受的支付交易的执行承担责任，但不包括由收款人单独选择的收款人支付服务提供商的行为和疏忽。然而，为了在不太可能出现付款金额是否已由收款人的支付服务提供商适当接收的情况下保护付款人，相应的举证责任应由付款人的支付服务提供商承担。通常情况下，可以预期中介机构（通常是中央银行或清算所等中立机构）将付款金额从发送方传递到接收方支付服务提供商，将存储账户数据，并在必要时能够提供这些数据。当支付金额已记入接收方支付服务提供商的账户时，收款人应立即对支付服务提供商享有账户记账请求权。

（86）付款人的支付服务提供商，即账户服务支付服务提供商或在适当情况下的支付启动服务提供商，应承担正确支付执行的责任，特别是支付交易的全额和执行时间，并对支付链中其他方至收款人账户的任何失败承担全部责任。由于这一责任，如果全额未记入收款人支付服务提供商的账户，或仅在晚些时候记入,付款人的支付服务提供商应纠正支付交易或毫不拖延地将相关金额退还给付款人,同时不影响根据国家法律提出的其他索赔。由于支付服务提供商的责任,付款人或收款人不应承担与错误支付相关的任何费用。在未执行、执行不当或支付交易延迟的情况下,成员国应确保支付服务提供商更正支付的价值日期与正确执行时的价值日期相同。

(87) 本指令应仅涉及支付服务用户与支付服务提供商之间的合同义务和责任。然而,信用转账和其他支付服务的正常运作需要支付服务提供商及其中介机构(如处理机构)有明确规定其相互权利和义务的合同。与责任有关的问题构成这些统一合同的一个重要部分。为了确保参与支付交易的支付服务提供商和中介机构之间的可靠性,有必要在法律上确保不负责任的支付服务提供商因根据本指令有关责任的规定而产生的损失或支付的款项获得赔偿。追索权的进一步权利和内容细节,以及如何处理对支付服务提供商或中介机构的索赔应通过协议加以确定。

(88) 支付服务提供商应能够明确规定正确执行支付指令所需的信息。另外,为避免支付系统的碎片化和威胁欧盟内一体化支付系统的建立,不应允许成员国要求使用特定的标识符进行支付交易。然而,这不应阻止成员国要求付款人的支付服务提供商尽职行事,并在技术可行且无须手动干预的情况下验证唯一标识符的一致性,并在发现唯一标识符不一致时拒绝支付指令并告知付款人。支付服务提供商的责任应限于根据支付服务用户的支付指令正确执行支付交易。如果支付交易中的资金由于付款人提供的唯一标识符错误而到达错误的接收方,付款人和收款人的支付服务提供商不应承担责任,但应有义务合作,尽合理努力追回资金,包括沟通相关信息。

(89) 支付服务提供商提供支付服务可能涉及个人数据的处理。欧洲议会和理事会第95/46/EC号指令、实施第95/46/EC号指令的国家法规以及欧洲议会和理事会第45/2001号条例适用于本指令目的下的个人数据处理。特别是,处理本指令目的的个人数据时,应明确具体目的,提及相关法律依据,遵守第95/46/EC号指令中规定的相关安全要求,并遵循必要性、比例性、目的限制和适度的数据保留期原则。此外,应在本指令框架内开发和使用的所有数据处理系统中嵌入"默认数据保护"和"设计数据保护"。

（90）本指令尊重《欧盟基本权利宪章》所承认的基本权利和原则，包括尊重私人和家庭生活的权利、个人数据保护的权利、从事商业活动的自由、获得有效救济的权利，以及不因同一罪行在刑事诉讼中被再次审判或处罚的权利。本指令必须按照这些权利和原则实施。

（91）支付服务提供商负责实施安全措施。这些措施需要与相关的安全风险相称。支付服务提供商应建立一个框架，以减轻风险并维持有效的事件管理程序。应建立一个定期报告机制，以确保支付服务提供商定期向主管当局提供其安全风险的最新评估以及其为应对这些风险而采取的措施。此外，为了确保用户、其他支付服务提供商或支付系统（如支付系统的重大中断）的损害降到最低，有必要要求支付服务提供商在发生重大安全事件时毫不拖延地向主管当局报告。欧洲银行管理局应承担协调作用。

（92）安全事件报告义务不应影响欧盟其他法律规定的其他事件报告义务，本指令规定的任何要求应与其他欧盟法律所施加的报告义务保持一致并与之相称。

（93）有必要建立一个明确的法律框架，规定账户信息服务提供商和支付启动服务提供商在获得账户持有人的同意的情况下如何提供服务，而无须账户服务支付服务提供商使用特定的业务模型（无论是基于直接访问还是间接访问）来提供这些类型的服务。支付启动服务提供商和账户信息服务提供商以及账户服务支付服务提供商应遵守本指令或监管技术标准中规定或提及的必要的数据保护和安全要求。监管技术标准应与可用的不同技术解决方案兼容。为了确保在这些服务的背景下相关参与者之间的安全通信，欧洲银行管理局还应规定所有账户服务支付服务提供商实施的通用和开放通信标准的要求，以便提供在线支付服务。这意味着这些开放标准应确保不同技术通信解决方案的互操作性。这些通用和开放标准还应确保账户服务支付服务提供商知道其正在被支付启动服务提供商或账户信息服务提供商联系，而不是由客户本身联系。标准还应确保支付启动服务提供商和账户信息服务提供商以安全的方式与账户服务支付服务提供商和相关客户进行沟通。在制定这些要求时，欧洲银行管理局应特别注意确保所适用的标准允许使用所有常见类型的设备（如计算机、平板电脑和手机）来执行不同的支付服务。

附录二　欧盟《第二支付服务指令》（第2015/2366号指令）

（94）在开发有关认证和通信的监管技术标准时，欧洲银行管理局应系统地评估和考虑隐私方面，以识别与每种可用技术选项相关的风险及可用的解决措施，以尽量减少对数据保护的威胁。

（95）电子支付的安全性是确保用户保护和电子商务健康环境发展的基础。所有电子提供的支付服务应以安全的方式进行，采用能够保证用户安全认证并尽可能减少欺诈风险的技术。对于通过非电子平台或设备（如纸质支付交易、邮件订单或电话订单）发起和执行的支付交易，似乎没有必要保证相同的保护水平。互联网支付和移动支付的稳定增长应伴随着安全措施的普遍增强。通过互联网或其他远程渠道提供的支付服务，其运行不依赖于用于发起支付交易的设备或支付工具的物理位置，因此应包括通过动态代码进行的交易认证，以使用户随时了解其授权的交易金额和收款人。

（96）安全措施应与支付服务所涉及的风险水平相适应。为了开发适用于低风险支付的用户友好和易于访问的支付手段，如在销售点进行的低价值非接触式支付，无论是否基于手机，应在监管技术标准中具体说明安全要求的豁免。安全使用个性化安全凭证对于限制与网络钓鱼和其他欺诈活动相关的风险至关重要。在这方面，用户应能够依赖于保护个性化安全凭证的机密性和完整性的措施。此类措施通常包括基于付款人个人设备（如读卡器或手机）的加密系统，或通过其他渠道（如短信或电子邮件）由其账户服务支付服务提供商提供给付款人。这些措施通常包括加密系统，可能产生一次性密码等认证代码，能够提高支付交易的安全性。支付服务用户使用此类认证代码应被视为与其有关支付工具和个性化安全凭证的义务兼容，即使涉及支付启动服务提供商或账户信息服务提供商。

（97）成员国应决定负责向支付机构授予授权的主管当局是否也可以是替代性争议解决（ADR）程序的主管当局。

（98）在不影响客户诉诸法院的权利的情况下，成员国应确保在支付服务提供商与支付服务用户之间根据本指令规定的权利和义务而产生的争议时，有易于访问、充分、独立、公正、透明和有效的ADR程序。欧洲议会和理事会第593/2008号条例规定，消费者通常居住国法律的强制性规则所提供的保护，不应因合同中有关适用法律的条款而受到削弱。为了建立高效和有效的争议解决程序，成员国应确保支付服务提供商设立有效的投诉程序，使其支付服务用户在争议提交至替代性争议解决程序解决或提交至法院之前可以使用。投诉程序应包含短期且明确规定的时间框架，支付服务提供商应在该时间内对投诉作出答复。成员国应确保替代性争议解决实体具备足够能力，以适当和有效的方式参与与根据本指令的权利和义务有关的跨境合作。

（99）有必要确保有效执行根据本指令通过的国家法律规定。因此，应建立适当的程序，通过这些程序可以对不遵守这些规定的支付服务提供商提起投诉，并确保在适当情况下施加有效、相称和具有威慑力的处罚。为了确保有效遵守本指令，成员国应指定符合第1093/2010号条例条件并独立于支付服务提供商行事的主管当局。出于透明性的考虑，成员国应通知委员会哪些当局已被指定，并明确描述其根据本指令的职责。

（100）在不影响为确保遵守本指令而诉诸法院的权利的情况下，成员国还应确保主管当局获得必要的权力，包括在支付服务提供商不遵守本指令规定的权利和义务时处以罚款的权力，特别是存在再犯风险或涉及集体消费者利益的其他问题时。

（101）重要的是，消费者能够以清晰明了的方式了解他们在本指令下的权利和义务。因此，委员会应制作一份有关这些权利和义务的宣传册。

（102）本指令不影响与表达或传输声明不准确有关的责任后果的国家法律规定。

（103）本指令不影响理事会第2006/112/EC号指令中关于支付服务增值税处理的规定。

（104）本指令提及的欧元金额应视为由各非欧元成员国确定的本国货币等值金额。

（105）为了法律确定性，有必要制定过渡安排，允许在本指令生效之前根据转化第2007/64/EC指令的国家法律已开始支付机构活动的人员在相关成员国继续这些活动一段指定时间。

（106）根据《欧洲联盟运作条约》第290条的规定，应授权委员会通过适应对推荐第2003/361/EC号的参考（如果该推荐有所修改）和更新支付服务提供商执行的支付交易的平均金额作为成员国对较小支付机构适用豁免授权要求（部分）的选项的门槛，以考虑通货膨胀的行为。委员会在其准备工作中进行适当的磋商非常重要，包括在专家层面。委员会在准备和起草授权法案时，应确保向欧洲议会和理事会及时、适当和同步地传送相关文件。

（107）为了确保本指令的一致应用，委员会应能够依赖于欧洲银行管理局的专业知识和支持，欧洲银行管理局的任务应包括制定指南并准备有关支付服务安全方面的监管技术标准草案，特别是关于强客户身份验证，以及在成员国之间就其他成员国的授权支付机构提供服务和设立的合作。委员会应被授权通过这些监管技术标准草案。这些具体任务完全符合第 1093/2010 号条例所规定的欧洲银行管理局的角色和责任。

（108）欧洲银行管理局在根据本指令和第 1093/2010 号条例制定指南、起草监管技术标准和起草实施技术标准时，应确保咨询所有相关利益方，包括支付服务市场中的利益相关者，反映所有相关利益。如果需要获得适当的意见平衡，欧洲银行管理局应特别努力获取相关非银行参与者的意见。

（109）由于本指令的目标，即进一步整合支付服务的内部市场，无法通过各成员国单独实现，因为这需要协调目前各成员国法律体系中存在的多种不同规则，但由于其规模和影响力，这一目标在欧盟层面能够更好地实现，因此欧盟可以根据《欧洲联盟条约》第 5 条中规定的补充性原则采取措施。根据该条规定的比例原则，本指令并未超出实现该目标所必需的范围。

（110）根据 2011 年 9 月 28 日成员国和委员会关于解释性文件的联合政治声明，成员国承诺在有正当理由的情况下，附上其转化措施的通知文件，解释指令的组成部分与国家转化工具相应部分之间的关系。关于本指令，立法者认为传输此类文件是合理的。

（111）根据第 45/2001 号条例第 28（2）条的规定，已咨询了欧洲数据保护监督官，并于 2013 年 12 月 5 日发布了意见。

（112）因此，应相应地修订第 2002/65/EC、第 2009/110/EC 和第 2013/36/EU 号指令以及欧盟第 1093/2010 号条例。

（113）鉴于需要对第 2007/64/EC 指令进行的多项修改，因此适宜予以废止并替换，

已通过本指令：

第一编

主题、范围和定义

附录二　欧盟《第二支付服务指令》（第 2015/2366 号指令）

第 1 条　主题

1. 本指令规定了成员国应如何区分以下类别的支付服务提供商的规则：

（a）根据欧洲议会和理事会（EU）575/2013 号条例第 4（1）条第（1）点定义的信用机构，包括根据该条例第 4（1）条第（17）点定义的分支机构，无论这些分支机构的总部位于欧盟内或依据第 2013/36/EU 号指令第 47 条及国家法律位于欧盟外，但这些分支机构位于欧盟内；

（b）根据第 2009/110/EC 号指令第 2 条第（1）点定义的电子货币机构，包括根据该指令第 8 条及国家法律规定的分支机构，只要这些分支机构位于欧盟内且其总部位于欧盟外，而这些分支机构提供的支付服务与电子货币的发行有关；

（c）根据国家法律有权提供支付服务的邮政转账机构；

（d）支付机构；

（e）在不作为货币当局或其他公共当局行事时的欧洲中央银行和国家中央银行；

（f）在不作为公共当局行事时的成员国或其区域或地方当局。

2. 本指令还规定了以下方面的规则：

（a）支付服务条件的透明度和信息要求；

（b）支付服务用户和支付服务提供商在提供支付服务作为常规职业或商业活动时的各自权利和义务。

第 2 条　范围

1. 本指令适用于在欧盟内提供的支付服务。

2. 第三章和第四章适用于货币为成员国货币的支付交易，并且付款人和收款人的支付服务提供商都位于欧盟内，或支付交易中唯一的支付服务提供商位于欧盟内。

3. 第三章（不包括第 45（1）条（b）项、第 52 条（2）（e）项和第 56 条（a）项）和第四章（不包括第 81 条至第 86 条）适用于货币为非成员国货币的支付交易，并且付款人和收款人的支付服务提供商都位于欧盟内，或支付交易中唯一的支付服务提供商位于欧盟内，就支付交易中在欧盟内进行的部分而言。

4. 第三章（不包括第 45（1）条（b）项、第 52 条（2）（e）项和第 52 条（5）（g）项及第 56 条（a）项）和第四章（不包括第 62 条（2）和（4）款、第 76 条、第 77 条、第 81 条、第 83（1）条、第 89 和第 92 条）适用于所有货币的支付交易，其中仅有一个支付服务提供商位于欧盟内，就支付交易中在欧盟内进行的部分而言。

5. 成员国可以免除第 2013/36/EU 号指令第 2（5）条（4）至（23）点所述机构对本指令全部或部分规定的适用。

第 3 条 排除条款

本指令不适用于以下情况：

（1）付款交易完全以现金形式直接从付款人到收款人，中间没有任何中介干预的情况；

（2）付款交易通过一个商业代理进行，该代理依据协议被授权代表付款人或仅代表收款人谈判或达成货物或服务的买卖；

（3）专业的银行钞票和硬币的物理运输，包括其收集、处理和交付；

（4）在非营利或慈善活动框架内的非专业现金收集和交付的支付交易；

（5）在支付服务用户明确请求后，收款人作为支付交易的一部分向付款人提供现金的服务，这通常发生在支付购买商品或服务之前；

（6）资金未存放在支付账户中的现金到现金的货币兑换操作；

（7）基于以下任一文件并以将资金置于收款人处置为目的的付款交易，这些文件是支付服务提供商出具的：

（a）根据 1931 年 3 月 19 日《日内瓦统一支票法公约》管理的纸质支票；

（b）类似于（1）项提到的纸质支票，但由未加入 1931 年 3 月 19 日《日内瓦统一支票法公约》的成员国的法律管理；

（c）根据 1930 年 6 月 7 日《日内瓦统一汇票和本票法公约》管理的纸质汇票；

（d）类似于（3）项提到的纸质汇票，但由未加入 1930 年 6 月 7 日《日内瓦统一汇票和本票法公约》的成员国的法律管理；

（e）基于纸质的代金券；

（f）基于纸质的旅行支票；

（g）根据万国邮政联盟定义的纸质邮政汇票。

（8）在结算代理、中央对手方、清算所和/或中央银行与系统的其他参与者以及支付服务提供商之间在支付或证券结算系统内进行的支付交易，不影响第35条的规定；

（9）与证券资产服务相关的支付交易，包括股息、收益或其他分配，或由第（h）项中提到的人或由投资公司、信用机构、集合投资机构或提供投资服务的资产管理公司及任何其他允许持有金融工具的实体进行的赎回或销售；

（10）由技术服务提供商提供的支持支付服务的服务，但这些服务提供商不会在任何时候掌握待转移的资金，包括数据的处理和存储、信任和隐私保护服务、数据和实体认证、信息技术（IT）和通信网络提供、支付服务终端和设备的提供和维护，但不包括支付启动服务和账户信息服务；

（11）基于只能有限使用的特定支付工具的服务，满足以下条件之一：

（a）仅允许持有人在发行人场所或与专业发行人有直接商业协议的有限服务提供商网络中购买商品或服务的工具；

（b）仅可用于购买非常有限范围的商品或服务的工具；

（c）根据企业或公共部门实体的要求提供的工具，仅在一个成员国有效，并由国家或地区公共当局为特定的社会或税务目的进行监管，以从与发行人有商业协议的供应商处购买特定商品或服务。

（12）电子通信网络或服务提供商除了为网络或服务的用户提供电子通信服务之外，提供的支付交易：

（a）购买数字内容和基于语音的服务，无论用于购买或消费数字内容的设备如何，并计入相关账单；或

（b）从或通过电子设备进行的支付交易，并在慈善活动框架内或购买车票的情况下计入相关账单。

前提是（1）和（2）项所述的任何单笔支付交易的价值不超过50欧元，并且：

——单个用户支付交易的累计金额不超过每月300欧元；或

——用户预先为其电子通信网络或服务提供商的账户充值的情况下，支付交

易的累计金额不超过每月 300 欧元。

（13）支付服务提供商、其代理或分支机构之间为其自身账户进行的支付交易；

（14）母公司与其子公司之间或同一母公司的子公司之间进行的支付交易及相关服务，不包括支付服务提供商以外的任何中介干预；

（15）提供方通过 ATM 以代表一个或多个卡发行方的方式提供的现金提取服务，这些提供方与从支付账户取款的客户之间没有框架合同，前提是这些提供方不进行附录 I 中提及的其他支付服务。然而，在执行提款之前以及在提款结束后收到现金时，应向客户提供第 45 条、第 48 条、第 49 和第 59 条中提到的有关提款费用的信息。

第 4 条　定义

就本指令而言，以下定义适用：

（1）"本国成员国"是指以下任一情况：

(a) 支付服务提供商的注册办公室所在的成员国；或

(b) 如果支付服务提供商在其国家法律下没有注册办公室，其总部所在的成员国；

（2）"东道国成员国"是指支付服务提供商有代理或分支机构或提供支付服务的非本国成员国的成员国；

（3）"支付服务"是指附件 I 中列出的任何商业活动；

（4）"支付机构"是指根据第 11 条授予许可的法人，可以在整个欧盟范围内提供和执行支付服务；

（5）"支付交易"是指由付款人或其代表或收款人发起的资金存放、转移或提取的行为，而不论付款人与收款人之间的任何基础义务；

（6）"远程支付交易"是指通过互联网或可用于远程通信的设备发起的支付交易；

（7）"支付系统"是指具有正式和标准化安排以及用于处理、清算和/或结算支付交易的共同规则的资金转移系统；

（8）"付款人"是指持有支付账户并允许从该支付账户发出支付指令的自然

人或法人，或在没有支付账户的情况下，发出支付指令的自然人或法人；

（9）"收款人"是指作为支付交易资金的预期接收者的自然人或法人；

（10）"支付服务用户"是指以付款人、收款人或两者身份使用支付服务的自然人或法人；

（11）"支付服务提供商"是指第1（1）条中提到的机构或根据第32条或第33条享有豁免的自然人或法人；

（12）"支付账户"是指以一个或多个支付服务用户的名义持有的用于执行支付交易的账户；

（13）"支付指令"是指付款人或收款人向其支付服务提供商发出的请求执行支付交易的指示；

（14）"支付工具"是指支付服务用户与支付服务提供商之间商定的用于发起支付指令的个性化设备和/或程序；

（15）"支付启动服务"是指应支付服务用户的请求发起支付指令，涉及在另一支付服务提供商处持有的支付账户的服务；

（16）"账户信息服务"是指提供关于支付服务用户在另一支付服务提供商或多个支付服务提供商处持有的一个或多个支付账户的合并信息的在线服务；

（17）"账户服务支付服务提供商"是指为付款人提供和维护支付账户的支付服务提供商；

（18）"支付启动服务提供商"是指追求附件I第（7）点所述商业活动的支付服务提供商；

（19）"账户信息服务提供商"是指追求附件I第（8）点所述商业活动的支付服务提供商；

（20）"消费者"是指在本指令所涵盖的支付服务合同中，出于非其贸易、商业或职业目的行事的自然人；

（21）"框架合同"是指支付服务合同，管理未来单个和连续支付交易的执行，并可能包含建立支付账户的义务和条件；

（22）"资金汇款"是指在没有为付款人或收款人创建支付账户的情况下，接收来自付款人的资金，仅用于将相应金额转移给收款人或代表收款人的另一支付服务提供商，和/或代表收款人接收此类资金并使其可用的支付服务；

（23）"直接借记"是指根据付款人给予收款人、收款人的支付服务提供商或付款人的支付服务提供商的同意，由收款人发起的借记付款人支付账户的支付服务；

（24）"信用转账"是指由持有付款人支付账户的支付服务提供商根据付款人给出的指示，通过从付款人的支付账户进行的单笔或一系列支付交易，将资金计入收款人支付账户的支付服务；

（25）"资金"是指纸币和硬币、账面货币或根据第2009/110/EC号指令第2条第（2）点定义的电子货币；

（26）"价值日期"是指支付服务提供商用于计算从支付账户扣款或计入支付账户的资金利息的参考时间；

（27）"参考汇率"是指用于作为任何货币兑换基础的汇率，由支付服务提供商提供或来自公开可用的来源；

（28）"参考利率"是指用于计算应适用的任何利息的基础利率，来自可以由支付服务合同双方验证的公开可用来源；

（29）"认证"是指一种程序，允许支付服务提供商验证支付服务用户的身份或特定支付工具使用的有效性，包括用户的个性化安全凭证的使用；

（30）"强客户认证"是指基于使用两个或更多元素的认证，这些元素可分类为知识（只有用户知道的东西）、持有（只有用户拥有的东西）和固有性（用户自身的特征），这些元素是相互独立的，即使其中一个被破坏也不会影响其他元素的可靠性，并且设计上能够保护认证数据的机密性；

（31）"个性化安全凭证"是指支付服务提供商为支付服务用户提供的用于认证的个性化特征；

（32）"敏感支付数据"是指可用于进行欺诈的数据，包括个性化安全凭证。对于支付启动服务提供商和账户信息服务提供商的活动，账户持有者的姓名和账户号码不构成敏感支付数据；

（33）"唯一标识符"是指支付服务提供商向支付服务用户指定的由字母、数字或符号组成的组合，由支付服务用户提供以明确识别另一支付服务用户和/或该另一支付服务用户的支付账户以便进行支付交易；

（34）"远程通信手段"是指一种方法，能够在支付服务提供商和支付服务用户没有同时实体在场的情况下，用于缔结支付服务合同；

（35）"耐用介质"是指任何工具，能够使支付服务用户以一种方式存储针对该支付服务用户个人的、用于信息目的的时间段适当的、将来可参考的信息，并允许存储信息的未更改复制；

（36）"微型企业"是指在签订支付服务合同时，根据委员会推荐第2003/361/EC号附件第1条和第2（1）和（3）条定义的企业；

（37）"营业日"是指付款人的支付服务提供商或参与支付交易执行的收款人支付服务提供商在其正常工作时间内为支付交易的执行开放的日子；

（38）"代理"是指代表支付机构提供支付服务的自然人或法人；

（39）"分支机构"是指支付机构的其他营业场所，而非其总部，该分支机构没有法人资格，并且直接执行支付机构业务中固有的一些或所有交易；同一支付机构在另一个成员国设立的所有营业场所应视为一个单一分支机构；

（40）"集团"是指企业之间根据第2013/34/EU号指令第22（1）、（2）或（7）条提到的关系互相关联的企业集团，或根据委员会授权条例（EU）第241/2014号第4、5、6和7条定义的企业，根据（EU）575/2013号条例第10（1）条或第113（6）或（7）条的关系互相关联；

（41）"电子通信网络"是指根据欧洲议会和理事会第2002/21/EC号指令第2条（a）项定义的网络；

（42）"电子通信服务"是指根据第2002/21/EC号指令第2条（c）项定义的服务；

（43）"数字内容"是指以数字形式生产和提供的商品或服务，其使用或消费仅限于技术设备，不包括以任何形式使用或消费实体商品或服务；

（44）"支付交易收单"是指支付服务提供商与收款人签订的接受和处理支付交易的支付服务，最终导致将资金转移给收款人；

（45）"支付工具发行"是指支付服务提供商与付款人签订的提供支付工具以发起和处理付款人支付交易的支付服务；

（46）"自有资金"是指根据（EU）575/2013号条例第4（1）条第118点定义的资金，其中至少75%的一级资本是该条例第50条所提到的普通股一级资本，而二级资本不超过一级资本的三分之一；

（47）"支付品牌"是指任何材料或数字的名称、术语、符号、标志或它们的组合，能够指示在哪种支付卡方案下进行基于卡的支付交易；

（48）"多品牌共存"是指在同一支付工具上包含两个或更多支付品牌或相同支付品牌的支付应用。

第二编

支付服务提供商

附录二 欧盟《第二支付服务指令》(第 2015/2366 号指令)

第一章 支付机构

第一节 通　　则

第 5 条　授权申请

1. 申请支付机构的授权时，应向本国成员国的主管当局提交申请，并附以下内容：

(a) 业务计划，特别说明拟提供的支付服务类型；

(b) 商业计划，包括前三个财政年度的预算预测计算，证明申请人能够采用适当和相称的系统、资源和程序来有效运营；

(c) 支付机构持有初始资本的证据，初始资本的规定详见第 7 条；

(d) 对于第 10 (1) 条所述的支付机构，提交根据第 10 条规定的保护支付服务用户资金的措施描述；

(e) 申请人的治理安排和内部控制机制的描述，包括行政管理、风险管理和会计程序，证明这些治理安排、控制机制和程序是相称、适当、稳健和充分的；

(f) 现有的监控、处理和跟进安全事件及与安全相关的客户投诉的程序描述，包括事件报告机制，该机制考虑到支付机构在第 96 条规定的通知义务；

（g）提交现有的存储、监控、跟踪和限制对敏感支付数据访问的程序描述；

（h）业务连续性安排的描述，包括明确识别关键操作、有针对性的应急计划以及定期测试和审查这些计划充分性和效率的程序；

（i）收集绩效、交易和欺诈统计数据的原则和定义的描述；

（j）安全政策文件，包括与其支付服务相关的详细风险评估，以及为充分保护支付服务用户免受所识别风险（包括欺诈和非法使用敏感和个人数据）的安全控制和缓解措施的描述；

（k）对于适用欧洲议会和理事会（EU）2015/849 号指令和（EU）2015/847 号条例中关于反洗钱和打击恐怖主义融资义务的支付机构，申请人应描述其为履行这些义务而建立的内部控制机制；

（l）申请人的结构组织的描述，包括（如适用）对代理和分支机构的预期使用的描述，以及申请人至少每年对其进行的现场和非现场检查的安排的描述、外包安排的描述，以及其在国家或国际支付系统中的参与情况；

（m）持有申请人直接或间接符合（EU）No 575/2013 号条例第 4（1）条第（36）点所述的合格持股的人的身份，其持股比例，以及证明其适合性以确保支付机构稳健和审慎管理的证据；

（n）董事和负责支付机构管理的人员的身份信息，以及（如适用）负责支付机构支付服务活动管理的人员的身份信息，以及证明其信誉良好并具备履行支付服务的适当知识和经验的证据，由支付机构所在的本国成员国确定；

（o）如适用，根据欧洲议会和理事会第 2006/43/EC 号指令定义的法定审计师和审计公司的身份信息；

（p）申请人的法律地位和公司章程；

（q）申请人的总部地址。

对于第 1 款（a）、（e）、（f）和（l）点的目的，申请人应提供其审计安排的描述以及其已建立的组织安排，以采取一切合理措施保护其用户的利益，并确保支付服务执行的连续性和可靠性。

第 1 款（j）点所述的安全控制和缓解措施应指明如何确保高水平的技术安全性和数据保护，包括申请人或其将全部或部分运营外包的企业所使用的软件和

IT系统。这些措施还应包括第95（1）条规定的安全措施。在适用时，这些措施应考虑到第95（3）条中提到的欧洲银行管理局关于安全措施的指南。

2. 成员国应要求申请提供附件Ⅰ第（7）点所述支付服务授权的企业，作为其授权的条件，持有覆盖其提供服务的地区的职业责任保险，或其他类似的责任保障，以确保它们能够覆盖其在第73条、第89条、第90和第92条中规定的责任。

3. 成员国应要求申请登记提供附件Ⅰ第（8）点所述支付服务的企业，作为其登记的条件，持有覆盖其提供服务地区的职业责任保险，或其他类似的责任保障，以确保其能够覆盖由于未经授权或欺诈性访问或使用支付账户信息而对账户服务支付服务提供商或支付服务用户造成的责任。

4. 截至2017年1月13日，欧洲银行管理局应在咨询所有相关利益方（包括支付服务市场中涉及的各方）后，根据第1093/2010号条例第16条发布指南，向主管当局提供如何规定第2款和第3款所述的职业责任保险或其他类似担保最低金额的标准。

在制定上述第1款中提到的指南时，欧洲银行管理局应考虑以下因素：

（1）企业的风险状况；

（2）企业是否提供附件Ⅰ中所述的其他支付服务或从事其他业务；

（3）活动的规模：

（a）对于申请提供附件Ⅰ第（7）点所述支付服务授权的企业，交易的金额；

（b）对于申请提供附件Ⅰ第（8）点所述支付服务登记的企业，使用账户信息服务的客户数量；

（4）类似担保的具体特征及其实施标准。

欧洲银行管理局应定期审查这些指南。

5. 截至2017年7月13日，欧洲银行管理局应在咨询所有相关利益方（包括支付服务市场中涉及的各方）后，根据第1093/2010号条例第16条发布指南，规定申请支付机构授权时应向主管当局提供的信息，包括本条第1款（a）、(b)、(c)、(e)和(g)至(j)点中的要求。

欧洲银行管理局应定期审查这些指南，至少每3年一次。

6. 考虑到在适用第5款所述指南时积累的经验，欧洲银行管理局可以制定监管技术标准草案，具体说明申请支付机构授权时应向主管当局提供的信息，包括第1款（a）、(b)、(c)、(e) 和 (g) 至 (j) 点中的要求。

根据（EU）No 1093/2010 号条例第10条至第14条，委员会有权采用上述第1款所述的监管技术标准。

7. 第4款所述的信息应根据第1款的规定通知主管当局。

第6条　股东权益的控制

1. 任何自然人或法人决定直接或间接获得或进一步增加在支付机构中的合格持股（符合（EU）No 575/2013 号条例第4（1）条（36）点的定义），从而使其所持资本或投票权比例达到或超过20%、30%或50%，或者支付机构成为其子公司，应提前将其意图书面通知该支付机构的主管当局。对任何决定直接或间接处置合格持股，或减少其合格持股比例使其低于20%、30%或50%，或支付机构不再是其子公司的自然人或法人，同样适用。

2. 合格持股的拟收购人应向主管当局提供信息，说明拟持股的规模及第2013/36/EU 号指令第23（4）条提到的相关信息。

3. 成员国应要求，如果第2款提到的拟收购人所行使的影响可能对支付机构的审慎和稳健管理构成不利影响，主管当局应表示反对或采取其他适当措施以结束这种情况。此类措施可包括对董事或管理负责人的禁令、处罚，或暂停支付机构的股东或成员所持股份所附投票权的行使。

未能遵守本条规定的提供事先信息义务的自然人或法人，也应适用类似的措施。

4. 如果在主管当局反对的情况下获得持股，无论采取任何其他处罚，成员国应规定暂停相应投票权的行使，已投票的无效或可取消那些投票。

第7条　初始资本

成员国应要求支付机构在获得授权时持有以下条款所述的初始资本，包括（EU）No 575/2013 号条例第26（1）条（a）至（e）点中提到的一项或多项：

（a）如果支付机构仅提供附件Ⅰ第（6）点所述的支付服务，其资本不得少于20000欧元；

（b）如果支付机构提供附件 I 第（7）点所述的支付服务，其资本不得少于 50000 欧元；

（c）如果支付机构提供附件 I 第（1）至（5）点所述的任何支付服务，其资本不得少于 125000 欧元。

第 8 条　自有资金

1. 支付机构的自有资金不得低于第 7 条所述的初始资本金额或根据本指令第 9 条计算的自有资金金额，以较高者为准。

2. 成员国应采取必要措施，防止当支付机构与另一支付机构、信用机构、投资公司、资产管理公司或保险公司属于同一集团时，重复使用符合自有资金条件的元素。本款也适用于具有混合性质并开展提供支付服务以外的活动的支付机构。

3. 如果符合（EU）No 575/2013 号条例第 7 条所列条件，成员国或其主管当局可选择不将本指令第 9 条适用于根据 2013/36/EU 号指令接受母公司信用机构合并监管的支付机构。

第 9 条　自有资金的计算

1. 尽管有第 7 条规定的初始资本要求，成员国应要求支付机构（除仅提供附件 I 第（7）或（8）点所述服务的机构，或两者兼而有之）始终持有根据以下三种方法之一计算的自有资金，由主管当局根据国家立法确定：

方法 A

支付机构的自有资金应至少为上一年度固定开支的 10%。如果支付机构自上一年度以来的业务发生重大变化，主管当局可以调整此要求。如果支付机构在计算日期尚未完成一个完整的经营年度，则要求其自有资金至少为其商业计划中预计的相应固定开支的 10%，除非主管当局要求对该计划进行调整。

方法 B

支付机构的自有资金应至少为以下各项的总和乘以第 2 款定义的缩放系数 k，其中支付量（PV）表示支付机构在上一年度执行的支付交易总额的十二分之一：

（a）PV 中高达 500 万欧元部分的 4.0%；

再加上

(b) PV 中超过 500 万欧元但不超过 1000 万欧元部分的 2.5%；

再加上

(c) PV 中超过 1000 万欧元但不超过 1 亿欧元部分的 1%；

再加上

(d) PV 中超过 1 亿欧元但不超过 2.5 亿欧元部分的 0.5%；

再加上

(e) PV 中超过 2.5 亿欧元部分的 0.25%。

方法 C

支付机构的自有资金应至少为（a）点中定义的相关指标乘以（b）点中定义的乘数系数和第 2 款定义的缩放系数 k 的乘积。

(1) 相关指标是以下内容的总和：

(a) 利息收入；

(b) 利息支出；

(c) 收到的佣金和费用；

(d) 其他经营收入。

每个要素应按其正或负符号计入总和。非常规或不规则项目的收入不应用于计算相关指标。如果从第三方外包服务的支出是由本指令下受监管的公司产生的，则外包服务的支出可减少相关指标。相关指标基于上一财政年度末的 12 个月观察期计算。相关指标应按上一财政年度计算。然而，根据方法 C 计算的自有资金不得低于过去 3 个财政年度相关指标平均值的 80%。如果未提供经审计的数字，则可使用商业估计。

(2) 乘数系数应为：

(a) 相关指标中高达 250 万欧元部分的 10%；

(b) 相关指标中从 250 万欧元到 500 万欧元部分的 8%；

(c) 相关指标中从 500 万欧元到 2500 万欧元部分的 6%；

(d) 相关指标中从 2500 万欧元到 5000 万欧元部分的 3%；

(e) 超过 5000 万欧元部分的 1.5%。

2. 方法 B 和 C 中使用的缩放系数 k 应为：

（a）如果支付机构仅提供附件Ⅰ第（6）点所述支付服务，则为0.5；

（b）如果支付机构提供附件Ⅰ第（1）至（5）点所述的任何支付服务，则为1。

3. 基于对支付机构的风险管理过程、风险损失数据库和内部控制机制的评估，主管当局可以要求支付机构持有的自有资金比根据第1款选定方法所计算出的金额多20%，或者允许支付机构持有的自有资金比根据第1款选定方法所计算出的金额少20%。

第10条 保障要求

1. 成员国或主管当局应要求提供附件Ⅰ第（1）至（6）点所述支付服务的支付机构，以下列任一方式对已从支付服务用户或通过另一支付服务提供商收到的用于执行支付交易的所有资金进行保障：

（a）资金不得与支付服务用户以外的任何自然人或法人所持有的资金混合，如果这些资金仍由支付机构持有且在收到资金后的第二个工作日结束时尚未交付给收款人或转移至另一支付服务提供商，则应将其存入信用机构的单独账户或投资于本国成员国主管当局定义的安全、流动性高、低风险的资产；这些资金应根据国家法律进行隔离，以保护支付服务用户的利益，特别是在支付机构破产的情况下；

（b）资金应由与支付机构本身不属于同一集团的保险公司或信用机构提供的保险单或其他类似担保覆盖，其金额相当于在没有保险单或其他类似担保的情况下应隔离的金额，在支付机构无法履行其财务义务的情况下支付。

2. 如果支付机构根据第1款的要求需要对资金进行保障，而这些资金的一部分将用于未来的支付交易，剩余金额将用于非支付服务，则用于未来支付交易的这部分资金也应遵守第1款的要求。如果这部分资金是可变的或无法提前知道，成员国应允许支付机构根据预计用于支付服务的代表性比例适用本款，前提是此类代表性比例可以根据历史数据合理估计并令主管当局满意。

第11条 授权的授予

1. 成员国应要求除第1条第（1）款（a）、（b）、（c）、（e）和（f）点所述的企业和根据第 32 条或第 33 条享有豁免的自然人或法人以外，打算提供支付服务的企业在开始提供支付服务之前，获得作为支付机构的授权。授权仅授予在成员国设立的法人实体。

2. 如果申请中所附的信息和证据符合第 5 条规定的所有要求，并且在对申请进行详细审查后，主管当局的总体评估是积极的，主管当局应授予授权。在授予授权之前，主管当局可以在相关情况下咨询国家中央银行或其他相关公共当局。

3. 根据其本国法律要求设立注册办事处的支付机构，其总部应与其注册办事处位于同一成员国，并在该地至少开展部分支付服务业务。

4. 只有在考虑到确保支付机构稳健和审慎管理的必要性时，支付机构具备稳健的支付服务业务治理安排，包括具有明确的组织结构，明确、透明和一致的责任划分，有效的程序用于识别、管理、监控和报告所面临或可能面临的风险，以及适当的内部控制机制（包括健全的行政和会计程序），主管当局才会授予授权；这些安排、程序和机制应全面且与支付机构提供的支付服务的性质、规模和复杂性相适应。

5. 如果支付机构提供附件 I 第（1）至（7）点所述的任何支付服务，同时还从事其他业务活动，主管当局可以要求为支付服务业务设立一个单独的实体，如果支付机构的非支付服务活动损害或可能损害支付机构的财务稳健性或主管当局监督支付机构遵守本指令所有义务的能力。

6. 如果在考虑到确保支付机构稳健和审慎管理的必要性时，主管当局对拥有合格持股的股东或成员的适当性不满意，则应拒绝授予授权。

7. 如果支付机构与其他自然人或法人之间存在（EU）No 575/2013 号条例第 4（1）条第（38）点所定义的密切联系，主管当局应仅在这些联系不妨碍其有效行使监督职能的情况下授予授权。

8. 主管当局应仅在支付机构与一个或多个自然人或法人存在密切联系的第三国法律、法规或行政规定，或执行这些法律、法规或行政规定的困难，不妨碍其有效行使监督职能的情况下，才会授予授权。

9. 授予的授权在所有成员国均有效，并允许相关支付机构根据服务自由提供或建立自由在整个欧盟范围内提供授权覆盖的支付服务。

第 12 条　决定的通知

在收到申请后的 3 个月内，或在申请不完整时收到作出决定所需的所有信息后的 3 个月内，主管当局应通知申请人是否授予或拒绝授权。主管当局应说明拒绝授权的理由。

第 13 条　撤销授权

1. 主管当局只有在以下情况下才能撤销支付机构的授权：

(a) 在 12 个月内未使用该授权，明确放弃授权，或已停止经营超过 6 个月，如果相关成员国对此种情况没有规定授权失效；

(b) 通过虚假陈述或其他不正当手段获得授权；

(c) 不再符合授予授权的条件，或未能将重大事态发展告知主管当局；

(d) 继续其支付服务业务将构成对支付系统的稳定性或信任的威胁；或

(e) 属于国家法律规定的其他撤销授权的情况。

2. 主管当局应说明撤销授权的理由，并相应地通知相关方。

3. 主管当局应公开撤销授权的信息，包括在第 14 条和第 15 条所述的登记册中。

第 14 条　在本国成员国的注册

1. 成员国应建立一个公共登记册，其中登记以下内容：

(a) 获得授权的支付机构及其代理人；

(b) 根据第 32 条或第 33 条享有豁免的自然人和法人及其代理人；以及

(c) 第 2 条第 (5) 款中提到的根据国家法律有权提供支付服务的机构。

支付机构的分支机构应在其本国成员国的登记册中注册，如果这些分支机构在其本国成员国以外的成员国提供服务。

2. 公共登记册应标明支付机构被授权提供的支付服务，或自然人或法人已注册提供的支付服务。授权支付机构应与根据第 32 条或第 33 条享有豁免的自然人和法人分开列在登记册中。登记册应公开供公众查询，可以在线访问，并及时更新。

3. 主管当局应在公共登记册中记录任何授权的撤销以及根据第 32 条或第 33 条的任何豁免的撤销。

4. 主管当局应将撤销任何授权和根据第 32 条或第 33 条的任何豁免的理由通知欧洲银行管理局（EBA）。

第 15 条　欧洲银行管理局登记册

1. 欧洲银行管理局应开发、操作和维护一个包含主管当局根据第 2 款通知的信息的电子中央登记册。欧洲银行管理局应负责准确展示该信息。

欧洲银行管理局应在其网站上公开提供该登记册，并应允许免费访问和轻松搜索所列信息。

2. 主管当局应毫不延迟地将第 14 条所述公共登记册中登记的信息以金融领域常用语言通知欧洲银行管理局。

3. 主管当局应负责第 2 款中规定的信息的准确性，并确保该信息保持最新。

4. 欧洲银行管理局应制定监管技术标准草案，规定电子中央登记册的开发、操作和维护的技术要求以及对其中信息的访问。技术要求应确保信息的修改只能由主管当局和欧洲银行管理局进行。

欧洲银行管理局应在 2018 年 1 月 13 日之前将这些监管技术标准草案提交给委员会。

委员会有权根据（EU）No 1093/2010 号条例第 10 条至第 14 条采用上述第一款提到的监管技术标准。

5. 欧洲银行管理局应制定有关根据第 1 款通知的信息的细节和结构的实施技术标准草案，包括提供这些信息的通用格式和模型。

欧洲银行管理局应在 2017 年 7 月 13 日之前将这些实施技术标准草案提交给委员会。

根据（EU）No 1093/2010 号条例第 15 条，委员会有权通过上述第 1 款提到的实施技术标准。

第 16 条　授权的维护

如果任何变更影响了根据第 5 条提供的信息和证据的准确性，支付机构应毫不延迟地将此情况通知其本国成员国的主管当局。

第 17 条　会计与法定审计

1. 欧洲议会和理事会第 86/635/EEC 号指令、第 2013/34/EU 号指令和（EC）No 1606/2002 号条例的规定应在支付机构中作相应调整后适用。

2. 除非根据第 2013/34/EU 号指令及（如适用）第 86/635/EEC 号指令获得豁免，支付机构的年度账目和合并账目应由第 2006/43/EC 号指令所定义的法定审计师或审计公司进行审计。

3. 为监督目的，成员国应要求支付机构为支付服务和第 18（1）条所述的活动提供单独的会计信息，该信息应接受审计师的报告。该报告应由法定审计师或审计公司（如适用）准备。

4. 第 2013/36/EU 号指令第 63 条规定的义务应在支付机构的支付服务活动的法定审计师或审计公司中作相应调整后适用。

第 18 条　活动

1. 除提供支付服务外，支付机构还有权从事以下活动：

（a）提供操作性和密切相关的辅助服务，如确保支付交易的执行、外汇服务、保管活动，以及数据的存储和处理；

（b）支付系统的运营，但不得违反第 35 条；

（c）在适用的欧盟和国家法律下，提供支付服务以外的商业活动。

2. 当支付机构从事一项或多项支付服务时，它们只能持有仅用于支付交易的支付账户。

3. 支付机构从支付服务用户那里接收的、用于提供支付服务的任何资金不应构成第 2013/36/EU 号指令第 9 条意义上的存款或其他可偿还资金，也不应构成第 2009/110/EC 号指令第 2 条第（2）款中定义的电子货币。

4. 支付机构只有在满足以下所有条件时，才可以提供与附件 I 第（4）或（5）点所述的支付服务相关的信贷：

（a）信贷应为辅助信贷，并仅与支付交易的执行相关；

（b）尽管有国家关于通过信用卡提供信贷的规定，与支付相关的信贷并按照第 11（9）条和第 28 条执行的信贷应在短期内偿还，且在任何情况下不得超过 12 个月；

（c）此类信贷不得从接收或持有的用于执行支付交易的资金中提供；

（d）支付机构的自有资金在任何时候都应与所提供的信贷总额相适应，并令监管当局满意。

5. 支付机构不得从事第 2013/36/EU 号指令第 9 条意义上的存款或其他可偿还资金的业务。

6. 本指令不影响第 2008/48/EC 号指令、其他相关欧盟法律或关于向消费者提供信贷条件的、符合欧盟法律的国家措施。

第二节 其他要求

第 19 条 使用代理、分支机构或外包活动的实体

1. 当支付机构打算通过代理提供支付服务时，应向其本国成员国的主管当局提供以下信息：

（a）代理的名称和地址；

（b）代理将用于遵守（EU）2015/849 号指令中关于反洗钱和反恐融资义务的内部控制机制的描述，如果初次通知中传达的详细信息发生重大变化，应立即更新；

（c）用于提供支付服务的代理的董事和管理人员的身份，对于支付服务提供者以外的代理，需提供其合格和适当的证明；

（d）支付机构授权代理提供的支付服务；以及

（e）如适用，代理的唯一识别代码或编号。

2. 在收到第 1 款中提到的信息后的 2 个月内，本国成员国的主管当局应通知支付机构代理是否已被列入第 14 条规定的登记册中。列入登记册后，代理可开

始提供支付服务。

3. 在将代理列入登记册之前，如果主管当局认为提供给他们的信息不正确，则应采取进一步行动核实信息。

4. 如果在采取行动核实信息后，主管当局仍不满意第 1 款中根据其提供的信息的正确性，他们应拒绝将代理列入第 14 条规定的登记册，并应毫不延迟地通知支付机构。

5. 如果支付机构希望通过代理或设立分支机构在其他成员国提供支付服务，应遵循第 28 条中规定的程序。

6. 如果支付机构打算将支付服务的操作性功能外包，应相应地通知其本国成员国的主管当局。

支付服务重要操作功能（包括 IT 系统）的外包，不应以任何方式严重影响支付机构内部控制的质量以及主管当局监控和追溯支付机构遵守本指令所有义务的能力。

就第 2 款而言，如果操作功能的缺陷或失败会严重影响支付机构持续遵守其根据本标题要求的授权要求、本指令下的其他义务、其财务业绩或其支付服务的健全性或连续性，则该操作功能应视为重要的。成员国应确保支付机构在外包重要操作功能时满足以下条件：

（a）外包不得导致高级管理层责任的转移；

（b）本指令下支付机构对其支付服务用户的关系和义务不得改变；

（c）支付机构为获得授权并根据本标题保持授权需要遵守的条件不得被削弱；

（d）支付机构授权授予的其他条件不得被移除或修改。

7. 支付机构应确保代表其行事的代理或分支机构向支付服务用户告知这一事实。

8. 支付机构应毫不延迟地向其本国成员国的主管当局通报有关外包活动的实体使用情况的任何变更，以及根据第 2 款、第 3 款和第 4 款规定的程序，通报代理的变更情况，包括新增的代理。

第 20 条　责任

1. 成员国应确保当支付机构依赖第三方执行操作功能时，这些支付机构采取合理的步骤确保符合本指令的要求。

2. 成员国应要求支付机构对其雇员或任何代理、分支机构或外包活动的实体的任何行为承担完全责任。

第 21 条　记录保存

成员国应要求支付机构将所有相关记录至少保存 5 年，以用于本标题的目的，但不得影响（EU）2015/849 号指令或其他相关欧盟法律。

第三节　主管当局和监督

第 22 条　主管当局的指定

1. 各成员国应指定负责支付机构的授权和审慎监管的主管当局，履行本标题下规定的职责。主管当局应为公共当局，或由国家法律或被公共当局明确授权的机构，包括国家中央银行。

主管当局应确保独立于经济机构并避免利益冲突。在不影响第一款的情况下，支付机构、信用机构、电子货币机构或邮政汇兑机构不得被指定为主管当局。

成员国应将此情况通知欧盟委员会。

2. 成员国应确保根据第 1 款指定的主管当局具备履行其职责所需的一切权力。

3. 在其领土上有多个主管当局负责本标题涵盖事项的成员国应确保这些当局密切合作，以便它们能够有效履行各自的职责。如果负责本标题所涵盖事项的当局不是负责信用机构监督的主管当局，同样的规定也适用。

4. 根据第 1 款指定的主管当局的任务应由本国成员国的主管当局负责。

5. 第 1 款不意味着主管当局必须监督支付机构的其他商业活动，除了支付服务的提供和第 18（1）条（a）项中提到的活动。

第 23 条　监督

1. 各成员国应确保主管当局为检查持续符合本标题的要求而进行的控制是相称的、适当的，并能响应支付机构所面临的风险。

为了检查是否符合本标题的要求，主管当局特别有权采取以下步骤：

（a）要求支付机构提供监测合规所需的任何信息，并酌情说明请求的目的及提供信息的时间限制；

（b）对支付机构、在支付机构责任下提供支付服务的任何代理或分支机构或任何外包活动的实体进行现场检查；

（c）发布建议、指导方针以及适用时发布具有约束力的行政规定；

（d）根据第 13 条暂停或撤销授权。

2. 在不影响撤销授权程序和刑事法律规定的情况下，各成员国应规定各自的主管当局可以对支付机构或实际控制支付机构业务的人采取措施，或对其实施专门旨在结束已发现的违规行为或导致违规行为的原因的处罚。

3. 尽管有第 7 条、第 8（1）和（2）条以及第 9 条的要求，成员国应确保主管当局有权采取本条第 1 款所述的步骤，以确保支付服务的足够资本，特别是在支付机构的非支付服务活动损害或可能损害其财务稳健性时。

第 24 条　职业保密

1. 成员国应确保所有为主管当局工作或曾经为其工作的人，以及代表主管当局行事的专家，受到职业保密义务的约束，不影响刑法涵盖的情况。

2. 根据第 26 条交换信息时，应严格遵守职业保密，以确保保护个人和商业权利。

3. 成员国可以根据第 2013/36/EU 号指令第 53 条至第 61 条的规定；类推适用本条。

第 25 条　向法院申请的权利

1. 成员国应确保支付机构根据依据本指令通过的法律、条例和行政规定对主管当局作出的决定可以向法院提出异议。

2. 第 1 款也适用于不作为的情况。

第 26 条　信息交换

1. 各成员国的主管当局应相互合作，并在适当情况下与欧洲中央银行（ECB）及各成员国的国家中央银行、欧洲银行管理局（EBA）以及根据欧盟或国家法律适用于支付服务提供者的其他相关主管当局合作。

2. 此外，各成员国应允许其主管当局与以下机构之间进行信息交换：

（a）负责支付机构授权和监督的其他成员国的主管当局；

（b）作为货币和监管当局的欧洲中央银行和成员国的国家中央银行，以及在适当情况下，其他负责支付和结算系统监管的公共当局；

（c）根据本指令、(EU) 2015/849 号指令以及适用于支付服务提供者的其他欧盟法律指定的其他相关主管当局，如适用于反洗钱和反恐融资的法律；

（d）在其作为促进监督机制一致和连贯运行的角色下的欧洲银行管理局（EBA），如（EU）No 1093/2010 号条例第 1（5）(a) 条所述。

第 27 条　不同成员国主管当局之间的分歧解决

1. 如果某成员国的主管当局认为在某一特定事项上，与第 26 条、第 28 条、第 29 条、第 30 条或第 31 条提及的另一成员国主管当局的跨境合作不符合这些条款中规定的相关条件，则可以根据（EU）No 1093/2010 号条例第 19 条，将该事项提交欧洲银行管理局并请求其协助。

2. 如果欧洲银行管理局根据本条第 1 款的请求提供协助，应根据（EU）No 1093/2010 号条例第 19（3）条立即作出决定。欧洲银行管理局还可以根据该条例第 19（1）条第 2 款自行协助主管当局达成协议。在任何一种情况下，相关主管当局应在该条例第 19 条规定的解决方案出炉前推迟作出决定。

第 28 条　申请行使设立权和提供服务的自由

1. 任何获得授权的支付机构，若希望首次在本国成员国以外的另一成员国提供支付服务，以行使设立权或提供服务的自由，应向本国成员国的主管当局提交以下信息：

（a）支付机构的名称、地址以及（如适用）授权号码；

（b）其计划运营的成员国；

（c）要提供的支付服务；

（d）如果支付机构打算使用代理，应提交第 19（1）条中所述的信息；

（e）如果支付机构打算设立分支机构，应提交与该分支机构在东道成员国支付服务业务相关的第 5（1）条（b）和（e）项中所述的信息、分支机构的组织结构描述以及分支机构负责人的身份信息。

如果支付机构计划将支付服务的运营功能外包给东道成员国的其他实体，需相应通知本国成员国的主管当局。

2. 在收到第 1 款所述的所有信息后 1 个月内，本国成员国的主管当局应将其发送给东道成员国的主管当局。

在收到来自本国成员国主管当局的信息后 1 个月内，东道成员国的主管当局应对该信息进行评估，并向本国成员国的主管当局提供与相关支付机构根据设立自由或提供服务的自由提供支付服务意图相关的信息。东道成员国的主管当局应特别通知本国成员国的主管当局关于与拟议的代理参与或分支机构设立相关的任何与（EU）2015/849 号指令下的反洗钱或反恐融资有关的合理担忧。

如果本国成员国的主管当局不同意东道成员国主管当局的评估，应向后者提供决定的理由。

如果本国成员国的主管当局的评估（尤其是在考虑到从东道成员国主管当局收到的信息的情况下）不利于支付机构的注册，原本国主管当局应拒绝注册代理或分支机构，或者如果已经注册则撤销该注册。

3. 在收到第 1 款所述的信息后 3 个月内，本国成员国的主管当局应将其决定通知东道成员国的主管当局和支付机构。

在第 14 条所述的登记注册后，该代理或分支机构可以在相关东道成员国开始其活动。

支付机构应通知本国成员国的主管当局其通过代理或分支机构在相关东道成员国开始活动的日期。本国成员国的主管当局应相应地通知东道成员国的主管当局。

4. 支付机构应在符合第 1 款要求的信息发生任何相关变化时，毫不拖延地通知本国成员国的主管当局，包括其在运营的东道成员国中的额外代理、分支机构或外包活动的实体。适用第 2 款和第 3 款所规定的程序。

5. 欧洲银行管理局应制定监管技术标准草案，具体说明本条中本国与东道成员国的主管当局之间合作和信息交换的框架。这些监管技术标准草案应规定跨境支付机构通知中的合作方法、手段和细节，特别是提交的信息的范围和处理方式，包括共同术语和标准通知模板，以确保通知过程的一致性和高效性。

欧洲银行管理局应在 2018 年 1 月 13 日前将这些监管技术标准草案提交给欧盟委员会。

根据（EU）No 1093/2010 号条例第 10 条至第 14 条的规定，委员会被授权通过第一个分段中提到的监管技术标准。

第 29 条　对行使设立权和提供服务自由的支付机构的监督

1. 为了实施本标题以及根据第 100（4）条实施的将标题 III 和 IV 转化为国家法律的规定中的控制措施，并采取必要的步骤，针对位于另一成员国境内的支付机构代理或分支机构，本国成员国的主管当局应与东道成员国的主管当局合作。

根据第一段的合作，本国成员国的主管当局应在计划对后者境内的机构进行现场检查时通知东道成员国的主管当局。

然而，本国成员国的主管当局可以将对相关机构的现场检查任务委托给东道成员国的主管当局。

2. 东道成员国的主管当局可以要求在其境内设有代理或分支机构的支付机构定期报告其在其领土上开展的活动。

此类报告应为信息或统计目的所需，并在代理和分支机构根据设立权开展支付服务业务的情况下，用于监控其对将标题 III 和 IV 转化为国家法律的规定的遵守情况。此类代理和分支机构应至少受相当于第 24 条所述的职业保密要求的约束。

3. 主管当局应相互提供所有必要和/或相关信息，特别是在代理或分支机构的违规行为或疑似违规行为发生的情况下，以及在提供服务自由的情况下发生的违规行为。在这方面，主管当局应在请求时提供所有相关信息，并在主动提供所有必要信息时，包括关于支付机构是否符合第 11（3）条规定的条件的信息。

4. 成员国可以要求通过设立权在其领土上运营的支付机构，其总部位于另一成员国，通过代理设立一个中央联络点，以确保关于对标题 III 和 IV 的遵守情况的充分沟通和信息报告，不影响反洗钱和反恐融资规定，并促进本国成员国和东道成员国主管当局的监督，包括按要求向主管当局提供文件和信息。

5. 欧洲银行管理局应制定监管技术标准草案，规定根据比例原则确定在何种情况下适合设立中央联络点的标准，以及这些联络点的功能，依据第 4 款。

这些监管技术标准草案应特别考虑：

（a）支付机构在东道成员国进行的交易总量和总价值；

（b）提供的支付服务类型；

（c）在东道成员国设立的代理总数。

欧洲银行管理局应在 2017 年 1 月 13 日前将这些监管技术标准草案提交给欧盟委员会。

6. 欧洲银行管理局应制定监管技术标准草案，具体说明本国和东道成员国主管当局之间的合作框架和信息交换，按照本标题监督跨境支付机构的活动，确保标题 III 和 IV 转化为国家法律的规定得到遵守。监管技术标准草案应规定在监督跨境提供支付服务的支付机构时的合作方法、手段和细节，特别是信息交换的范围和处理方式，以确保跨境支付服务提供者的一致性和高效的监督。

这些监管技术标准草案还应具体说明东道成员国依据第 2 款要求支付机构提交的有关其在其境内支付业务活动的任何报告的手段和细节，包括此类报告的频率。

欧洲银行管理局应在 2018 年 1 月 13 日前将这些监管技术标准草案提交给欧盟委员会。

7. 根据（EU）No 1093/2010 号条例第 10 条至第 14 条的规定，委员会被授权通过第 5 条和第 6 款中提到的监管技术标准。

第 30 条　不合规情况下的措施，包括预防措施

1. 在不影响本国成员国主管当局责任的情况下，如果东道成员国的主管当局发现其境内的支付机构的代理或分支机构不符合本标题或将标题 III 或 IV 转化为国家法律的规定，应立即通知本国成员国的主管当局。

本国成员国的主管当局在评估了根据第一段收到的信息后，应毫不拖延地采取一切适当措施，确保相关支付机构终止其违规行为。本国成员国的主管当局应毫不拖延地将这些措施通知东道成员国的主管当局及任何其他相关成员国的主管当局。

2. 在紧急情况下，如果需要立即采取行动应对对东道成员国支付服务用户集体利益的严重威胁，东道成员国的主管当局可以在等待本国成员国主管当局根据第 29 条采取措施的同时，采取预防措施。

3. 根据第 2 款采取的任何预防措施应与其目的相称，且适当保护东道成员国支付服务用户的集体利益。它们不应导致对东道成员国支付机构的支付服务用户的偏好超过其他成员国的支付服务用户。

预防措施应是暂时的，当所识别的严重威胁得到解决时，包括在本国成员国主管当局的协助或合作下，或在根据第 27（1）条规定由欧洲银行管理局提供协助的情况下，预防措施应终止。

4. 在与紧急情况相符的情况下，东道成员国的主管当局应提前告知并且在任何情况下不得无故拖延地将根据第 2 款采取的预防措施及其理由通知本国成员国的主管当局和任何其他相关成员国的主管当局、委员会和欧洲银行管理局。

第 31 条　理由和沟通

1. 任何由主管当局依据第 23 条、第 28 条、第 29 条或第 30 条采取的涉及处罚或限制服务自由或设立自由的措施，均应合理说明理由并通知相关支付机构。

2. 第 28 条、第 29 条和第 30 条的规定不影响主管当局根据（EU）2015/849 号指令和（EU）2015/847 号条例的义务，尤其是（EU）2015/849 号指令第 48（1）条和（EU）2015/847 号条例第 22（1）条规定的对这些文件所列要求的监督或监控义务。

第四节 免　　除

第 32 条　条件

1. 成员国可以豁免或允许其主管当局豁免提供附件 I 第（1）至（6）点所述支付服务的自然人或法人，免于适用第 1 节、第 2 节和第 3 节规定的全部或部分程序和条件，但第 14 条、第 15 条、第 22 条、第 24 条、第 25 条和第 26 条除外，在以下情况下：

（a）前 12 个月执行的支付交易总额的月平均值，包括其负有全部责任的任何代理机构，不超过成员国设定的上限，但在任何情况下均不超过 300 万欧元。该要求应基于其业务计划中的预计支付交易总金额进行评估，除非主管当局要求对该计划进行调整；并且

（b）任何负责管理或经营业务的自然人未因洗钱、恐怖融资或其他金融犯罪而被定罪。

2. 根据本条第 1 款注册的任何自然人或法人应在其实际开展业务的成员国设有总部或居住地。

3. 本条第 1 款所指的人员应被视为支付机构，但不适用第 11（9）条和第 28 条、第 29 条和第 30 条的规定。

4. 成员国还可以规定，根据本条第 1 款注册的任何自然人或法人只能从事第 18 条所列的某些活动。

5. 本条第 1 款所述人员应通知主管当局其情况发生的任何相关变化，这些变化与该款规定的条件有关。成员国应采取必要措施，确保在不再符合本条第 1 款、第 2 款或第 4 款规定的条件的情况下，有关人员应在 30 个日历日内根据第 11 条寻求授权。

6. 本条第 1 款至第 5 款不适用于指令（EU）2015/849 或国家反洗钱法律。

第33条 账户信息服务提供商

1. 仅提供附件I第（8）点所述支付服务的自然人或法人应免于适用第1节和第2节的程序和条件，但第5（1）条（a）、（b）、（e）至（h）、（j）、（l）、（n）、（p）和（q）点、第5（3）条以及第14条和第15条除外。第3节适用，但第23（3）条除外。

2. 本条第1款所述人员应被视为支付机构，但第III和IV篇不适用于他们，但第41条、第45条和第52条在适用时，以及第67条、第69条和第95条至第98条除外。

第34条 通知和信息

如果一个成员国根据第32条实施豁免，该国应在2018年1月13日之前将其决定通知委员会，并应立即将任何后续变更通知委员会。此外，该成员国应将受影响的自然人和法人的数量以及每年12月31日执行的支付交易总金额按年通知委员会，如第32（1）（a）条所述。

附录二 欧盟《第二支付服务指令》(第 2015/2366 号指令)

第二章 共同条款

第 35 条 支付系统的准入

1. 成员国应确保,允许经授权或注册的法人支付服务提供商进入支付系统的规则是客观的、不歧视的和相称的,并且不会在超过保护特定风险(如结算风险、操作风险和业务风险)和保护支付系统财务和运营稳定性所需的程度上限制准入。

支付系统不得对支付服务提供商、支付服务用户或其他支付系统施加以下任何要求:

(a) 限制有效参与其他支付系统的规则;

(b) 对授权支付服务提供商或注册支付服务提供商在参与者的权利、义务和权益方面进行歧视的规则;

(c) 基于机构地位的限制。

2. 第 1 款不适用于:

(a) 根据指令 98/26/EC 指定的支付系统;

(b) 完全由属于同一集团的支付服务提供商组成的支付系统。

对于第 1 款第 (a) 点的目的,成员国应确保在指定系统的参与者允许一个未参与系统的授权或注册支付服务提供商通过该系统传递转账订单的情况下,参与者应在请求时,以客观、相称和非歧视的方式为其他授权或注册支付服务提供商提供相同的机会,并符合第 1 款的规定。

参与者应向请求的支付服务提供商提供拒绝的完整理由。

第 36 条　访问与信贷机构维护的账户

成员国应确保支付机构在客观、不歧视和相称的基础上，有权访问信贷机构的支付账户服务。此类访问应足够广泛，以使支付机构能够无障碍且高效地提供支付服务。

信贷机构应向主管当局提供任何拒绝的充分理由。

第 37 条　禁止非支付服务提供商提供支付服务及通知义务

1. 成员国应禁止既非支付服务提供商也未明确排除在本指令适用范围之外的自然人或法人提供支付服务。

2. 成员国应要求，凡是开展第 3 条（k）点（i）和（ii）项所指的任何一种或两种活动的服务提供商，其过去 12 个月执行的支付交易总额超过 100 万欧元的，需向主管当局发送通知，包含所提供服务的描述，并说明该活动根据第 3 条（k）（i）和（ii）项的豁免条款被视为开展的依据。

基于该通知，主管当局应依据第 3 条（k）点所述标准作出充分理由的决定，如果该活动不符合有限网络的资格，应相应通知服务提供商。

3. 成员国应要求，开展第 3 条（1）点所指活动的服务提供商向主管当局发送通知，并每年提供审计意见，证明该活动符合第 3 条（1）点规定的限额。

4. 尽管有第 1 款的规定，主管当局应将根据第 2 款和第 3 款通知的服务告知欧洲银行管理局，说明该活动是根据哪一豁免条款开展的。

5. 根据本条第 2 款和第 3 款通知的活动描述应在第 14 条和第 15 条规定的注册表中公开。

第三编

支付服务的条件透明度和信息要求

附录二 欧盟《第二支付服务指令》(第 2015/2366 号指令)

第一章 一般规则

第38条 范围

1. 本篇适用于单笔支付交易、框架合同及其涵盖的支付交易。当支付服务用户不是消费者时,各方可以协议不适用本篇的全部或部分内容。

2. 成员国可以将本篇的规定以与消费者相同的方式适用于小型企业。

3. 本指令不影响指令 2008/48/EC、其他相关欧盟法律或符合欧盟法律的未被本指令统一的关于向消费者授信条件的国家措施。

第39条 欧盟法律中的其他规定

本篇的规定不影响任何包含额外事前信息要求的欧盟法律。

然而,当 2002/65/EC 号指令也适用时,该指令第 3(1) 条规定的信息要求[第(2)(c)至(g)项,第(3)(a)、(d)和(e)项,第(4)(b)项除外]应由本指令第 44、45、51 和 52 条取代。

第40条 信息费用

1. 支付服务提供商不得就本篇下提供的信息向支付服务用户收费。

2. 支付服务提供商和支付服务用户可以就额外或更频繁的信息或通过框架合同中未规定的通信手段传送的信息收费达成协议,前提是这些信息是应支付服务用户的请求提供的。

3. 如果支付服务提供商可根据第 2 款收取信息费用，则这些费用应合理并与支付服务提供商的实际成本相符。

第 41 条　信息要求的举证责任

成员国应规定，支付服务提供商有责任证明其已遵守本篇规定的信息要求。

第 42 条　对低价值支付工具和电子货币的信息要求的例外

1. 对于根据相关框架合同仅涉及不超过 30 欧元的单笔支付交易或有 150 欧元的支出限额或任何时候存储资金不超过 150 欧元的支付工具：

（a）作为对第 51 条、第 52 条和第 56 条的例外，支付服务提供商应仅向付款人提供有关支付服务主要特点的信息，包括支付工具的使用方式、责任、收费以及作出明智决策所需的其他重要信息，并指明第 52 条规定的其他信息和条件可在何处轻松获取；

（b）可以约定，作为对第 54 条的例外，支付服务提供商不必以第 51（1）条规定的方式提出框架合同条件的更改；

（c）可以约定，作为对第 57 条和第 58 条的例外，在支付交易执行后：

（i）支付服务提供商仅提供或提供使支付服务用户能够识别支付交易、支付交易金额、任何费用的参考，和/或对同一收款人进行的多笔同类支付交易，提供这些支付交易的总金额和费用的信息；

（ii）如果支付工具是匿名使用的或支付服务提供商在技术上无法提供上述信息，则无须提供或提供第（i）项所述信息。然而，支付服务提供商应为付款人提供验证存储资金数额的可能性。

2. 对于国家支付交易，成员国或其主管当局可以将第 1 款中提到的金额减半或加倍。对于预付支付工具，成员国可以将这些金额提高到 500 欧元。

附录二 欧盟《第二支付服务指令》(第 2015/2366 号指令)

第二章 单笔支付交易

第 43 条 范围

1. 本章适用于不受框架合同约束的单笔支付交易。

2. 如果单笔支付交易的支付指令是通过框架合同覆盖的支付工具传送的，支付服务提供商无须提供或使支付服务用户获取已经根据与另一个支付服务提供商的框架合同提供的信息，或根据该框架合同将提供的信息。

第 44 条 事先一般信息

1. 成员国应要求，支付服务用户在受单一支付服务合同或报价约束之前，支付服务提供商应以易于获取的方式向支付服务用户提供关于其自身服务的第 45 条中规定的信息和条件。应支付服务用户的请求，支付服务提供商应以纸质或其他持久介质提供这些信息和条件。信息和条件应使用易于理解的语言和清晰易懂的形式，采用支付服务提供地的成员国的官方语言或双方同意的任何其他语言。

2. 如果单一支付服务合同是应支付服务用户的要求，通过一种无法使支付服务提供商履行第 1 款规定的远程通信方式缔结的，支付服务提供商应在支付交易执行后立即履行其在该款下的义务。

3. 第 1 款下的义务也可以通过提供单一支付服务合同的草稿或包含第 45 条中规定的信息和条件的支付指令草稿来履行。

第 45 条　信息和条件

1. 成员国应确保支付服务提供商向支付服务用户提供或使其获取以下信息和条件：

（a）支付服务用户应提供的信息或唯一标识符的说明，以便正确发起或执行支付指令；

（b）提供支付服务的最长执行时间；

（c）支付服务用户应向支付服务提供商支付的所有费用，以及（如适用）这些费用的详细分类；

（d）如适用，将适用于支付交易的实际或参考汇率。

2. 此外，成员国应确保支付发起服务提供商在发起支付之前向付款人提供或使其获取以下清晰和全面的信息：

（a）支付发起服务提供商的名称，其总部的地理地址，以及（如适用）在提供支付服务的成员国设立的代理或分支机构的地理地址和其他联系方式，包括电子邮件地址，以便与支付发起服务提供商通信；

（b）主管当局的联系方式。

3. 如适用，任何其他在第 52 条中规定的相关信息和条件应以易于获取的方式提供给支付服务用户。

第 46 条　支付指令发起后向付款人和收款人提供的信息

除第 45 条中规定的信息和条件外，当支付指令是通过支付发起服务提供商发起的时，支付发起服务提供商应在发起后立即向付款人和（如适用）收款人提供或使其获取以下所有数据：

（a）确认支付指令已成功通过付款人的账户服务支付服务提供商发起；

（b）使付款人和收款人能够识别支付交易的参考编号，以及在适当情况下，使收款人能够识别付款人，以及与支付交易一起传输的任何信息；

（c）支付交易的金额；

（d）如适用，支付给支付发起服务提供商的任何交易费用的金额，以及（如适用）这些费用金额的详细分类。

第47条 在支付发起服务的情况下提供给付款人账户服务支付服务提供商的信息

当支付指令是通过支付发起服务提供商发起的时，支付发起服务提供商应向付款人的账户服务支付服务提供商提供支付交易的参考编号。

第48条 收到支付指令后的付款人信息

付款人的支付服务提供商在收到支付指令后，应立即按照第44条第1款所规定的相同方式，向付款人提供或使其获取以下有关自身服务的所有数据：

（a）使付款人能够识别支付交易的参考信息，以及在适用情况下，与收款人有关的信息；

（b）支付交易金额，以支付指令中使用的货币表示；

（c）付款人应支付的任何支付交易费用金额，以及在适用情况下，这些费用的详细分类；

（d）在适用情况下，付款人的支付服务提供商在支付交易中使用的汇率或与之相关的参考汇率［当其与第45条第1款（d）项规定的汇率不同］，以及货币兑换后的支付交易金额；

（e）收到支付指令的日期。

第49条 执行后向收款人提供的信息

在支付交易执行后，收款人的支付服务提供商应立即按照第44条第1款所规定的相同方式，向收款人提供或使其获取以下有关自身服务的所有数据：

（a）使收款人能够识别支付交易的参考信息，以及在适用情况下，付款人和随支付交易传递的任何信息；

（b）支付交易金额，以资金可供收款人使用的货币表示；

（c）收款人应支付的任何支付交易费用金额，以及在适用情况下，这些费用的详细分类；

（d）在适用情况下，收款人的支付服务提供商在支付交易中使用的汇率，以及货币兑换前的支付交易金额；

（e）信贷价值日期。

第二章 框架合同

第 50 条 范围

本章适用于受框架合同约束的支付交易。

第 51 条 事先一般信息

1. 成员国应要求，在支付服务用户受任何框架合同或报价约束之前，支付服务提供商应及时以纸质或其他持久介质向支付服务用户提供第 52 条中规定的信息和条件。这些信息和条件应使用易于理解的语言和清晰易懂的形式，采用提供支付服务的成员国的官方语言或双方同意的任何其他语言。

2. 如果框架合同是应支付服务用户的要求，通过一种无法使支付服务提供商遵守第 1 款规定的远程通信方式缔结的，支付服务提供商应在框架合同签订后立即履行其在该款下的义务。

3. 第 1 款下的义务也可以通过提供包含第 52 条中规定的信息和条件的框架合同草案来履行。

第 52 条 信息和条件

成员国应确保向支付服务用户提供以下信息和条件：

1. 关于支付服务提供商的信息：

(a) 支付服务提供商的名称，其总部的地理地址，以及（如适用）在提供支付服务的成员国设立的代理或分支机构的地理地址和其他联系方式，包括与支付服务提供商通信的电子邮件地址；

（b）相关监管机构和第 14 条规定的登记簿或任何其他相关的支付服务提供商授权的公共登记簿的详细信息，以及在该登记簿中的注册号或等效识别方式；

2. 关于支付服务的使用：

（a）所提供支付服务的主要特点的说明；

（b）支付服务用户应提供的信息或唯一标识符的说明，以便正确发起或执行支付指令；

（c）根据第 64 条和第 80 条发起支付指令或执行支付交易的同意形式和程序以及撤销该同意的程序；

（d）根据第 78 条的支付指令接收时间的参考以及支付服务提供商设定的截止时间（如有）；

（e）提供支付服务的最长执行时间；

（f）是否有可能根据第 68 条第 1 款就支付工具的使用达成支出限额的协议；

（g）在带有多个支付品牌的基于卡的支付工具的情况下，支付服务用户根据（EU）2015/751 号条例第 8 条的权利；

3. 关于费用、利息和汇率：

（a）支付服务用户应支付给支付服务提供商的所有费用，包括与本指令下信息提供或获取的方式和频率相关的费用，以及（如适用）这些费用的金额明细；

（b）如适用，将适用的利息和汇率，或者如果要使用参考利率和汇率，则计算实际利息的方法，以及确定这些参考利率或汇率的相关日期和指数或基础；

（c）如果达成协议，立即应用参考利率或汇率的变化以及与这些变化有关的信息要求，按照第 54 条第 2 款的规定；

4. 关于通信：

（a）如适用，双方就本指令下信息或通知传递达成协议的通信手段，包括支付服务用户设备和软件的技术要求；

（b）本指令下信息应提供或获取的方式和频率；

（c）框架合同的语言或在此合同关系期间进行沟通的语言；

（d）支付服务用户根据第 53 条接收框架合同的合同条款和信息及条件的

权利；

5. 关于保障措施和纠正措施：

（a）如适用，支付服务用户应采取的确保支付工具安全的步骤说明，以及如何通知支付服务提供商第 69 条第 1 款（b）的目的；

（b）在怀疑或实际发生欺诈或安全威胁的情况下，支付服务提供商向支付服务用户通知的安全程序；

（c）如果达成协议，根据第 68 条的规定，支付服务提供商保留的阻止支付工具的条件；

（d）根据第 74 条的规定，付款人的责任，包括相关金额的信息；

（e）支付服务用户应如何以及在什么期限内根据第 71 条通知支付服务提供商任何未经授权或错误发起或执行的支付交易，以及根据第 73 条规定，支付服务提供商对未经授权的支付交易的责任；

（f）支付服务提供商对支付交易发起或执行的责任，遵守第 89 条的规定；

（g）根据第 76 条和第 77 条的退款条件；

6. 关于框架合同的变更和终止：

（a）如果达成协议，根据第 54 条的信息，除非支付服务用户在其拟生效日期前通知支付服务提供商不接受，支付服务用户将被视为接受变更条件；

（b）框架合同的期限；

（c）支付服务用户终止框架合同的权利和任何与终止有关的协议，遵守第 54 条第 1 款和第 55 条的规定；

7. 关于补救措施：

（a）关于框架合同适用的法律和/或管辖法院的任何合同条款；

（b）根据第 99 条至第 102 条可供支付服务用户使用的替代争议解决（ADR）程序。

第 53 条　框架合同信息和条件的可获取性

在合同关系期间，支付服务用户有权随时请求获取框架合同的合同条款，以及第 52 条中规定的信息和条件，格式可以为纸质或其他持久介质。

第54条 框架合同条件的变更

1. 支付服务提供商应按照第51条第1款所规定的方式,在拟生效日期前至少2个月,提出框架合同或第52条中规定的信息和条件的任何变更。支付服务用户可以在拟生效日期之前接受或拒绝这些变更。

根据第52条第6款(a)项的规定,支付服务提供商应告知支付服务用户,如果其未在拟生效日期前通知支付服务提供商其不接受这些变更,则将被视为已接受这些变更。支付服务提供商还应告知支付服务用户,如果用户拒绝这些变更,用户有权在变更生效前的任何时候免费终止框架合同。

2. 如果框架合同中约定了相关权利,并且利率或汇率的变化是基于第52条第3款(b)和(c)项中商定的参考利率或汇率,则利率或汇率的变更可以立即生效且无须通知。支付服务用户应在最早的机会以第51条第1款所规定的相同方式获知任何利率的变化,除非双方已就信息提供或获取的特定频率或方式达成协议。然而,更有利于支付服务用户的利率或汇率变更可以不经通知即生效。

3. 用于支付交易的利率或汇率的变更应以不歧视支付服务用户的中立方式实施和计算。

第55条 终止

1. 支付服务用户可随时终止框架合同,除非双方已就通知期限达成协议。此期限不得超过1个月。

2. 框架合同的终止对支付服务用户应是免费的,但合同生效不足6个月的情况除外。框架合同终止的任何费用应合理且符合成本。

3. 如果框架合同中达成了协议,支付服务提供商可以通过提前至少2个月的通知终止期限不定的框架合同,通知方式应与第51条第1款中规定的相同。

4. 对于定期征收的支付服务费用,仅应由支付服务用户在合同终止前按比例支付。如果这些费用已提前支付,则应按比例退还。

5. 本条款的规定不影响成员国关于双方声明框架合同不可执行或无效的法律和法规。

6. 成员国可以为支付服务用户提供更为有利的条款。

第 56 条　执行个别支付交易前的信息

在付款人发起的框架合同项下的个别支付交易的情况下，支付服务提供商应在付款人请求此特定支付交易时，明确提供以下所有信息：

（a）最长执行时间；

（b）付款人应支付的费用；

（c）在适用情况下，任何费用的金额明细。

第 57 条　向付款人提供的个别支付交易信息

1. 在从付款人账户中扣除个别支付交易的金额后，或在付款人不使用支付账户的情况下，在收到支付指令后，付款人的支付服务提供商应在不延迟的情况下，并以第 51 条第 1 款规定的相同方式，向付款人提供以下所有信息：

（a）使付款人能够识别每笔支付交易的参考信息，以及在适用情况下，与收款人有关的信息；

（b）支付交易的金额，以付款人支付账户被扣款的货币或支付指令中使用的货币表示；

（c）支付交易的任何费用金额，以及在适用情况下，这些费用的金额明细，或付款人应支付的利息；

（d）在适用情况下，付款人的支付服务提供商在支付交易中使用的汇率，以及货币兑换后的支付交易金额；

（e）借记价值日期或支付指令的接收日期。

2. 框架合同应包含一项条款，规定付款人可以要求至少每月一次以商定的方式免费提供或获取第 1 款中所述的信息。

3. 然而，成员国可以要求支付服务提供商至少每月一次免费提供纸质或其他持久介质上的信息。

第 58 条　向收款人提供的个别支付交易信息

1. 在执行个别支付交易后，收款人的支付服务提供商应在不延迟的情况下，并以第 51 条第 1 款规定的相同方式，向收款人提供以下所有信息：

（a）使收款人能够识别支付交易和付款人的参考信息，以及随支付交易传递的任何信息；

（b）支付交易金额，以收款人支付账户被记入的货币表示；

（c）支付交易的任何费用金额，以及在适用情况下，这些费用的金额明细，或收款人应支付的利息；

（d）在适用情况下，收款人的支付服务提供商在支付交易中使用的汇率，以及货币兑换前的支付交易金额；

（e）信贷价值日期。

2. 框架合同可以包含一项条款，规定至少每月一次以商定的方式提供或获取第 1 款中所述的信息，使收款人能够存储并未改变的信息。

然而，成员国可以要求支付服务提供商至少每月一次免费提供纸质或其他持久介质上的信息。

第四章 公共规定

第 59 条 货币和货币兑换

1. 付款应以双方约定的货币进行。

2. 当在支付交易启动之前提供货币兑换服务时，如果这种货币兑换服务在 ATM、销售点或由收款人提供，则提供货币兑换服务的一方应向付款人披露所有费用及用于转换支付交易的汇率。付款人应在此基础上同意货币兑换服务。

第 60 条 附加费用或折扣的信息

1. 如果收款人要求对使用某种支付工具收取费用或提供折扣，则收款人应在支付交易启动之前告知付款人。

2. 如果支付服务提供商或交易中涉及的另一方要求对使用某种支付工具收取费用，应在支付交易启动之前告知支付服务用户。

3. 付款人只有在支付交易启动之前已知悉其全额费用时，才有义务支付第 1 款和第 2 款提到的费用。

第四编

与支付服务的提供和使用相关的权利和义务

附录二　欧盟《第二支付服务指令》(第 2015/2366 号指令)

第一章　公共规定

第 61 条　适用范围

1. 如果支付服务用户不是消费者,支付服务用户和支付服务提供商可以协商同意不全部或部分适用第 62 条第 1 款、第 64 条第 3 款,以及第 72 条、第 74 条、第 76 条、第 77 条、第 80 条和第 89 条。支付服务用户和支付服务提供商还可以就不同于第 71 条规定的时限达成协议。

2. 成员国可以规定,第 102 条不适用于支付服务用户为非消费者的情况。

3. 成员国可以规定,本标题中的规定以与消费者相同的方式适用于微型企业。

4. 本指令不影响第 2008/48/EC 号指令、其他相关的欧盟法律或国家措施,前提是这些措施符合欧盟法律。

第 62 条　适用费用

1. 除非第 79 条第 1 款、第 80 条第 5 款和第 88 条第 2 款另有规定,否则支付服务提供商不得因履行其信息义务或本标题下的纠正和预防措施而向支付服务用户收费。这些费用应由支付服务用户和支付服务提供商协商确定,并应适当且符合支付服务提供商的实际成本。

2. 成员国应要求,对于在欧盟境内提供的支付交易,当付款人和收款人的支付服务提供商都位于欧盟境内,或者支付交易中唯一的支付服务提供商位于欧盟境内时,收款人支付其支付服务提供商收取的费用,付款人支付其支付服务提供商收取的费用。

3. 支付服务提供商不得阻止收款人向付款人收取费用、提供折扣或以其他方式引导其使用某种支付工具。任何适用的费用不得超过收款人因使用特定支付工具而承担的直接成本。

4. 在任何情况下，成员国应确保收款人不得对使用欧盟条例 2015/751 第 II 章下受监管的互换费用的支付工具以及适用于欧盟条例 260/2012 的那些支付服务收取费用。

5. 成员国可以禁止或限制收款人要求收费的权利，考虑到需要鼓励竞争和促进高效支付工具的使用。

第 63 条　低价值支付工具和电子货币的例外

1. 在框架合同规定的情况下，仅涉及不超过 30 欧元的个别支付交易，或限额为 150 欧元，或者存储资金在任何时间不超过 150 欧元的支付工具，支付服务提供商可以与其支付服务用户达成协议：

（a）如果支付工具不允许其被阻止或防止进一步使用，第 69 条第 1 款（b）项、第 70 条第 1 款（c）和（d）项及第 74 条第 3 款不适用；

（b）如果支付工具是匿名使用的，或支付服务提供商因支付工具的内在原因无法证明支付交易是被授权的，第 72 条和第 73 条以及第 74 条第 1 款和第 3 款不适用；

（c）根据第 79 条第 1 款，支付服务提供商不需要通知支付服务用户拒绝支付指令，如果未执行的原因从上下文中显而易见；

（d）根据第 80 条，在将支付指令传递给收款人或同意执行支付交易后，付款人不得撤销支付指令；

（e）根据第 83 条和第 84 条，可以适用其他执行期限。

2. 对于国内支付交易，成员国或其主管当局可以减少或加倍第 1 款中提到的金额。他们可以将预付支付工具的金额增加至最多 500 欧元。

3. 本指令的第 73 条和第 74 条也适用于电子货币（定义见第 2009/110/EC 指令第 2 条第 2 款），但前提是付款人的支付服务提供商不能冻结存储电子货币的支付账户或阻止支付工具。成员国可以将该例外限制为存储电子货币的支付账户或某一价值的支付工具。

附录二 欧盟《第二支付服务指令》(第2015/2366号指令)

第二章 支付交易的授权

第64条 同意和撤销同意

1. 成员国应确保仅当付款人同意执行支付交易时,支付交易才被视为授权。支付交易可以由付款人在执行支付交易之前授权,或者在付款人与支付服务提供商之间达成协议的情况下,在支付交易执行之后授权。

2. 执行支付交易或一系列支付交易的同意应以付款人与支付服务提供商之间商定的形式给出。支付交易的同意也可以通过收款人或支付启动服务提供商给出。

如果没有同意,支付交易应被视为未经授权的。

3. 付款人可随时撤销其同意,但不得迟于根据第80条规定的不可撤销性时限。对一系列支付交易的同意也可以撤销,在这种情况下,任何未来的支付交易将被视为未经授权。

4. 同意的给出程序应由付款人与相关的支付服务提供商商定。

第65条 资金可用性的确认

1. 成员国应确保,账户服务支付服务提供商在基于卡的支付工具的支付服务提供商请求时,应立即确认付款人支付账户中是否有执行基于卡的支付交易所需的金额,前提是满足以下所有条件:

(a) 在请求时,付款人的支付账户可以在线访问;

(b) 付款人已明确同意账户服务支付服务提供商回应特定支付服务提供商的请求，以确认与特定基于卡的支付交易相对应的金额是否在付款人的支付账户中可用；

(c) 第 (b) 项提及的同意是在第一次确认请求之前给出的。

2. 支付服务提供商可以请求第1款所述的确认，前提是满足以下所有条件：

(a) 付款人已明确同意支付服务提供商请求第1款所述的确认；

(b) 付款人已使用支付服务提供商发行的基于卡的支付工具为该金额发起了基于卡的支付交易；

(c) 支付服务提供商在每次确认请求之前对账户服务支付服务提供商进行身份验证，并根据第98条第1款 (d) 项的规定安全地与账户服务支付服务提供商进行通信。

3. 根据第95/46/EC号指令，第1款所述的确认仅应为简单的"是"或"否"答案，而不是账户余额声明。该答案不得存储或用于除执行基于卡的支付交易外的其他目的。

4. 第1款所述的确认不允许账户服务支付服务提供商在付款人的支付账户上冻结资金。

5. 付款人可以请求账户服务支付服务提供商向其传达支付服务提供商的身份及所提供的答案。

6. 本条不适用于通过存储有第2009/110/EC指令第2条第 (2) 项定义的电子货币的基于卡的支付工具发起的支付交易。

第66条　支付启动服务情况下的支付账户访问规则

1. 成员国应确保付款人有权使用支付启动服务提供商来获得附件I第 (7) 项所指的支付服务。当支付账户无法在线访问时，不适用使用支付启动服务提供商的权利。

2. 当付款人根据第64条明确同意执行支付时，账户服务支付服务提供商应执行本条第4款中规定的行动，以确保付款人使用支付启动服务的权利。

3. 支付启动服务提供商应：

(a) 在任何时候都不持有与提供支付启动服务相关的付款人资金；

（b）确保支付服务用户的个性化安全凭证仅对用户和个性化安全凭证的发行者可见，并通过安全且高效的渠道传输由支付启动服务提供商提供的凭证；

（c）确保在提供支付启动服务时获取的有关支付服务用户的任何其他信息仅在支付服务用户明确同意的情况下提供给收款人；

（d）每次发起支付时，根据第98条第1款（d）项的规定，向付款人的账户服务支付服务提供商进行身份识别，并与账户服务支付服务提供商、付款人和收款人安全通信；

（e）不存储支付服务用户的敏感支付数据；

（f）不向支付服务用户请求除提供支付启动服务所需的数据外的任何数据；

（g）不使用、访问或存储任何数据，除非为付款人明确请求提供支付启动服务的目的；

（h）不修改交易的金额、收款人或任何其他特征。

4. 账户服务支付服务提供商应：

（a）根据第98条第1款（d）项的规定，与支付启动服务提供商安全通信；

（b）在收到支付启动服务提供商的支付指令后立即，向支付启动服务提供商提供或使其获取有关支付交易启动的所有信息以及账户服务支付服务提供商关于支付交易执行的所有可访问信息；

（c）对通过支付启动服务提供商传输的支付指令进行无差别对待，除非出于客观原因，尤其是在时间、优先级或费用方面，相对于付款人直接传输的支付指令。

5. 提供支付启动服务不应依赖于支付启动服务提供商与账户服务支付服务提供商之间为此目的的合同关系的存在。

第67条　在账户信息服务情况下对支付账户信息的访问和使用规则

1. 成员国应确保支付服务用户有权使用附件I第（8）项所述的账户信息访问服务。当支付账户无法在线访问时，不适用该权利。

2. 账户信息服务提供商应：

（a）仅在基于支付服务用户的明确同意的情况下提供服务；

（b）确保支付服务用户的个性化安全凭证仅对用户和个性化安全凭证的发

行者可见，并在账户信息服务提供商传输时通过安全和高效的渠道传输这些凭证；

（c）对于每次通信会话，向支付服务用户的账户服务支付服务提供商进行身份识别，并根据第 98 条第 1 款（d）项的规定与账户服务支付服务提供商和支付服务用户安全通信；

（d）仅访问指定的支付账户及相关支付交易的信息；

（e）不请求与支付账户相关的敏感支付数据；

（f）不使用、访问或存储任何数据，除非为支付服务用户明确请求的账户信息服务之目的，且符合数据保护规则。

3. 关于支付账户，账户服务支付服务提供商应：

（a）根据第 98 条第 1 款（d）项的规定，与账户信息服务提供商安全通信；以及

（b）对通过账户信息服务提供商传输的数据请求进行无差别对待，除非出于其他客观原因。

4. 提供账户信息服务不应依赖于账户信息服务提供商与账户服务支付服务提供商之间为此目的的合同关系的存在。

第 68 条　使用支付工具和支付账户访问的限制

1. 当特定支付工具用于给予同意的目的时，付款人和付款人的支付服务提供商可以就通过该支付工具执行的支付交易设定消费限额达成一致。

2. 如果在框架合同中有约定，支付服务提供商可以保留因支付工具的安全性、对支付工具未经授权或欺诈性使用的怀疑，或者在具有信用额度的支付工具的情况下，付款人可能无法履行其支付责任的风险显著增加等客观合理原因而封锁支付工具的权利。

3. 在这种情况下，支付服务提供商应在封锁支付工具之前尽可能以双方约定的方式通知付款人，最迟应在封锁之后立即通知付款人，并说明原因，除非提供此类信息会妨碍客观合理的安全原因或受到其他相关欧盟或国家法律的禁止。

4. 一旦封锁的原因不再存在，支付服务提供商应解除封锁支付工具或用新的支付工具替换。

5. 账户服务支付服务提供商可以因客观合理且有证据支持的理由拒绝账户信息服务提供商或支付启动服务提供商访问支付账户，如未经授权或欺诈性地访问支付账户，或未经授权或欺诈性地启动支付交易。在这种情况下，账户服务支付服务提供商应以双方约定的形式通知付款人被拒绝访问支付账户的情况及其原因。在可能的情况下，应在拒绝访问之前提供此信息，并在拒绝访问后立即提供此信息，除非提供此信息会妨碍客观合理的安全原因或受到其他相关欧盟或国家法律的禁止。

账户服务支付服务提供商应在拒绝访问的原因不再存在时允许访问支付账户。

6. 在第 5 款所述的情况下，账户服务支付服务提供商应立即将与账户信息服务提供商或支付启动服务提供商相关的事件报告给主管当局。报告的信息应包括案件的相关细节及采取行动的原因。主管当局应对案件进行评估，并在必要时采取适当措施。

第 69 条　支付服务用户对支付工具和个性化安全凭证的义务

1. 有权使用支付工具的支付服务用户应：

（a）根据支付工具发行和使用的条款使用支付工具，该条款必须是客观的、非歧视性的和相称的；

（b）在得知支付工具丢失、被盗、被挪用或未经授权使用后，应毫不延误地通知支付服务提供商或其指定的实体。

2. 为了符合第 1 款（a）项的规定，支付服务用户特别应在收到支付工具后立即采取一切合理步骤，以确保其个性化安全凭证的安全。

第 70 条　支付服务提供商对支付工具的义务

1. 发行支付工具的支付服务提供商应：

（a）确保个性化安全凭证在不影响第 69 条规定的支付服务用户义务的情况下，不向有权使用支付工具的支付服务用户以外的任何方开放；

（b）避免发送未经请求的支付工具，除非是要替换已经提供给支付服务用户的支付工具；

(c) 确保始终有适当的手段，使支付服务用户能够根据第 69 条第 1 款 (b) 项进行通知或根据第 68 条第 4 款请求解锁支付工具；在请求时，支付服务提供商应在通知后的 18 个月内向支付服务用户提供证明其已进行此类通知的手段；

(d) 为支付服务用户提供根据第 69 条第 1 款 (b) 项进行通知的免费选项，并且如果收费，则只能收取与支付工具直接相关的更换费用；

(e) 在根据第 69 条第 1 款 (b) 项的通知之后，阻止支付工具的所有使用。

2. 支付服务提供商应承担向支付服务用户发送支付工具或与之相关的任何个性化安全凭证的风险。

第 71 条 未经授权或执行错误的支付交易的通知和更正

1. 支付服务用户应当在得知任何引起索赔的未经授权或执行错误的支付交易后，包括根据第 89 条的规定，在无不当延误的情况下通知支付服务提供商，以获取更正，且不得晚于借记日期后 13 个月。

如果支付服务提供商未能根据第三章提供或提供支付交易的信息，则第 1 款规定的通知期限不适用。

2. 如果涉及支付启动服务提供商，支付服务用户应根据本条第 1 款从账户服务支付服务提供商处获得更正，但不影响第 73 条第 2 款和第 89 条第 1 款的规定。

第 72 条 支付交易的认证和执行证据

1. 成员国应要求，如果支付服务用户否认授权某一已执行的支付交易，或声称支付交易未被正确执行，则由支付服务提供商证明支付交易已被认证、准确记录、记入账户，并且没有受到支付服务提供商提供的服务的技术故障或其他缺陷的影响。

如果支付交易是通过支付启动服务提供商发起的，则由支付启动服务提供商承担证明其职责范围内的支付交易已被认证、准确记录，并且没有受到其负责的支付服务相关的技术故障或其他缺陷的影响的责任。

2. 如果支付服务用户否认授权某一已执行的支付交易，支付服务提供商（包括支付启动服务提供商在内的适用情况）记录的支付工具的使用本身不一定足以证明支付交易是由付款人授权的,或付款人存在欺诈行为或故意或重大过失未履行第 69 条规定的一项或多项义务。支付服务提供商(包括适用情况下的支付启动服务提供商)应提供支持证据,以证明支付服务用户存在欺诈行为或重大过失。

第 73 条 支付服务提供商对未经授权的支付交易的责任

1. 成员国应确保,在不影响第 71 条的情况下,对于未经授权的支付交易,付款人的支付服务提供商应立即退还付款人未经授权的支付交易的金额,并在任何情况下不得迟于在发现或被通知交易后的下一个营业日结束前,除非付款人的支付服务提供商有合理理由怀疑欺诈,并以书面形式将这些理由告知相关国家当局。如果适用,付款人的支付服务提供商应将已借记的支付账户恢复到未经授权的支付交易发生之前的状态。这还应确保付款人支付账户的信用日期不迟于该金额被借记的日期。

2. 如果支付交易是通过支付启动服务提供商发起的,账户服务支付提供商应立即退还未经授权的支付交易的金额,并在任何情况下不得迟于在发现或被通知交易后的下一个营业日结束前,并在适用情况下,将已借记的支付账户恢复到未经授权的支付交易发生之前的状态。

如果支付启动服务提供商对未经授权的支付交易负有责任,它应立即应账户服务支付提供商的请求,赔偿因向付款人退款而遭受的损失或支付的款项,包括未经授权的支付交易的金额。根据第 72 条第 1 款,支付启动服务提供商应负证明责任,以证明其职责范围内的支付交易已被认证、准确记录,并且没有受到其负责的支付服务相关的技术故障或其他缺陷的影响。

3. 其他的财务赔偿可以根据付款人与支付服务提供商之间签订的合同或付款人与支付启动服务提供商之间签订的合同(如果适用)的适用法律确定。

第 74 条 付款人对未经授权的支付交易的责任

1. 根据第 73 条的规定,付款人可能有义务承担与任何未经授权的支付交易相关的损失,最高可达 50 欧元,这些损失是由于支付工具的丢失或被盗,或者支付工具的被挪用而造成的。

第 1 款不适用于以下情况：

（a）在支付之前，付款人无法察觉支付工具的丢失、被盗或被挪用，除非付款人有欺诈行为；或

（b）损失是由支付服务提供商或其外包活动的实体的员工、代理人或分支机构的行为或不作为引起的。

如果损失是由于付款人有欺诈行为或未能履行第 69 条中规定的一项或多项义务（具有故意或重大过失）而导致的，则付款人应承担所有未经授权支付交易的损失。在这种情况下，第 1 款中提到的最大金额不适用。

如果付款人既没有欺诈行为也没有故意未能履行其在第 69 条下的义务，成员国可以减少本段中提到的责任，特别是考虑到个性化安全凭证的性质以及支付工具丢失、被盗或被挪用的具体情况。

2. 如果付款人的支付服务提供商不要求强客户身份验证，则付款人不承担任何财务损失，除非付款人有欺诈行为。如果收款人或收款人的支付服务提供商未接受强客户身份验证，则应向付款人的支付服务提供商赔偿所造成的财务损失。

3. 付款人不应承担根据第 69 条第 1 款（b）项通知丢失、被盗或被挪用支付工具后的任何财务后果，除非付款人有欺诈行为。

如果支付服务提供商未能提供适当的手段，以便随时通知丢失、被盗或被挪用的支付工具，如第 70 条第 1 款（c）项所要求的，付款人不应承担因使用该支付工具而导致的财务后果，除非付款人有欺诈行为。

第 75 条　交易金额事先未知的支付交易

1. 如果支付交易由或通过收款人在基于卡的支付交易的背景下发起，并且在付款人同意执行支付交易时无法确定确切金额，则付款人的支付服务提供商只能在付款人同意的情况下封锁付款人支付账户上的确切金额。

2. 付款人的支付服务提供商应在收到关于支付交易确切金额的信息后，且最迟在收到支付指令后，毫不延误地释放第 1 款下冻结的付款人支付账户上的资金。

第 76 条　由或通过收款人发起的支付交易的退款

1. 成员国应确保付款人有权从支付服务提供商处获得已经执行的授权支付交易的退款，该交易是由或通过收款人发起的，并且满足以下两个条件：

（a）授权时未指明支付交易的确切金额；

（b）支付交易的金额超出了付款人在考虑到先前的消费模式、框架合同条件和案件的相关情况下合理预期的金额。

应支付服务提供商的请求，付款人应承担证明满足这些条件的责任。

退款应包括已执行支付交易的全额。付款人支付账户的信用价值日期不迟于金额被借记的日期。

在不影响第 3 款的情况下，成员国应确保，除本款中提到的权利外，对于（EU）No 260/2012 第 1 条所提到的直接借记，付款人在本指令第 77 条规定的时限内享有无条件退款权。

2. 然而，出于第 1 款第一段（b）项的目的，如果按照第 45 条第 1 款（d）项和第 52 条第 3 款（b）项与支付服务提供商达成的参考汇率已被应用，付款人不得以货币兑换为由依赖退款。

3. 付款人与支付服务提供商之间的框架合同中可以约定，付款人无权退款，在以下情况下：

（a）付款人已直接向支付服务提供商同意执行支付交易；并且

（b）在适用情况下，支付服务提供商或收款人以双方约定的方式在到期日前至少 4 周向付款人提供或提供了未来支付交易的信息。

4. 对于非欧元货币的直接借记，成员国可要求其支付服务提供商根据其直接借记计划提供更有利的退款权，但前提是这些计划对付款人更有利。

第 77 条　对于由或通过收款人发起的支付交易的退款请求

1. 成员国应确保付款人可以在资金被借记之日起 8 周内请求第 76 条所述的由或通过收款人发起的授权支付交易的退款。

2. 在收到退款请求后的 10 个营业日内，支付服务提供商应全额退还支付交易的金额，或提供拒绝退款的理由，并指出如果付款人不接受所提供的理由，可以根据第 99 条至第 102 条将该事项提交的机构。

　　本段第 1 款中支付服务提供商拒绝退款的权利不适用于第 76 条第 1 款第四段中提到的情况。

附录二 欧盟《第二支付服务指令》(第 2015/2366 号指令)

第三章 支付交易的执行

第一节 支付指令和转账金额

第 78 条 支付指令的接收

1. 成员国应确保接收时间是指付款人的支付服务提供商接收到支付指令的时间。

付款人的账户不得在接收到支付指令之前被借记。如果接收时间不是付款人支付服务提供商的营业日,则支付指令应被视为在下一个营业日收到。支付服务提供商可以在营业日结束前设定一个截止时间,在此时间之后收到的支付指令应被视为在下一个营业日收到。

2. 如果发起支付指令的支付服务用户和支付服务提供商同意支付指令的执行应在特定日期开始或在某个时期结束时开始,或在付款人已将资金交付给支付服务提供商之日开始,出于第 83 条的目的,接收时间被视为双方约定的日期。如果约定的日期不是支付服务提供商的营业日,则接收到的支付指令应被视为在下一个营业日收到。

第 79 条　支付指令的拒绝

1. 如果支付服务提供商拒绝执行支付指令或发起支付交易，应将拒绝情况及（如有可能）拒绝的原因以及纠正导致拒绝的事实错误的程序通知支付服务用户，除非其他相关欧盟或国家法律禁止这样做。

支付服务提供商应以双方约定的方式尽早提供或提供该通知，无论如何，在第 83 条规定的期限内进行。

框架合同中可以包括支付服务提供商在拒绝是客观合理的情况下可以收取合理费用的条件。

2. 如果付款人的框架合同中规定的所有条件都满足，无论支付指令是由付款人发起（包括通过支付启动服务提供商发起）还是由或通过收款人发起，付款人的账户服务支付提供商都不得拒绝执行授权的支付指令，除非其他相关欧盟或国家法律禁止这样做。

3. 就第 83 条和第 89 条而言，执行被拒绝的支付指令应视为未接收。

第 80 条　支付指令的不可撤销性

1. 成员国应确保支付服务用户在付款人的支付服务提供商收到支付指令后，不得撤销支付指令，除非本条另有规定。

2. 如果支付交易由支付启动服务提供商或由或通过收款人发起，付款人在给予支付启动服务提供商发起支付交易的同意或给予收款人执行支付交易的同意后，不得撤销支付指令。

3. 然而，在直接借记的情况下，并且在不影响退款权的情况下，付款人可以在约定的借记资金日之前的营业日结束时最晚撤销支付指令。

4. 在第 78 条第 2 款提到的情况下，支付服务用户可以在约定日之前的营业日结束时最晚撤销支付指令。

5. 在第 1 款至第 4 款规定的时间限制之后，支付指令只有在支付服务用户与相关支付服务提供商之间达成协议的情况下才能撤销。在第 2 款和第 3 款提到的情况下，还需要收款人的同意。如果在框架合同中达成一致，相关支付服务提供商可以收取撤销费用。

第 81 条　转账金额和接收金额

1. 成员国应要求付款人的支付服务提供商、收款人的支付服务提供商和支付服务提供商的任何中介机构将支付交易的全部金额转账，不得从转账金额中扣除费用。

2. 然而，收款人和支付服务提供商可以约定，在将金额计入收款人之前，相关支付服务提供商从转账金额中扣除其费用。在这种情况下，支付交易的全部金额和费用应在提供给收款人的信息中分开列出。

3. 如果从转账金额中扣除的费用不是第 2 款提到的费用，付款人的支付服务提供商应确保收款人收到付款人发起的支付交易的全部金额。如果支付交易是由或通过收款人发起的，收款人的支付服务提供商应确保收款人收到支付交易的全部金额。

第二节　执行时间和记账日期

第 82 条　适用范围

1. 本节适用于：

（a）欧元支付交易；

（b）非欧元区成员国货币的国内支付交易；

（c）仅涉及欧元与非欧元区成员国货币之间的一次货币转换的支付交易，前提是所需的货币转换在有关的非欧元区成员国进行，并且在跨境支付交易的情况下，跨境转账以欧元进行。

2. 本节适用于第 1 款未提到的支付交易，除非支付服务用户和支付服务提供商另有约定，但第 87 条除外，该条不在双方的自由处置范围内。但是，如果支付服务用户和支付服务提供商同意的期限长于第 83 条规定的期限，对于欧盟内支付交易，该期限不得超过接收时间（见第 78 条）后的 4 个营业日。

第 83 条　向支付账户的支付交易

1. 成员国应要求付款人的支付服务提供商确保在第 78 条提到的接收时间后，支付交易金额将在下一个营业日结束前计入收款人的支付服务提供商的账户。对于纸质发起的支付交易，该时间限制可以再延长一个营业日。

2. 成员国应要求收款人的支付服务提供商在收到资金后，根据第 87 条，将支付交易金额计入收款人的支付账户，并使其可用。

3. 成员国应要求收款人的支付服务提供商在与收款人和支付服务提供商之间商定的时间限制内，将由或通过收款人发起的支付指令传输给付款人的支付服务提供商，以便在直接借记方面按约定的到期日进行结算。

第 84 条　收款人的支付服务提供商没有支付账户

如果收款人没有在支付服务提供商处开设支付账户，则收款人的支付服务提供商应在第 83 条规定的时间限制内将资金提供给收款人。

第 85 条　存入支付账户的现金

如果消费者在支付服务提供商处以支付账户的货币存入现金，支付服务提供商应确保在收到资金后立即使该金额可用并记账。如果支付服务用户不是消费者，则金额应在收到资金后的下一个营业日最迟可用并记账。

第 86 条　国内支付交易

对于国内支付交易，成员国可以规定比本节规定的执行时间更短的最大执行时间。

第 87 条　价值日期和资金可用性

1. 成员国应确保收款人支付账户的信用价值日期不迟于支付交易金额计入收款人的支付服务提供商账户的营业日。

2. 如果收款人的支付服务提供商不进行货币转换或仅在欧元和成员国货币

之间或在两种成员国货币之间进行货币转换，则应确保支付交易金额在计入收款人的支付服务提供商账户后立即可供收款人使用。

本段规定的义务也适用于同一支付服务提供商内的付款。

3. 成员国应确保付款人支付账户的借记价值日期不早于支付交易金额被借记到该支付账户的时间。

第三节 责 任

第 88 条 错误的唯一标识符

1. 如果支付指令根据唯一标识符执行，则该支付指令应被视为已针对由唯一标识符指定的收款人正确执行。

2. 如果支付服务用户提供的唯一标识符不正确，支付服务提供商在第 89 条下对支付交易的未执行或执行错误不承担责任。

3. 然而，付款人的支付服务提供商应尽合理努力追回涉及支付交易的资金。收款人的支付服务提供商应通过向付款人的支付服务提供商传达所有收集资金所需的相关信息来协助这些努力。

如果第 1 款所述的收款行动无法进行，付款人的支付服务提供商应在收到书面请求后，向付款人提供所有可用的且与付款人追回资金的法律诉求相关的信息。

4. 如果在框架合同中达成一致，支付服务提供商可以向支付服务用户收取追回费用。

5. 如果支付服务用户提供了除第 45 条第 1 款（a）项或第 52 条第 2 款（b）项规定外的信息，支付服务提供商仅对根据支付服务用户提供的唯一标识符执行支付交易承担责任。

第 89 条　支付服务提供商对支付交易未执行、执行不当或延迟执行的责任

1. 如果支付指令是由付款人直接发起的，付款人的支付服务提供商应对支付交易的正确执行负责，除非它能够向付款人及（如适用）收款人的支付服务提供商证明，收款人的支付服务提供商已根据第 83 条第 1 款收到了支付交易的金额。在这种情况下，收款人的支付服务提供商应对收款人负责，确保支付交易的正确执行。

如果付款人的支付服务提供商根据本款规定承担责任，则应不迟延地向付款人退款未执行或执行不当的支付交易金额，并在适用的情况下，将已扣除的支付账户恢复到未发生执行不当交易时的状态。

付款人支付账户的记账日期不得迟于扣款的日期。

如果收款人的支付服务提供商根据本款规定承担责任，应立即将支付交易金额提供给收款人，并在适用的情况下，将相应金额记入收款人的支付账户。

收款人支付账户的记账日期不得迟于如果交易正确执行时的记账日期（根据第 87 条）。

如果支付交易执行延迟，收款人的支付服务提供商应根据付款人支付服务提供商的请求，确保收款人支付账户的记账日期不得迟于如果交易正确执行时的记账日期。

对于由付款人发起的未执行或执行不当的支付交易，无论是否有责任，根据付款人的请求，付款人的支付服务提供商应立即努力追踪支付交易并将结果通知付款人。这对付款人来说是免费的。

2. 如果支付指令是由收款人发起或通过收款人发起的，收款人的支付服务提供商应对将支付指令正确传输给付款人的支付服务提供商负责，除非第 71 条、第 88 条第 2 款和第 3 款及第 93 条另有规定。如果收款人的支付服务提供商对此承担责任，应立即将相关支付指令重新传输给付款人的支付服务提供商。

如果支付指令传输延迟，收款人支付账户的金额记账日期不得迟于如果交易正确执行时的记账日期。

此外，收款人的支付服务提供商应对按照其在第 87 条下的义务处理支付交易负责，除非第 71 条、第 88 条第 2 款和第 3 款及第 93 条另有规定。如果收款人的支付服务提供商对此承担责任,应确保支付交易金额在金额记入收款人的支付服务提供商账户后立即可供收款人使用。金额的记账日期应不迟于如果交易正确执行时的记账日期。

对于收款人的支付服务提供商在第一段、第二段下不负责的未执行或执行不当的支付交易,付款人的支付服务提供商应对付款人负责。如果付款人的支付服务提供商因此承担责任,则应酌情并不迟延地向付款人退款未执行或执行不当的支付交易金额,并将已扣除的支付账户恢复到未发生执行不当交易时的状态。付款人支付账户的记账日期不得迟于扣款的日期。

如果付款人的支付服务提供商证明收款人的支付服务提供商已收到支付交易的金额,即使支付交易的执行只是延迟,付款人的支付服务提供商也不承担第四段的义务。如果是这样,收款人的支付服务提供商应确保收款人支付账户的金额记账日期不得迟于如果交易正确执行时的记账日期。

对于由收款人发起或通过收款人发起的未执行或执行不当的支付交易,无论是否有责任,根据收款人的请求,收款人的支付服务提供商应立即努力追踪支付交易并将结果通知收款人。这对收款人来说是免费的。

3. 此外,支付服务提供商应对他们各自的支付服务用户承担任何他们应负责的费用和支付服务用户因未执行或执行不当(包括延迟执行)支付交易而承担的任何利息的责任。

第90条 支付启动服务的未执行、执行不当或延迟执行的责任

1. 如果支付指令是由付款人通过支付启动服务提供商发起的,账户服务支付提供商应在不影响第71条和第88条第2款和第3款的情况下,向付款人退款未执行或执行不当的支付交易金额,并在适用的情况下,将已扣除的支付账户恢复到未发生执行不当交易时的状态。

支付启动服务提供商应负有证明支付指令已按照第78条被付款人的账户服务支付提供商接收的责任,并且在其职责范围内,支付交易已被认证,准确记录,并未受到与交易未执行、执行不当或延迟执行相关的技术故障或其他缺陷的影响。

2. 如果支付启动服务提供商对支付交易的未执行、执行不当或延迟执行负

有责任，应立即根据账户服务支付提供商的要求，赔偿因退款给付款人而产生的损失或支付的金额。

第 91 条　额外的财务补偿

本节规定的财务补偿之外的任何额外财务补偿可以根据支付服务用户与支付服务提供商之间签订的合同适用的法律确定。

第 92 条　追索权

1. 如果支付服务提供商根据第 73 条和第 89 条的责任可归因于另一支付服务提供商或中介机构，则该支付服务提供商或中介机构应赔偿第一支付服务提供商根据第 73 条和第 89 条产生的任何损失或支付的金额。这包括支付服务提供商未使用强客户身份认证时的赔偿。

2. 进一步的财务补偿可根据支付服务提供商和/或中介机构之间的协议及其所签订协议适用的法律确定。

第 93 条　异常和不可预见的情况

在本章第 2 章或第 3 章中，如果由于超出请求方控制范围的异常和不可预见情况的发生，而这些情况的后果在所有努力下仍无法避免，或支付服务提供商受到其他欧盟或国家法律规定的法律义务的约束，不应产生责任。

第四章 数据保护

第 94 条 数据保护

1. 成员国应允许支付系统和支付服务提供商在有必要的情况下，为防止、调查和发现支付欺诈进行个人数据处理。向个人提供有关个人数据处理的信息以及根据本指令的任何其他个人数据处理应根据第 95/46/EC 号指令、其国家转化法规以及第 45/2001 号规例进行。

2. 支付服务提供商应仅在提供其支付服务所需的情况下，在支付服务用户的明确同意下，访问、处理和保留个人数据。

第五章 操作和安全风险及认证

第 95 条 操作和安全风险的管理

1. 成员国应确保支付服务提供商建立一个具有适当缓解措施和控制机制的框架，以管理与其提供的支付服务相关的操作和安全风险。作为该框架的一部分，支付服务提供商应建立和维护有效的事件管理程序，包括重大操作和安全事件的检测和分类。

2. 成员国应确保支付服务提供商每年或在主管当局确定的更短间隔内，向主管当局提供与其提供的支付服务相关的操作和安全风险的最新和全面评估，以及为应对这些风险而实施的缓解措施和控制机制的充分性。

3. 截至 2017 年 7 月 13 日，欧洲银行管理局应在与欧洲中央银行密切合作并在咨询所有相关利益相关方（包括支付服务市场中利益相关方）的基础上，按照第 1093/2010 号条例第 16 条发布关于安全措施的建立、实施和监控的指南，包括在适用时的认证流程。

欧洲银行管理局应与欧洲中央银行密切合作，定期审查第一段中提到的指南，至少每两年审查一次。

4. 根据第 3 款提到的指南的应用经验，欧洲银行管理局应在适当时应欧盟委员会的要求，制定关于建立和监控安全措施的标准和条件的监管技术标准草案。

欧盟委员会被授权根据第 1093/2010 号条例第 10 条至第 14 条采用第一段中

提到的监管技术标准。

5. 欧洲银行管理局应促进在支付服务相关的操作和安全风险领域，主管当局之间，以及主管当局与欧洲中央银行及（如适用）欧洲网络和信息安全局之间的合作，包括信息共享。

第 96 条　事故报告

1. 如果发生重大操作或安全事故，支付服务提供商应毫不拖延地通知其所在成员国的主管当局。如果事故对支付服务用户的财务利益产生或可能产生影响，支付服务提供商应毫不拖延地通知支付服务用户，并告知他们可以采取的所有措施以减轻事故的不利影响。

2. 收到第 1 款所述的通知后，所在成员国的主管当局应毫不拖延地向欧洲银行管理局和欧洲中央银行提供事故的相关细节。该主管当局在评估事故对相关当局的相关性后，应相应地通知他们。

欧洲银行管理局和欧洲中央银行应与所在成员国的主管当局合作，评估事故对其他相关欧盟和国家当局的相关性，并相应地通知他们。欧洲中央银行应将与支付系统相关的事项通知欧洲中央银行体系的成员。

基于该通知，主管当局应在适当情况下采取一切必要措施，以保护金融系统的即时安全。

3. 到 2018 年 1 月 13 日，欧洲银行管理局应在与欧洲中央银行密切合作并在咨询所有相关利益相关者（包括支付服务市场中的利益相关者）后，根据《欧洲银行管理局条例》（EU）第 1093/2010 号第 16 条，发布指导方针，内容包括：

（a）针对支付服务提供商，关于第 1 款所述重大事故的分类，以及通知此类事故的内容、格式（包括标准通知模板）和程序；

（b）针对主管当局，关于如何评估事故相关性以及与其他国内当局共享事故报告细节的标准。

4. 欧洲银行管理局应与欧洲中央银行密切合作，定期审查第 3 款所述的指导方针，至少每两年一次。

5. 在发布和审查第 3 款所述的指导方针时，欧洲银行管理局应考虑由欧盟网络与信息安全局（ENISA）为从事支付服务以外活动的行业制定和发布的标准和/或规范。

6. 成员国应确保支付服务提供商至少每年向其主管当局提供关于不同支付手段的欺诈统计数据。主管当局应以汇总形式向欧洲银行管理局和欧洲中央银行提供此类数据。

第 97 条　认证

1. 成员国应确保支付服务提供商在以下情况下应用强客户认证：

（a）支付人在线访问其支付账户；

（b）发起电子支付交易；

（c）通过远程渠道执行可能涉及支付欺诈或其他滥用风险的任何操作。

2. 针对第 1 款（b）项所述的电子支付交易的发起，成员国应确保在电子远程支付交易中，支付服务提供商应用强客户认证，其中包括动态地将交易与特定金额和特定收款人相关联的元素。

3. 针对第 1 款，成员国应确保支付服务提供商采取适当的安全措施，以保护支付服务用户个性化安全凭证的保密性和完整性。

4. 第 2 款和第 3 款还适用于通过支付启动服务提供商发起的支付交易。第 1 款和第 3 款也适用于通过账户信息服务提供商请求的信息。

5. 成员国应确保账户服务支付服务提供商允许支付启动服务提供商和账户信息服务提供商依赖账户服务支付服务提供商向支付服务用户提供的认证程序，符合第 1 款和第 3 款的规定，并且在涉及支付启动服务提供商时，符合第 1 款、第 2 款和第 3 款的规定。

第 98 条　认证和通信的监管技术标准

1. 欧洲银行管理局应在与欧洲中央银行密切合作并在咨询所有相关利益相关者（包括支付服务市场中的利益相关者）后，按照《欧洲银行管理局条例》（EU）第 1093/2010 号第 10 条的规定，制定针对支付服务提供商的监管技术标准草案，具体如下：

（a）强客户认证的要求，如第 97 条第 1 款和第 2 款所述；

（b）根据本条第 3 款规定的标准，豁免第 97 条第 1 款、第 2 和 3 款的适用；

（c）符合第 97 条第 3 款规定的安全措施的要求，以保护支付服务用户个性化安全凭证的保密性和完整性；

（d）统一和安全的开放通信标准的要求，用于在账户服务支付服务提供商、支付启动服务提供商、账户信息服务提供商、付款人、收款人和其他支付服务提供商之间进行识别、认证、通知和信息传递，以及实施安全措施。

2. 本条第 1 款所述的监管技术标准草案应由欧洲银行管理局制定，以确保：

（a）通过采用有效且基于风险的要求，为支付服务用户和支付服务提供商提供适当的安全级别；

（b）保障支付服务用户的资金和个人数据安全；

（c）维护所有支付服务提供商之间的公平竞争；

（d）确保技术和商业模式的中立性；

（e）允许开发用户友好、可访问和创新的支付手段。

3. 第 1 款（b）项所述的豁免应基于以下标准：

（a）所提供服务所涉及的风险水平；

（b）交易金额、交易的重复性或两者兼有；

（c）执行交易所使用的支付渠道。

4. 欧洲银行管理局应在 2017 年 1 月 13 日之前将第 1 款所述的监管技术标准草案提交给委员会。

委员会有权根据《欧洲银行管理局条例》（EU）第 1093/2010 号第 10 条至第 14 条通过这些监管技术标准。

5. 根据《欧洲银行管理局条例》（EU）第 1093/2010 号第 10 条，欧洲银行管理局应定期审查并在适当情况下更新监管技术标准，以便考虑创新和技术发展的变化。

第五编

解决争议的替代性争议解决（ADR）程序

附录二 欧盟《第二支付服务指令》（第 2015/2366 号指令）

第一节 投诉程序

第 99 条 投诉

1. 成员国应确保设置程序，允许支付服务用户和其他相关方（包括消费者协会）向主管当局提交关于支付服务提供商涉嫌违反本指令的投诉。

2. 在适当情况下，且不影响根据国家程序法提起诉讼的权利，主管当局的答复应通知投诉人，根据第 102 条设立的 ADR 程序的存在。

第 100 条 主管当局

1. 成员国应指定主管当局以确保并监督有效遵守本指令的要求。该主管当局应采取一切适当措施确保遵守本指令。

这些主管当局应是：

（a）符合《欧洲银行管理局条例》（EU）第 1093/2010 号第 4（2）条定义的主管当局；或

（b）由国家法律或公共当局认可并明确授权执行此职责的机构。

这些主管当局不得是支付服务提供商，但国家中央银行除外。

2. 第 1 款所述的主管当局应具备履行其职责所需的一切权力和足够的资源。如果多个主管当局被授权以确保并监督有效遵守本指令的规定，成员国应确保这些主管当局紧密合作，以便有效履行其各自的职责。

3. 主管当局应根据国家法律行使其权力，可以通过以下方式：

（a）直接在其自己的权力下行使或在司法当局的监督下行使；或

（b）向有权作出必要决定的法院申请，包括在适当情况下通过上诉，如果申请未成功作出必要决定。

4. 如果涉嫌违反或违反本指令第三、四章的规定，负责的主管当局应为支付服务提供商所在成员国的主管当局，但在代理商和分支机构通过设立权提供服务的情况下，主管当局应为东道国成员国的主管当局。

5. 成员国应尽快且无论如何在 2018 年 1 月 13 日之前通知委员会第 1 款所述的指定主管当局。成员国应通知委员会这些主管当局的职责划分，并立即通知委员会关于这些主管当局指定及各自职责的任何后续变化。

6. 欧洲银行管理局应在咨询欧洲中央银行后，根据《欧洲银行管理局条例》（EU）第 1093/2010 号第 16 条的规定，向主管当局发布关于应考虑的投诉程序的指导方针，以确保遵守本条第 1 款的要求。该指导方针应在 2018 年 1 月 13 日之前发布，并在适当情况下定期更新。

第二节　ADR 程序与处罚

第 101 条　争议解决

1. 成员国应确保支付服务提供商制定并实施充分有效的投诉解决程序，用于解决支付服务用户有关本指令第三和第四部分所规定的权利和义务的投诉，并应监督其在这方面的表现。

这些程序应适用于支付服务提供商提供支付服务的每个成员国，并应以相关成员国的官方语言或在支付服务提供商与支付服务用户之间约定的其他语言提供。

2. 成员国应要求支付服务提供商尽一切努力以书面形式，或在支付服务提供商与支付服务用户之间达成一致的情况下以其他耐用介质，回复支付服务用户的投诉。该回复应在合理的时间内处理所有提出的问题，最迟在收到投诉后的 15 个工作日内。在特殊情况下，如果由于支付服务提供商无法控制的原因无法在 15 个工作日内给出答复，则必须发送暂时回复，明确说明答复延迟的原因，并指明支付服务用户将收到最终回复的截止日期。无论如何，收到最终答复的截止日期不得超过 35 个工作日。

成员国可以引入或保留比第一个段落更有利于支付服务用户的争议解决程序规则。如果这样做，则应适用这些规则。

3. 支付服务提供商应至少告知支付服务用户一个能够处理与本指令第三和第四部分有关的争议的 ADR 实体。

4. 第 3 款所述的信息应以清晰、全面且易于获取的方式列在支付服务提供商的网站（如果存在）、分支机构和支付服务提供商与支付服务用户之间的合同的一般条款和条件中。信息应说明如何获取有关相关 ADR 实体及其使用条件的进一步信息。

第 102 条　ADR 程序

1. 成员国应确保根据 欧洲议会和理事会 2013／11／EU 号指令以及相关的国家和欧盟法律，为解决支付服务用户与支付服务提供商之间有关本指令第三和第四部分的权利和义务的争议而设立的适当、独立、公正、透明和有效的 ADR 程序，适用于支付服务提供商，并涵盖其指定代表的活动。

2. 成员国应要求本条第 1 款所述的机构为解决跨境争议在第三和第四部分规定的权利和义务方面进行有效合作。

第 103 条　处罚

1. 成员国应制定适用于违反国家法律以转化本指令的措施的处罚规则，并采取一切必要措施确保这些措施得到执行。这些处罚应当是有效的、相称的并具有威慑力。

2. 成员国应允许其主管当局向公众披露任何因违反转化本指令的措施而施加的行政处罚，除非这种披露会严重危及金融市场或对相关方造成不成比例的损害。

第六编

委托法案和监管技术标准

第 104 条　委托法案

委员会有权根据第 105 条通过有关以下内容的委托法案：

（a）调整本指令第 4 条第（36）点中提及的 2003/361/EC 号建议，当该建议被修改时；

（b）更新第 32 条第（1）款和第 74 条第（1）款中规定的金额，以考虑通货膨胀的影响。

第 105 条　权力的行使

1. 委托通过委托法案的权力授予委员会，须符合本条规定的条件。

2. 第 104 条所述通过委托法案的权力自 2016 年 1 月 12 日起授予委员会，为期不定。

3. 欧洲议会或理事会可随时撤销第 104 条所述的授权。撤销决定应终止决定中规定的权力授予。撤销决定在《欧盟官方公报》上公布的次日或其中规定的较晚日期生效。它不影响任何已生效的委托法案的有效性。

4. 委员会在通过委托法案时，应同时通知欧洲议会和理事会。

5. 根据第 104 条通过的委托法案，只有在欧洲议会或理事会在向欧洲议会和理事会通知该法案的 3 个月内未表示反对意见，或在该期限届满之前，欧洲议会和理事会均已通知委员会他们不会反对的情况下，才能生效。该期限应由欧洲议会或理事会的提议再延长 3 个月。

第 106 条　向消费者告知其权利的义务

1. 至 2018 年 1 月 13 日，委员会应制作一个用户友好的电子传单，以清晰易懂的方式列出消费者根据本指令及相关欧盟法律享有的权利。

2. 委员会应通知成员国、欧洲支付服务提供商协会和欧洲消费者协会该传单的发布。

委员会、欧洲银行管理局和主管当局应确保在其各自的网站上以易于访问的方式提供传单。

3. 支付服务提供商应确保传单以易于访问的方式提供在其网站上（如存

在），并以纸质形式提供在其分支机构、代理机构及其活动外包的实体。

4. 支付服务提供商不得对其客户就本条下提供信息收取费用。

5. 对于残障人士，本条的规定应使用适当的替代手段，使信息以可访问的格式提供。

第七编

支付最终条款

第107条　完全协调

1. 在不影响第2条、第8（3）条、第32条、第38（2）条、第42（2）条、第55（6）条、第57（3）条、第58（3）条、第61（2）条和第（3）条、第62（5）条、第63（2）条和第（3）条、第74（1）条第二段和第86条的情况下，如果本指令包含协调规定，成员国不得维持或引入本指令所规定之外的其他规定。

2. 如果成员国利用了第1款提到的任何选项，它应将其通知委员会以及任何后续更改。委员会应在网站或其他易于访问的方式上公开该信息。

3. 成员国应确保支付服务提供商不得以对支付服务用户不利的方式背离转化本指令的国家法律的规定，除非该法律明确规定。

但是，支付服务提供商可以决定向支付服务用户提供更优惠的条款。

第108条　审查条款

委员会应在2021年1月13日之前向欧洲议会、理事会、欧洲中央银行和欧洲经济与社会委员会提交一份关于本指令的实施和影响的报告，尤其是关于以下方面：

（a）如第62（3）条、第（4）条和第（5）条所规定的费用规则的适当性和影响；

（b）第2（3）条和第（4）条的适用，包括评估第三和第四部分的条款是否可以在技术上可行的情况下完全适用于这些段落中提到的支付交易；

（c）支付系统的准入，特别是考虑到竞争水平；

（d）对第3条（1）点所指的支付交易的阈值的适当性和影响；

（e）对第32（1）条（a）点所指豁免的阈值的适当性和影响；

（f）鉴于发展情况，作为第75条关于支付交易金额不明且资金被冻结情况的规定的补充，是否有必要引入在这种情况下对支付人账户上冻结金额的最高限制。

如果适当，委员会应与其报告一起提交立法提案。

第 109 条　过渡性条款

1. 成员国应允许支付机构在 2018 年 1 月 13 日之前根据指令 2007/64/EC 转化的国家法律开展活动，继续按照指令 2007/64/EC 规定的要求开展这些活动，而无须按照本指令第 5 条申请授权或遵守本指令第二部分中规定或提及的其他规定，直至 2018 年 7 月 13 日。

成员国应要求这些支付机构向主管当局提交所有相关信息，以便后者在 2018 年 7 月 13 日之前评估这些支付机构是否符合第二部分中的要求，如果不符合，需采取哪些措施以确保合规或是否需要撤销授权。

经主管当局验证后符合第二部分要求的支付机构应被授予授权并应被列入第 14 条和第 15 条所述的注册表中。如果这些支付机构在 2018 年 7 月 13 日之前不符合第二部分要求，则应被禁止按照第 37 条提供支付服务。

2. 成员国可规定本条第 1 款所述的支付机构自动获得授权并列入第 14 和 15 条所述的注册表中，如果主管当局已有证据表明其符合第 5 条和第 11 条规定的要求。主管当局应在授权前通知相关支付机构。

3. 本款适用于在 2018 年 1 月 13 日之前根据指令 2007/64/EC 第 26 条获益的自然人或法人，并根据指令 2007/64/EC 的定义从事支付服务活动的自然人或法人。

成员国应允许这些人在相关成员国内根据指令 2007/64/EC 继续从事这些活动，直至 2019 年 1 月 13 日，而无需根据本指令第 5 条申请授权或根据本指令第 32 条获得豁免，或遵守本指令第二部分中规定或提及的其他规定。

在 2019 年 1 月 13 日之前未根据本指令获得授权或豁免的本段第一款所指的任何人，均应被禁止按照本指令第 37 条提供支付服务。

4. 成员国可允许本条第 3 款所指享受豁免的自然人和法人被视为享有豁免，并自动列入第 14 和 15 条所述的注册表中，前提是主管当局有证据表明其符合第 32 条规定的要求。主管当局应通知相关支付机构。

5. 尽管有本条第 1 款的规定，获得授权提供支付服务的支付机构，如在指令 2007/64/EC 附录第（7）点所述，在 2018 年 1 月 13 日之前，被授权为本指令附录 I 第（3）点所述的支付服务提供支付服务的支付机构，如果到 2020 年 1 月

13 日，主管当局有证据表明其符合本指令第 7 条（c）点和第 9 条中的要求，则应保留该授权。

第 110 条　对指令 2002/65/EC 的修订

指令 2002/65/EC 第 4 条第 5 款被替换为：

"5. 如果欧洲议会和理事会指令（EU）2015/2366（＊）也适用，本指令第 3（1）条的信息规定，除第（2）（c）至（g）、第（3）（a）、（d）和（e）点以及第（4）（b）点外，应由指令（EU）2015/2366 第 44 条、第 45 条、第 51 条和第 52 条取代。"

第 111 条　对指令 2009/110/EC 的修订

指令 2009/110/EC 修订如下：

（1）第 3 条修订如下：

（a）第 1 款被替换为：

"1. 在不影响本指令的情况下，欧洲议会和理事会指令（EU）2015/2366 第 5 条、第 11 条至第 17 条、第 19（5）和（6）条以及第 20 条至第 31 条，包括根据其第 15（4）条、第 28（5）条和第 29（7）条通过的委托法案，应当类推适用于电子货币机构。"

（b）第 4 款和第 5 款被替换为：

"4. 成员国应允许电子货币机构通过代表其行事的自然人或法人发行和赎回电子货币。如果电子货币机构通过雇用此类自然人或法人在另一成员国分发电子货币，指令（EU）2015/2366 第 27 条至第 31 条，但不包括第 29（4）和（5）条的规定，包括根据其第 28（5）条和第 29（7）条通过的委托法案，应当类推适用于此类电子货币机构。

5. 尽管有本条第 4 款的规定，电子货币机构不得通过代理发行电子货币。电子货币机构应被允许通过代理提供本指令第 6（1）条（a）点所述的支付服务，但须符合指令（EU）2015/2366 第 19 条规定的条件。"

（2）在第 18 条中，添加以下第 4 款：

"4. 成员国应允许在 2018 年 1 月 13 日之前根据本指令和 2007/64/EC 指令

在其总部所在成员国开展业务的电子货币机构继续在该成员国或其他成员国开展这些活动，而无须根据本指令第3条申请授权或遵守本指令第二部分中规定或提及的其他要求，直至2018年7月13日。

成员国应要求本段第1款所述的电子货币机构向主管当局提交所有相关信息，以便后者在2018年7月13日之前评估这些电子货币机构是否符合本指令第二部分中的要求，如果不符合，需要采取哪些措施以确保合规或是否应撤销授权。

经主管当局验证后符合第二部分要求的本段第1款所述的电子货币机构应被授予授权并应列入注册表中。如果这些电子货币机构在2018年7月13日之前不符合第二部分的要求，则应禁止其发行电子货币。"

第112条 对（EU）No 1093/2010号条例的修订

（欧盟）第1093/2010号条例修订如下：

1. 第1条第2款替换为：

"2. 管理局应在本条例赋予的权限范围内，以及在2002/87/EC号指令、2009/110/EC号指令、欧洲议会和理事会第（EU）575/2013号条例（3）、欧洲议会和理事会第2013/36/EU号指令（4）、欧洲议会和理事会第2014/49/EU号指令（5）、欧洲议会和理事会第2015/847号条例（6）、欧洲议会和理事会第（EU）2015/2366号指令（7）的范围内行使职权，且在这些法案适用于信贷和金融机构及监督它们的主管当局的相关部分范围内，以及根据欧洲议会和理事会第2002/65/EC号指令和欧洲议会和理事会第（EU）2015/849号指令（8），包括所有基于这些法案的指令、条例和决定，以及任何进一步赋予管理局任务的具有法律约束力的欧盟法案的范围内行使职权。管理局还应根据理事会第（EU）1024/2013号条例（9）行事。"

2. 第4条第1款替换为：

"（1）'金融机构'是指欧盟第575/2013号条例第4条第1款第（1）点中定义的信用机构，欧盟第575/2013号条例第4条第1款第（2）点中定义的投资公司，2002/87/EC号指令第2条第（14）点中定义的金融企业集团，（欧盟）2015/2366号指令第4条第（11）点中定义的支付服务提供商，以及2009/110/

EC 号指令第 2 条第（1）点中定义的电子货币机构，除非涉及（欧盟）2015/849 号指令，此时，'金融机构'是指（欧盟）2015/849 号指令第 3 条第（1）点和第（2）点中定义的信用机构和金融机构。"

第 113 条 对 2013/36/EU 号指令的修订

将 2013/36/EU 号指令附件 I 的第（4）点替换为：

"（4）支付服务是指欧洲议会和理事会第（EU）2015/2366 号指令第 4 条第（3）点中定义的支付服务。"

第 114 条 废止

2007/64/EC 号指令自 2018 年 1 月 13 日起废止。

对被废止指令的任何引用应被视为对本指令的引用，并应根据本指令附件 II 中的对照表进行解读。

第 115 条 转化

1. 成员国应在 2018 年 1 月 13 日之前通过和公布遵守本指令所需的措施，并应立即将其通知委员会。

2. 成员国应从 2018 年 1 月 13 日起实施这些措施。

成员国通过这些措施时，应包含对本指令的引用，或在其官方发布时附有此类引用。成员国应确定如何进行此类引用。

3. 成员国应向委员会提供他们在本指令涵盖的领域通过的国家法律的主要措施文本。

4. 作为对第 2 款的例外，成员国应确保第 65 条、第 66 条、第 67 条和第 97 条所述的安全措施自第 98 条所述的监管技术标准生效之日起 18 个月后适用。

5. 成员国不得禁止在 2016 年 1 月 12 日之前在其领土上开展支付发起服务提供商和账户信息服务提供商活动的法人，在第 2 款和第 4 款提到的过渡期内继续在其领土上执行相同的活动，依据当前适用的监管框架。

6. 成员国应确保在个别账户维护支付服务提供商遵守第 4 款所述的监管技术标准之前，账户维护支付服务提供商不得滥用其不合规行为来阻止或妨碍所服务账户的支付发起和账户信息服务的使用。

第 116 条　生效

本指令应在《欧盟官方公报》公布后的第 20 天生效。

第 117 条　收件人

本指令适用于成员国。

2025 年 11 月 25 日，斯特拉斯堡签署。

代表欧洲议会　　　　　　　　　　　　　代表理事会
主席　M. SCHULZ　　　　　　　　　　　主席　N. SCHMIT

附录二 欧盟《第二支付服务指令》（第 2015/2366 号指令）

附件 I 支付服务

（参见第 4 条第（3）点）

1. 提供将现金存入支付账户的服务，以及操作支付账户所需的所有操作。

2. 提供从支付账户取现的服务，以及操作支付账户所需的所有操作。

3. 执行支付交易，包括在用户的支付服务提供商或其他支付服务提供商的支付账户上进行资金转账：

（a）执行直接借记，包括一次性直接借记；

（b）通过支付卡或类似设备执行支付交易；

（c）执行信用转账，包括长期订单。

4. 执行覆盖支付服务用户的信用额度的支付交易：

（a）执行直接借记，包括一次性直接借记；

（b）通过支付卡或类似设备执行支付交易；

（c）执行信用转账，包括长期订单。

5. 发行支付工具和/或收单支付交易。

6. 汇款。

7. 支付发起服务。

8. 账户信息服务。

后 记

在研究生时期,为了出国深造,我办理了一张交通银行的青年双币卡,从此与支付结下了不解之缘,逐渐成为了一名拥有多家银行数十张银行卡的卡友。随着研究工作的深入,我将个人兴趣与专业相结合,从信用卡研究起步,逐步拓展到整个支付领域的探索。自2016年发表第一篇支付相关文章至今,已有8年光景,本书便是这8年研究的阶段性总结。

在此,我首先要向我供职的南昌大学法学院,及南昌大学立法研究中心、南昌大学法治江西建设研究中心表达我的感激之情,是单位的关怀和支持,让我得以完成这部著作,本书的出版尤其有赖于法学院给予慷慨的支持。

本书的部分内容,曾以论文/评论的形式发表在中国银联的官方刊物《金卡生活》杂志上,我衷心感谢杂志及主编钟立群女士,为这一源于个人兴趣的小众研究提供了展示的舞台。

我还要感谢支付领域的前辈董峥老师。正是在他的鼓励和指导下,我从一个普通的卡友成长为支付领域的研究者。

还要感谢论文的合作者林帅、张向晨、范晨冰、韦宜均、况凯,他们的智慧和努力为本书研究的产生做出了重要贡献。也要感谢我指导的研究生卢剑波、项祎玮,他们为本书的出版做了大量细致的整理工作。

特别感谢中国法治出版社编辑王彧老师,她的专业和耐心使得本书得以更加完善地呈现在读者面前。

最后,我必须向我的家人表达我最深的感激,感谢我的爱人华忆昕,她不仅是我学术探索的伙伴，也是我生活中的伴侣，本书出版后不久，我们也即将迎来我们爱情的结晶。感谢我的父亲姜红仁和母亲余柏英，他们一直是我坚强的后盾，无论在学术追求还是个人生活中都给予了我无尽的爱和支持，他们的教诲和榜样是我不断前进的动力。

  我期待着本书能够为支付法律的发展贡献一份力量，也希望能够激发更多人对这一领域的兴趣和研究。再次感谢所有支持和帮助过我的人，是你们让这一切成为可能。没有你们，就没有这本书的诞生。

图书在版编目（CIP）数据

电子支付法律前沿：立法、案例与展望/姜川著.
北京：中国法治出版社，2024.10. -- ISBN 978-7
-5216-4744-0

Ⅰ.D923.994

中国国家版本馆 CIP 数据核字第 20244368EF 号

| 策划编辑：王彧 | 责任编辑：王悦 | 封面设计：周黎明 |

电子支付法律前沿：立法、案例与展望
DIANZI ZHIFU FALÜ QIANYAN：LIFA、ANLI YU ZHANWANG

著者/姜川
经销/新华书店
印刷/北京虎彩文化传播有限公司
开本/710 毫米×1000 毫米　16 开　　　　　　　　印张/18.5　字数/298 千
版次/2024 年 10 月第 1 版　　　　　　　　　　　　2024 年 10 月第 1 次印刷

中国法治出版社出版
书号 ISBN 978-7-5216-4744-0　　　　　　　　　　　定价：79.00 元

北京市西城区西便门西里甲 16 号西便门办公区　　　　传真：010-63141600
邮政编码：100053
网址：http：//www.zgfzs.com　　　　　　　　　　编辑部电话：010-63141830
市场营销部电话：010-63141612　　　　　　　　　印务部电话：010-63141606

（如有印装质量问题，请与本社印务部联系。）